French
Business
Dictionary

French Business Dictionary

The Business Terms of France And Canada

Agnes Bousteau
Editor, France
Simon Boisvert
Editor, Canada

Schreiber Publishing
Rockville, Maryland

French Business Dictionary
Morry Sofer, Editor in Chief

Published by:

Schreiber Publishing
Post Office Box 4193
Rockville, MD 20849 USA
e-mail: books@schreiberpublishing.com
www.schreiberpublishing.com

Library of Congress Cataloging-in-Publication Data

French business dictionary : the business terms of France and Canada / edited by Simon Boisvert and Agnes Bousteau.
    p. cm.
  ISBN 0-88400-311-6
  1.   Business—Dictionaries—French. 2. Commerce—Dictionaries—French. 3. French language—Dictionaries. I. Boisvert, Simon. II. Bousteau, Agnes.

HF1001. F76 2005
330'.03—dc22

                            200510480

Printed in the United States of America

OCT 0 5 2006

Table of Contents

Editor's Note

Business language in today's world, not unlike language in general, is in a state of great flux. This is due to the globalization of business; the interaction between the first, second, and third worlds; the dominance of computer terminology and the Internet in world business; the emergence of new major markets in Asia and elsewhere; and much more.

This dictionary, which provides the business terms of France, Canada, and the United States, truly reflects this state of affairs. There seems to be a vast difference between the business terms of France and Canada, and even within the terminology of each. One can detect ambiguities, as well as the incursion of English into French, particularly when it comes to either computer terms or idiomatic American English terms that do not easily translate into other languages (see, for example, "jobber").

One should bear in mind that, in addition to the above, the terminology in this dictionary represents the economies and business systems of three different economic cultures. Given all of this, one should use this dictionary with caution, rather than assume that the terms and their equivalents are cast in stone. This may be true about dictionaries and technical terms in general, but it is certainly true here.

It is to be expected that this new dictionary of the twenty-first century will provide a great deal of useful information for any kind of business activity involving both English and French, but there is certainly room for improvement and change in both the existing text and the new terms that keep emerging, and it is our hope that the dictionary will be revised and updated periodically.

Morry Sofer
Editor

How to Use the Dictionary

This dictionary consists of three parts:

Part 1: English into French (of both France and Canada)
Part 2: French (France) into English
Part 3: French (Canada) into English

The first part provides terms from both France and Canada. Many of the business terms used in those countries are the same. However, terms used only (or mainly) in Canada are preceded by the designator (C).

The second part provides the English equivalents of business terms used in France, while the third provides the English equivalents for all the terms used in Canada (whether specific to Canada or common to both Canada and France).

You will notice that quite often the difference between Canadian French and the French of France is very slight, boiling down in some cases to a preposition. In other cases, it is a linguistic preference. Yet in many instances the terms are completely different.

For the sake of clarity, some English entries are followed by a definition rather than a French translation. Example:

> **Federal Deposit Insurance**
> **Corporation (FDIC)**
> organisme garantissant la sécurité des dépôts
> dans les banques qui en sont members

The publisher welcomes any comments or suggestions you may have, which can be mailed or e-mailed to our address appearing on the copyright page.

English into French

A

abandonment
abandon
abandonment clause
clause d'abandon
abatement
diminution, réduction,
(C) défalcation
ABC method
méthode ABC
ability to pay
capacité à payer,
solvabilité
abort
abandonner, suspendre
above the line
média
abrogate
abroger
absence rate, absenteeism
taux d'absentéisme
absentee owner
propriétaire non gérant
absolute advantage
avantage absolu
absolute liability
responsabilité absolue,
(C) obligation inconditionnelle
absolute sale
vente irrévocable
absorbed
absorbé, (C) imputé
absorption costing
méthode du coût de revient
complet
absorption rate
coefficient d'imputation des
coûts indirects
abstract of record
extrait, (C) document cadastral
d'un immeuble
abstract of title
relevé chronologique d'un titre
de propriété

abusive tax shelter
abri fiscal abusif
accelerated cost recovery system
(ACRS)
système de récupération accélérée
des coûts
accelerated depreciation
amortissement accéléré
acceleration
accélération
acceleration clause
clause accélératrice,
(C) clause d'exigibilité anticipée
accelerator, accelerator principle
accélérateur, principe de
l'accélérateur
acceptance
acceptation
acceptance sampling
échantillonnage pour acceptation
access
accès
access right
droit d'accès
access time
temps d'accès
accession
accession, enregistrement,
(C) accroissement du personnel
accommodation endorser, maker or
party
endosseur par complaisance
accommodation paper
effet de complaisance
accord and satisfaction
accord et satisfaction
account
compte
account executive
responsable de budget,
(C) représentant, (C) chef de
publicité d'agence,
(C) relationniste-conseil

11

account number
  numéro de compte
account statement
  relevé de compte
accountability
  obligation de rendre compte,
  responsabilité,
  responsabilisation
accountancy
  comptabilité
accountant
  comptable, expert-comptable
accountant 's opinion
  opinion de l'expert-comptable
accounting change
  changement de méthode
  comptable, modification
  comptable,
accounting cycle
  cycle comptable
accounting equation
  équation comptable,
  (C) identité fondamentale
accounting error
  erreur comptable
accounting method
  méthode comptable
accounting period
  exercice financier
accounting principles, accounting
standards
  normes comptables, principes
  comptables
accounting procedure
  procédure comptable
accounting rate of return
  taux de rendement comptable,
  (C) rendement nominal
accounting records
  états comptables
accounting software
  logiciel de comptabilité,
  (C) logiciel comptable
accounting system
  système comptable,
  plan comptable
accounts payable
  comptes fournisseurs

accounts payable ledger
  grand livre des comptes
  fournisseurs
accounts receivable
  comptes clients
accounts receivable financing
  financement des comptes clients
accounts receivable ledger
  grand livre des comptes clients
accredited investor
  investisseur accrédité
accretion
  accroissement
accrual method
  méthode d'exercice'
  (C) méthode du report d'impôts
  variable
accrue
  accumuler
accrued interest
  intérêts courus,
  intérêts échus
accrued liabilities
  charge à payer, passif couru
accrued taxes
  impôts courus
accumulated depletion
  provision pour épuisement
accumulated depreciation
  amortissement cumulé
accumulated dividend
  dividende cumulé
accumulated earnings tax or
accumulated profits
  impôt sur les bénéfices cumulés,
  réserves,
  (C) impôt sur les réserves
acid test ratio
  ratio de liquidité immédiate,
  (C) ratio de liquidité relative
acknowledgment
  reconnaissance
acquisition
  acquisition
acquisition cost
  coût d'achat
acre
  acre

acreage
acréage
across the board
général, (C) général et uniforme
act of bankruptcy
acte de faillite
act of god
catastrophe naturelle, cas fortuit
activate
activer
activate a file
activer un fichier
activate a macro
activer une macro
active cell
cellule active
active income
revenus actifs
active market
marché actif
actual cash value
valeur vénale, valeur de
remplacement vétusté
déduite
actual cost
prix de revient, prix d'achat,
(C) coût réel
actual damages
dommages-intérêts
compensatoires
actuarial science
science actuariale,
science des actuaires,
(C) actuariat
actuary
actuaire
ad infinitum
à l'infini
ad item
par poste
ad valorem
ad valorem, (C) selon la valeur
addendum
addenda
**additional first-year
depreciation (tax)**
déduction supplémentaire
d'amortissement

additional mark-on
marge supplémentaire sur coût
d'achat
additional paid-in capital
capital d'apport, capital versé
add-on interest
taux d'intérêt majoré
adequacy of coverage
couverture suffisante
adhesion contract
contrat d'adhésion
adhesion insurance contract
contrat d'assurance
adjective law
droit judicataire, (C) procédure
adjoining
attenant
adjudication
jugement, arrêt,
(C) déclaration,
(C) publication,
(C) jugement déclaratif
adjustable life insurance
assurance vie variable
adjustable margin
marge ajustable
adjustable mortgage loan (AML)
prêt hypothécaire variable
adjustable-rate mortgage (ARM)
prêt hypothécaire à taux variable,
(C) prêt hypothécaire à taux
référencé
adjusted basis or adjusted tax basis
assiette fiscale rectifiée
adjusted gross income
revenu brut rectifié
adjuster
inspecteur, (C) expert répartiteur
adjusting entry
écriture de régularisation,
(C) écriture de rajustement,
(C) écriture de correction
administer
administrer
administered price
prix administré, prix fixé par le
procureur, (C) prix collusoire,
(C) prix imposé

administrative expense
frais d'administration, frais de gestion
administrative law
droit administratif
administrative management society
organisme de gestion administrative
administrative services only (ASO)
services administratifs seulement
administrator
administrateur
administrator's deed
acte d'administrateur
advance
avance, prêt
prêt
advanced funded pension plan
régime de retraite financé par anticipation
adversary
adversaire
adverse opinion
opinion défavorable
adverse possession
occupation sans titre
appropriation par occupation,
(C) prescription acquisitive,
(C) possession adversative
advertising
publicité
advertising appropriation
fixation de budget de publicité,
(C) budget de publicité
affective behavior
comportement affectif
affidavit
affidavit, (C) déclaration écrite sous serment
affiliated chain
chaîne affiliée
affiliated company
société affiliée
affiliated retailer
détaillant affilié
affirmative action
mesure, (C) action positive

affirmative relief
exonération positive
after market
marché secondaire
after-acquired clause
clause relative aux biens acquis après la date
after-acquired property
biens acquis après la date
after-tax basis
après impôt, net d'impôts
after-tax cash flow
flux monétaire après impôt
after-tax real rate of return
rendement réel après impôt
against the box
vente à découvert
age discrimination
discrimination fondée sur l'âge
agency
organisme, agence, mandat
agency by necessity
mandat d'urgence
agent
représentant, agent, mandataire
agglomeration
agglomération
agglomeration diseconomies
déséconomies agglomérées
aggregate demand
demande globale
aggregate income
revenus totalisés
aggregate indemnity (aggregate limit)
indemnité globale
aggregate supply
approvisionnement global
aging of accounts receivable or aging schedule
classement chronologique des comptes clients
agreement
convention, accord, contrat
agreement of sale
contrat de vente

agribusiness
« agribusiness »
industrie agricole
chaîne agroalimentaire
air bill
lettre de transport aérien
air rights
droits aériens, (C) droits de
construction au-dessus d'un
terrain
airfreight
fret aérien
aleatory contract
contrat aléatoire
alien corporation
société étrangère
alienation
aliénation
alimony
pension alimentaire
all risk/all peril
tous risques
allegation
allégation
allocate
affecter
allocated benefits
avantages répartis
allocation of resources
répartition des ressources
allodial
franc
allodial system
terre allodiale
alleu
allowance
provision, moins-value,
allocation, (C) réfaction
allowance for depreciation
provision pour
dépréciation
allowed time
temps alloué
alternate coding key (alt key)
touche double fonction,
touche alt
alternative hypothesis
hypothèse alternative

alternative minimum tax
impôt minimum de remplacement
alternative mortgage instrument (AMI)
effet hypothécaire alternatif
amass
amasser
amend
amender, modifier
amended tax return
déclaration de revenus modifiée
amenities
agréments, (C) aménités
American Stock Exchange (AMEX)
Bourse Américaine (AMEX)
amortization
amortissement
amortization schedule
plan d'amortissement
analysis
analyse
analysis of variance (ANOVA)
analyse de (la) variance
analysts
analystes
analytic process
processus analytique
analytical review
examen analytique
anchor tenant
locomotive
animate
animer
annexation
annexion
annual basis
annuellement
annual debt service
service annuel de la dette
annual earnings, (C) gains annuels
revenu annuel
annual meeting
réunion annuelle
annual mortgage constant
constante hypothécaire annuelle
annual percentage rate (APR)
pourcentage annuel

annual renewable term insurance
assurance avec reconduction automatique annuelle

annual report
rapport annuel

annual wage
salaire annuel

annualized rate
taux annualisé

annuitant
rentier viager,
(C) prestataire,
(C) pensionnaire

annuity
annuité, versement périodique,
rente

annuity due
rente payable d'avance

annuity factor
facteur d'actualisation

annuity in advance
versement de début de période

annuity in arrears
versement de fin de période

answer
réponse

anticipated holding period
période d'attente anticipée

anticipatory breach
rupture anticipée,
(C) violation anticipée

antitrust acts
lois antitrust

antitrust laws
lois antitrust

apparent authority
autorité apparente

appeal bond
cautionnement d'appel

**appellate court
(appeals court)**
cour d'appel, tribunal d'appel

applet
applet

application of funds
utilisation des fonds, affectation
des fonds

application program
programme applicatif,
programme d'application

application software
logiciel d'application,
logiciel licatif

application window
fenêtre d'application

applied economics
économie appliquée

applied overhead
coûts indirects imputés,
frais généraux imputés

applied research
recherche appliquée

apportionment
répartition, (C) imputation,
(C) ventilation

appraisal
estimation, évaluation

appraisal rights
droits d'évaluation

appraise
estimer, priser, évaluer

appraiser
évaluateur, estimateur

appreciate
fixer, apprécier

appreciation
augmentation de la dette,
(C) plus-value, (C) appréciation

appropriate
affecter

appropriated expenditure
dépense affectée

appropriation
affectation, imputation

approved list
liste approuvée

appurtenant
annexe, (C) rattaché à

appurtenant structures
ouvrages annexes

arbiter
arbitre

arbitrage
arbitrage, (C) opération
d'arbitrage

arbitrage bond
cautionnement
d'arbitrage
arbitration
arbitrage
arbitrator
arbitre
archive storage
archivage,
(C) entreposage d'archives
arm's length transaction
transaction dans les
conditions normales de la
concurrence, (C) transaction
sans lien de dépendance
array
tableau, matrice,
(C) appel nominal
arrearage
fait d'avoir des arriérés,
(C) arrérages
arrears
arriéré
articles of incorporation
statuts,
(C) statuts constitutifs
artificial intelligence (AI)
intelligence artificielle
as is
en l'état, (C) sans garantie
asked
demandé
asking price
prix demandé, prix de départ
assemblage
montage, assemblage,
(C) groupement
assembly line
chaîne de montage
assembly plant
usine d'assemblage
assess
évaluer, estimer,
(C) calculer
assessed valuation
valeur estimée,
(C) valeur imposable,
(C) valeur cotisée

assessment
evaluation, (C) appréciation,
(C) appels de fonds
assessment of deficiency
évaluation de
l'insuffisance
assessment ratio
ratio d'évaluation
assessment role
rôle d'évaluation
assessor
expert, (C) assesseur,
(C) évaluateur,
(C) noteur
asset
actif, (C) élément d'actif
asset depreciation range (ADR)
fourchette d'amortissement de
l'actif, (C) fourchette de
dépréciation de l'actif
assign
assigner, (C) ayant droit
assignee
cessionnaire, (C) ayant cause
assignment
attribution, (C) délégation de
dette, (C) affectation, (C) cession
assignment of income
cession de revenus
assignment of lease
cession de bail
assignor
cédant
assimilation
assimilation
association
association
assumption of mortgage
prise en charge de prêt
hypothécaire
asterisk
astérisque
asynchronous
asynchrone
at par
au pair
at risk
à risque

at the close
au dernier cours
at the opening
au premier cours
attachment
pièce (n, f) jointe
attained age
âge atteint
attention
attention
attention line
ligne d'attention
attest
attester
attorney-at-law
avocat, avoué
attorney-in-fact
avocat de droit,
(C) avocat en fait
attribute sampling
échantillonnage (n, m) attributif,
(C) sondage d'attribut
attrition
attrition
auction or auction sale
enchères, (C) vente par
inscriptions
audience
audience, (C) assistance
audit
vérification, audit comptable
audit program
programme d'audit
audit trail
trace d'audit, (C) piste de
vérification
auditing standards
normes de vérification
auditor
vérificateur des comptes,
commissaire aux comptes,
(C) vérificateur
auditor's certificate
rapport du vérificateur, certificat

du vérificateur
**auditor's certificate, opinion or
report**
rapport du commissaire aux
comptes, (C) certificat, avis ou
rapport du vérificateur
authentication
authentication, certification,
(C) légalisation, (C) vérification,
(C) validation
**authorized shares or authorized
stock**
capital autorisé
automatic (fiscal) stabilizers
stabilisateurs fiscaux
automatic checkoff
retenue obligatoire,
(C) précompte obligatoire,
(C) retenue obligatoire des
cotisations syndicales
automatic merchandising
vente par distributeur automatique
automatic reinvestment
réinvestissement automatique
automatic withdrawal
prélèvement automatique
auxiliary file
fichier auxiliaire
average
moyenne
average (daily) balance
solde moyen quotidien
average cost
coût moyen
average down
moyenne inférieure
average fixed cost
frais fixes moyens
average tax rate
taux d'imposition moyen
avoirdupois
avoirdupois
avulsion
avulsion

B

baby bond
mini-obligation, obligation
de faible montant
baby boomers
enfant du baby boom,
(C) baby-boomers
backdating
antidatation (f)
background investigation
examen de curriculum
vitae, (C) enquête sur les
antécédents
background check
vérification des
antécédents
back haul
retour a charge,
(C) frais de retour
backlog
accumulation, réserve,
retard, (C) travail en retard,
(C) carnet de commandes
back office
département de contrôle,
(C) travail en retard,
(C) carnet de commandes,
post-marché, services
administratifs,
(C) service de post-marché
back pay
rappel de salaire,
(C) arriéré de salaire, (C) salaire
rétroactif
backslash
barre de fraction inverse,
antislash
backspace key
touche de rappel arrière
back up
sauvegarder
backup file
fichier de
sauvegarde

back up withholding
retenue d'impôt, retenue
à la source, (C) retenue
automatique à la source
backward-bending supply curve
courbe d'offre de travail
« backward-bending » (croissante
au début, elle devient
décroissante à partir d'un certain
niveau de salaire), courbe
d'offre de travail coudée,
(C) courbe d'offre à rebours
backward vertical integration
intégration verticale,
intégration en amont,
(C) intégration verticale en
amont
bad debt
créances irrécouvrables,
créances douteuses,
(C) créance radiée
bad debt recovery
recouvrement des créances
douteuses
bad debt reserve
provision pour créances
douteuses, réserve pour
créances douteuses
bad title
titre non valide, (C) titre
douteux
bail bond
cautionnement en garantie
d'exécution, engagement
signé par la caution
bailee
dépositaire
bailment
acte de dépôt, (C) titre
douteux, contrat de dépôt
bait and switch advertising
publicité appât, (C) dérive
des ventes

bait and switch pricing
prix mensonger,
(C) établissement des prix par
dérive
balance
solde, balance
balanced mutual fund
fonds commun de placement
équilibré
balance of payments
balance des paiements,
(C) balance des comptes
balance of trade
balance commerciale
balance sheet
bilan
balance sheet reserve
provision pour le bilan,
(C) réserve pour le bilan
balloon payment
paiement du solde d'un prêt
hypothécaire arrivé a échéance,
versement forfaitaire et final,
règlement final, (C) paiement
gonflé
ballot
scrutin, tour de scrutin,
voter au scrutin
bandwidth
bande passante, largeur de
bande
bank
banque
banker's acceptance
acceptation bancaire
bank holding company
compagnie financière,
(C) société de portefeuille
bancaire
bank line
ligne de crédit, ligne de écouvert
bankruptcy
faillite
bank trust department
service bancaire de gestion
financière
bar
barre

bar code
code barre, (C) code à barres
bar code label
étiquette à code barre
bargain and sale
vente parfaite
bargain hunter
chineur,
investisseur
à l'affut, (C) chasseur d'aubaines
bargaining agent
agent négociateur
bargaining unit
groupement négociateur,
unité de négociation
barometer
baromètre
barter
échange de marchandise,
troc, (C) échange-marchandises
base rate pay
taux (n, m) de salaire de base
base period
période de référence,
période de base,
(C) époque
de référence
base rent
loyer de base
base-year analysis
analyse d'après année de
référence, analyse d'après
année de base
basic input-output system (BIOS)
système de gestion de base
des entrées sorties
basic limits of liability
limites de base de la
responsabilité
basic module
module de base
basic operating system
système d'exploitation de base
basis
base
basis point
point de base (n, m), point
décimal, (C) point d'assiette

batch application
application par lots
batch file
lot de traitement
fichier batch
batch processing
traitement par lots,
(C) traitement
par lots
battery
batterie, (C) pile
baud
baud
baud rate
débit (en bauds)
bear
baissier, à la baisse
bearer bond
obligation au porteur
bear hug
communiqué
d'information, annonçant
une opa immédiate,
(C) baiser de l'ours
bear market
marché baissier,
(C) marché à la baisse
bear raid
attaque du découvert,
attaque des baissiers
before-tax cash flow
flux de trésorerie avant
impôts,
cash flow avant impôts,
(C) flux de l'encaisse en
liquidités
bellwether
indicateur, précurseur
(C) valeur indice
below par
en dessous du pair,
au-dessous de la parité
benchmark
test d'évaluation, mise au banc
d'essai, phare, (C) point de
référence, (C) chiffre repère
beneficial interest
droit bénéficiaire, droit

de participation bénéficiaire,
droit à titre bénéficiaire
(C) droit d'usufruit
beneficial owner
usufruitier,
propriétaire réel
beneficiary
bénéficiaire, ayant
droit
benefit
avantage, bénéfice
prestation, allocation
benefit-based pension plan
régime de retraite basé sur les
avantages, plan de retraite
basé sur l'allocation,
(C) régime de retraite à
prestations
déterminées
benefits, fringe
avantages,
(C) avantages sociaux,
(C) charges sociales
benefit principle
principe des avantages
bequeath
léguer, donner par
testament
bequest
legs
best's rating
meilleure tarification,
meilleurs tarifs
beta coefficient
coefficient bêta
betterment
amélioration,
accroissement,
développement
biannual
semi-annuel, (C) semestriel
bid and asked
cours d'achat et de
vente, (C) l'offre et la
demande
bid bond
garantie de soumission,
cautionnement de l'offre

bidding up
offre à la hausse,
(C) surenchère
biennial
bisannuel,
(C) biennal
big board
Bourse de New York
big-ticket items
biens a prix unitaire
élevé, (C) produits
coûteux
bilateral contact
contact bilatéral
bilateral mistake
erreur bilatérale
bill
facture
billing cycle
cycle de facturation
bill of exchange
effet de change,
lettre de change
bill of lading
connaissement
binder
classeur
bit error rate
taux d'erreurs sur
les bits
bit map
mode point
black list
liste noire
black market
marché noir
blank cell
cellule vide
blanket contract
contrat de couverture,
(C) convention de
branche
blanket insurance
police globale,
(C) garantie globale
blanket mortgage
hypothèque générale,
(C) hypothèque englobante

blanket recommendation
recommandation générale
bleed
à fond perdu
blended rate
taux mixte,
(C) taux moyen,
(C) taux moyen pondéré
blended value
valeur mixte,
(C) valeur moyenne
blighted area
quartier insalubre
blind pool
fonds d'investissement
dans une start-up sans droit
de regard des investisseurs,
(C) fonds d'investissement à fin
indéterminée
blind trust
fiducie sans droit de regard,
blind trust
blister packaging
emballage-bulle,
(C) plaquette,
(C) emballage-coque
block
bloc
blockbuster
superproduction
blockbusting
« blockbusting », (C) vente
sous pression à une minorité
ethnique
block policy
police multirisque,
(C) police tous risques
block sampling
échantillonnage (n, m) par bloc
blowout
liquidation
blue-chip stock
action de premier ordre,
valeur de premier ordre,
valeur de père de famille
blue collar
col bleu,
ouvrier

blue laws
blue laws (lois sur l'observation
du repos dominical),
(C) lois bleues
blueprint
minute, ferro,
schéma, directeur,
(C) modèle
blue-sky law
reglementation administrative
régissant la négociation des
valeurs mobilières,
(C) loi sur l'émission des
valeurs mobilières
board of directors
conseil d'administration
board of equalization
board of equalization
boardroom
salle du conseil, chambre
du conseil, salle de
réunion, (C) salle du
conseil d'administration
boilerplate
paragraphe passe-partout,
(C) passe-partout
bona fide
de bonne foi
bona fide purchaser
acheteur de bonne
foi
bond
obligation
bond broker
courtier en obligation/
valeur
bond discount
décote de l'obligation,
(C) escompte d'émission
d'obligations
bonded debt
dette obligataire,
(C) emprunt obligataire
bonded goods
marchandises entreposées,
marchandises en douane
bond premium
prime pour titre de

cautionnement,
(C) prime d'émission
d'obligations
bond rating
cotation de l'obligation,
(C) notation des
obligations
book
registre, livre
book-entry securities
titres relevés,
titres financiers
informatisés
book inventory
stock comptable
bookkeeper
aide-comptable
bookmark
signet
book value
valeur comptable,
(C) valeur d'inventaire
boondoggle
projet aussi futile que
coûteux, (C) projet inutile
boot
initialiser, amorcer
boot
initialisation,
(C) complément d'échange
boot record
enregistrement d'initialisation
borrowed reserve
réserve empruntée
borrowing power of securities
pouvoir d'emprunt des
valeurs, (C) capacité d'emprunt
des valeurs
bottom
du bas, en bas, de fond,
(C) creux
bottom fisher
bottom fisher, investisseur
à la recherche de titres à
faible multiple cours-bénéfices,
(C) chasseur d'aubaines
bottom line
solde final, résultat

financier, (C) résultat net,
(C) bénéfices nets après impôts
Boulewarism
boulewarisme
boycott
boycottage, boycott
bracket creep
passage a la tranche
d'imposition supérieure,
(C) élasticité de la tranche
d'imposition
brainstorming
brainstorming, remue-
méninges
branch office manager
directeur d'agence,
(C) directeur de succursale,
(C) gérant de succusale
brand
marque
brand association
association de marque
brand development
développement
de marque
brand development index (BDI)
indice du développement
de la marque
brand extension
extension de la marque
brand image
image de marque
brand loyalty
fidélité à la marque
brand manager
responsable du
développement de la marque
brand name
nom de marque
brand potential index (BPI)
indice du potentiel de la
marque
brand share
partage de la marque,
(C) part de marché de la marque
breach
manquement, rupture,
violation

breach of contract
rupture de contrat,
(C) inexécution de contrat ,
(C) violation de contrat
breach of warranty
rupture de garantie,
(C) inobservation de la garantie
breadwinner
soutien de famille
break
pause
break-even analysis
analyse de point mort
break-even point
seuil de rentabilité, point
mort, niveau
d'indifférence
breakup
dissolution, scission
bridge loan
prêt-relais,
(C) crédit de relais
brightness
luminosité
broken lot
lot de taille normale
broker
agent de change, courtier,
broker
brokerage
courtage
brokerage allowance
indemnité de courtage
broker loan rate
taux de prêt aux
courtiers, (C) taux d'avances
sur titres
browser
navigateur
bucket shop
officine douteuse
budget
budget
budget mortgage
nantissement du budget
building code
code de la construction,
code du bâtiment

building line
limite de construction,
(C) enlignement des bâtiments
building loan agreement
contrat de prêt immobilier,
(C) accord de prêt à la
construction
building permit
permis de construire
built-in stabilizer
stabilisateur intégré/
incorporé
bull
haussier, à la hausse
bulletin
bulletin
bulletin board system (BBS)
serveur télématique,
(C) babillard électronique
bull market
marché haussier
bunching
groupement,
concentration
bundle-of-rights theory
théorie sur « l'ensemble des
droits »
burden of proof
fardeau de la preuve,
charge de la preuve
bureau
bureau
bureaucrat
bureaucrate
burnout
usure, épuisement),
(C) syndrome d'épuisement
professionnel
business (n)
affaires, entreprise,
exploitation, business
business (adj)
d'entreprise, d'exploitation,
professionnel,
commercial
business combination
combinaison d'entreprise,
(C), regroupement d'entreprises

business conditions
conditions
commerciales,
(C) conjoncture
business cycle
cycle économique,
cycle des affaires
business day
jour ouvrable
business ethics
éthique commerciale,
(C) éthique des affaires
business etiquette
déontologie commerciale
business interruption
arrêt d'exploitation,
(C) interruption d'exploitation
business reply card
carte-réponse d'affaires,
(C) carte-réponse d'affaires
business reply envelope
enveloppe-réponse
d'affaires
business reply mail
courrier réponse
d'affaires
business risk exclusion
exclusion des risques de
l'entreprise, (C) exclusion des
risques commerciaux
business-to-business adverting
publicité business to
business publicité
interentreprises
buffer stock
matelas stock
tampon
bust-up acquisition
acquisition partielle d'actifs
buy
acheter
buy-and-sell agreement
convention de rachat de
parts, (C) convention de rachat
buy-back agreement
accord de rachat,
accord de reprise,
(C) pension sur titres

buy down
  rachat de taux
buyer
  acheteur
buyer behavior
  comportement de l'acheteur
buyer's market
  marché des acheteurs
buy in
  acheter, (C) couvrir
buying on margin
  achat sur marge
buy order
  ordre d'achat
buyout
  rachat

buy-sell agreement
  accord d'achat et de vente,
  protocole d'achat et de
  vente, (C) convention de rachat
buzz words
  jargonnerie,
  mot a la mode
bylaws
  règlement, statuts
bypass trust
  fiducie familiale,
  (C) fiducie de contournement
by-product
  sous-produit
by the book
  à la lettre

C

cable transfer
transmission par câble,
(C) mandat télégraphique
cache
mémoire cache
cadastre
cadastre
cafeteria benefit plan
régime au choix,
régime à la carte,
(C) avantages sociaux à la carte
calendar year
année civile
exercice civil
call
appel, (C) appel de fonds,
(C) option d'achat,
(C) clause de remboursement
anticipé
callable
remboursable sur demande,
remboursable avant
échéance, révocable,
(C) rachetable
call feature
clause de rachat
clause de remboursement
anticipé
call option
option d'achat
call premium
prime de emboursement,
(C) prime de remboursement
anticipé
call price
prix de rachat, (C) prix de
remboursement
call report
registre (n, m) des visites,
(C) rapport de visite
cancel
Annuler, (C) révoquer,
(C) résilier

cancellation clause
clause d'annulation,
(C) clause de résiliation
cancellation provision clause
clause de disposition
d'annulation
capacity
capacité, (C) capacité de
production, (C) potentiel
productif, (C) dimension
capital
capital, (C) capitaux propres,
(C) capital social
capital account
compte de capital,
(C) comptc d'apport
capital assets
immobilisations,
(C) actif immobilisé corporel
capital budget
budget des investissements
capital consumption allowance
provision pour consommation du
capital
capital contributed in excess of par
value
apport en capital dépassant la
valeur nominale
capital expenditure
dépense d'investissement,
(C) dépense en immobilisations,
(C) dépenses en capital
capital formation
formation de capital
capital gain (loss)
plus-value de capitaux, gain
(perte) en capital, (C) profit
(perte) sur règlement de dettes
capital goods
biens d'investissement, (C) biens
d'équipement, (C) matériel
d'immobilisation,, (C) bien de
production

capital improvement
amélioration du capital,
(C) amélioration des
immobilisations
capital intensive
capitalistique
capital investment
capital investi, (C) mise
de fonds, (C) placement de
capitaux
capitalism
capitalisme
capitalization rate
taux d'actualisation, (C) taux de
capitalisation
capitalize
capitaliser
capitalized value
valeur de rendement,
(C) valeur actualisée, (C) valeur
capitalisée
capital lease
contrat de location-acquisition
capital loss
moins-value de capitaux perte en
capital, (C) perte en capital
capital market
marché des capitaux,
(C) marché financier
capital nature flight
fuite imputable sur le
capital
capital rationing
rationnement du capital,
(C) limite des investissements
capital requirement
besoin en immobilisations,
exigence en immobilisation,
(C) besoin de capitaux
capital resource
ressource en immobilisation,
(C) fonds propre
capital stock
stock de capital, (C) capital social
capital structure
structure du capital, (C) structure
financière, (C) composition du
capital

capital surplus
excédent de capital, (C) surplus
d'apport
capital turnover
rentabilité du capital, (C) ratio de
rotation des capitaux
caps
majuscules, (C) actions
privilégiées convertibles à taux
variable
capslock key
touche vérr. maj., (C) touche
verrouillage des majuscules
captive finance company
société financière (de
financement) captive,
(C) société filiale de crédit
cargo
cargo, (C) chargement, (C)
facultés
cargo insurance
assurance cargo,
(C) assurance sur
facultés
carload rate
tarif (barème) par wagon,
(C) prix de transport par wagon
complet, (C) tarif par plein
wagon
carrier
transporteur
carrier's lien
droit de rétention du
transporteur, (C) privilège du
transporteur
carrot and stick
la carotte et le bâton
carryback
report en arrière, (C) report
rétrospectif
carrying charge
coût de détention des capitaux,
(C) frais de possession, (C) frais
afférents à des titres achetés à
terme, (C) frais de couverture,
(C) frais sur marge
carryover
report du résultat, (C) report

cartage
camionnage, (C) frais de
camionnage, (C) frais de
transport
cartel
cartel, (C) entente
case-study method
méthode d'étude de cas,
(C) méthode des cas
cash
liquidité, au comptant,
espèces, caisse,
trésorerie, (C) encaisse,
espèces, (C) comptant
cash acknowledgement
reçu de paiement
cash basis
base des encaissements/
décaissements, (C) méthode
de la comptabilité de caisse
cashbook
registre/livre des
encaissements/décaissements,
(C) journal de caisse
cash budget
budget de caisse, budget de
trésorerie
cash buyer
acheteur au comptant
cash cow
vache à lait (pop)
cash disbursement
déboursés,
(C) décaissement
cash dicount
escompte de caisse
cash dividend
dividende en espèces
cash earnings
revenus/gains en espèces,
(C) profit en espèces
cash equivalence
équivalence en espèces
cash flow
flux de trésorerie, cash flow,
marge brute
d'autofinancement,
(C) décaissement, (C) flux de

l'encaisse en liquidités,
(C) mouvements de trésorerie
cashier
caissier
cashier's check
chèque de caisse, chèque de
banque, (C) traite de banque
cash market
marché au comptant
cash on delivery (COD)
paiement à la livraison,
(C) contre remboursement
cash order
ordre au comptant,
(C) commande à paiement
comptant
cash payment journal
registre des paiements
en espèce, (C) journal des
paiements au comptant
cash position
position de la trésorerie,
(C) argent en caisse
cash ratio
ration de trésorerie, (C) ratio de
liquidité immédiate
cash register
caisse enregistreuse
cash reserve
réserve en espèces, (C) réserve
liquide, réserve en espèccs
cash surrender value
valeur de rachat, (C) valeur de
rachat au comptant
casual laborer
travailleur occasionnel,
(C) ouvrier auxiliaire
casualty insurance
assurance accidents et risques
divers
casualty loss
victimes d'accidents, (C) sinistre
accidents
catastrophe hazard
risques de catastrophe
catastrophe policy
police catastrophe, (C) assurance
catastrophe

cats and dogs
chats et chiens, (C) actions de
valeur spéculative
cause of action
cause de l'action, (C) cause
d'action
cell definition
définition de cellule
cell format
format de cellule, (C) définition
de cellule
censure
censure
central bank
banque centrale
central business district (CBD)
centre d'affaires,
(C) hypercentre
central buying
achat central, (C) centrale
d'achats
centralization
centralisation
central planning
planification centrale
central processing unit (CPU)
unité centrale de traitement
(UCT), (C) unité centrale
central tendency
tendance centrale, (C) centrisme
certificate of deposit (CD)
certificat de dépôt
certificate of incorporation
certificat d'enregistrement de
société, (C) certificat de
constitution, (C) charte
certificate of occupancy
certificat d'occupation
certificate of title
certificat de titre, (C) titre
certificate of use
certificat d'utilisation
certification
certification
certified check
chèque certifié, (C) chèque visé
certified finical statement
état financier certifié

certified mail
lettre certifiée
C&F
coût et fret (C et F)
chain of command
voie hiérarchique
chain feeding
alimentation de la chaîne
chain store
grand magasin, grande
surface, magasin à
succursales multiples,
(C) entreprise à succursales
chairman of the board
président du conseil
chancery
chancellerie
change
changer, (C) modifier
change of beneficiary provision
modification de la disposition sur
le bénéficiaire
channel of distribution
circuits de distribution
channel of sales
circuits de vente
character
caractère
charge
frais, facturer
charge buyer
facturer l'acheteur
chart
graphique, (C) tableau
charter
charte
chartist
chartiste
chart of accounts
plan comptable
chat forum
forum de discussion,
(C) forum de clavardage
chattel
biens meubles
chattel mortgage
nantissement de biens meubles,
hypothèque mobilière

chattel paper
nantissement de biens meubles
check
chèque, vérifier,
contrôle, contrôler
check digit
chiffre de contrôle
check-kiting
jeu de chèques
check protector
protection des chèques
check register
registre de contrôle
check stub
souche de chèque
chief executive officer
président directeur général,
(C) chef de la direction
chief financial officer
directeur général des finances,
(C) chef de l'exploitation
financière
chief operating officer
directeur général d'exploitation,
(C) chef de l'exploitation
child and dependent
care credit
crédit pour enfants et personnes
dépendantes
chi-square test
test du chi carré
chose in action
choisir en action
churning
multiplication des opérations
CIF
coût assurance fret (CAF)
cipher
chiffrer
circuit
circuit
circuit board
circuit imprimé, (C) carte de
circuit imprimé
civil law
droit civil
civil liability
responsabilité civile

civil penalty
peine civile
claim
réclamation
class
classe, catégorie
class action B shares
parts du recours collectif B
classification
classification
classified stock
action classée
clause
clause
clean
propre, net
clean hands
droiture
cleanup fund
fonds de liquidation
clear
clair, effacer
clearance sale
vente de liquidation
clearinghouse
chambre de
compensation
clear title
titre incontesté
clerical error
erreur d'écriture
clerk
greffier
client
client
clipboard
presse-papier, (C) tablette
électronique
close
fermer
close corporation plan
plan de société fermée à peu
d'actionnaires, (C) plan de
société privée
closed account
compte clôturé
closed economy
économie fermée

closed-end mortgage
hypothèque close
closed-end mutual fund
fonds de placement fermé
closed stock
action fermée
closely held corporation
société fermée à peu d'actionnaires
close out
liquidation, clôture
closing
fermeture
closing agreement
accord final
closing cost
coût final
closing date
date limite, date finale
closing entry
écriture de fermeture
closing inventory
stock final
closing price or closing quote
cours de clôture ou cotation
finale
closing statement
déclaration finale, conclusion
cloud on title
titre contesté, titre suspect
cluster analysis
analyse d'agrégats,
analyse en grappes
cluster housing
regroupement
cluster sample
échantillons en grappes
cluster sampling
échantillonnage en grappes
code
code
code of ethics
code de déontologie
codicil
codicille
coding of accounts
codage des comptes
coefficient of determination
coefficient de détermination

coinsurance
coassurance
cold canvass
sollicitation au hasard
collapsible corporation
société qui s'effondre
collateral
garantie, collatéral
colatteral assignment
attribution collatérale, affectation
collatérale
collateralize
gager
collateralized mortgage
obligation (CMO)
obligation de nantissement avec
garantie
colleague
collègue
collectible
encaissable
collection
encaissement, recouvrement
collection ratio
taux de recouvrement
collective bargaining
négociation collective
collusion
collusion
collusive oligopoly
oligopole collusoire
column chart/graph
graphique en colonnes,
(C) graphique en tuyaux d'orgue
combinations
combinaisons
comfort letter
lettre administrative de
classement
command
commande, ordonner
command economy
économie dirigiste
commencement of coverage
début de la couverture
commercial
message publicitaire
commercial

commercial bank
  banque commerciale
commercial blanket bond
  obligation générale
  commerciale
commercial broker
  courtier commercial
commercial credit insurance
  assurance crédit commercial
commercial forgery policy
  politique de contrefaçon
  commerciale
commercial forms
  forme marchande
commercial health insurance
  assurance maladie commerciale
commercial law
  droit commercial
commercial loan
  prêt commercial
commercial paper
  billet de trésorerie
commercial property
  propriété commerciale
commercial property policy
  politique de propriété
  commerciale
commingling of funds
  amalgame des fonds
commission
  commission
commission broker
  courtier à commission
commitment
  engagement
commitment free
  sans engagement
commodities futures
  contrats à termes de
  marchandises
commodity
  marchandise
commodity cartel
  cartel de marchandise
common area
  zone commune
common carrier
  transporteur

common disaster clause or
survivorship clause
  clause désastre ou clause de
  survie
common elements
  éléments ordinaires,
  éléments communs
common law
  droit commun
common stock
  action ordinaire
common stock equilavent
  équivalant à de l'action ordinaire,
  (C) titres équivalant à des actions
common stock fund
  fonds d'actions ordinaires
common stock ratio
  taux d'actions ordinaire
communications network
  réseau de communication
communism
  communisme
community association
  association d'animation sociale
community property
  biens communs,
  biens de la communauté
commutation right
  droit de commutation
commuter
  personne qui fait la navette entre
  son domicile et son lieu de
  travail, (C) navetteur
commuter tax
  taxes sur les résidences
  secondaires
co-mortgagor
  codébiteur hypothécaire
CD-writer/CD-burner
  graveur de CD
company
  société, entreprise
company benefits
  bénéfices de la société
company car
  voiture de fonction
company union
  syndicat d'entreprise

comparables
comparable
comparable worth
valeur comparable
comparative financial statements
état/bilan financier comparatif
comparative negligence
négligence comparative
comparison shopping
lèche-vitrines comparatifs
compensating balance
balance compensatrice
compensating error
erreur compensatrice
compensation
compensation, indemnisation
compensatory stock options
options d'action compensatrice
compensatory time
temps compensatoire
competent party
partie compétente
competition
concurrence
competitive bid
offre concurrentielle,
offre compétitive
competitive party
partie concurrentielle
competitive party method
méthode de la partie
concurrentielle
competitive strategy
stratégie concurrentielle
competitor
concurrent
compilation
compilation
compiler
compilateur
compliant
conforme
complete audit
audit complet, vérification
complète
completed contract method
méthode de l'achèvement des
travaux

completed operations insurance
opérations achevées
completion bond
garantie de parfait achèvement
comple capital structure
structure du capital complet
complex trust
trust complexe, (C) fiducie
complexe
compliance audit
audit de conformité, vérification
de la conformité, (C) vérification
du respect de dispositions
contractuelles
component part
constituant
composite depreciation
dépréciation des matériaux
composites
composition
composition
compound growth rate
taux de croissance composée
compound interest
intérêt composé
compound journal entry
écriture complexe
**comprehensive annual financial
report (CAFR)**
rapport annuel financier complet
comprehensive insurance
assurance multirisque
compress
compresser
comptroller
assistant général de gestion
compulsory arbitration
arbitrage obligatoire
compulsory insurance
assurance obligatoire
compulsory retirement
retraite obligatoire
computer
ordinateur
computer-aided
assisté par ordinateur
concealment
dissimulation

concentration banking
   activités bancaires de
   concentration
concept test
   test de concept
concern
   inquiétude
concession
   concession
conciliation
   conciliation
conciliator
   conciliateur
condemnation
   condamnation
conditional contract
   contrat conditionnel
condition precedent
   condition suspensive
conditional sale
   vente conditionnelle
conditional-use permit
   autorisation d'utilisation
   conditionnelle
condition subsequent
   condition résolutive/résolutoire
conference call
   conversation multiple
confidence game
   jeu de confiance
confidence interval
   intervalle de confiance
confidence level
   niveau de confiance
confidential
   confidentiel
confirmation
   confirmation
conflict of interest
   conflit d'intérêts
conformed copy
   photocopie conforme
confusion
   confusion
conglomerate
   conglomérat
conservatism, conservative
   conservatisme, conservateur

consideration
   considération
consignee
   destinataire
consignment
   envoi, expédition
consignment insurance
   assurance envoi de marchandises
consignor
   expéditeur
consistency
   cohérence
console
   console/panneau
consolidated financial statement
   situation financière consolidée
consolidated tax return
   déclaration d'impôts unifiée
consolidation loan
   prêt de consolidation
consolidator
   groupeur
consortium
   consortium
constant
   constant
constant dollars
   dollars constants
constant-payment loan
   prêt à paiements constants
constituent company
   société constituante
constraining (limiting) factor
   facteur contraignant (limitant)
constuction loan
   prêt construction
constructive notice
   connaissance présumée
constructive receipt of income
   doctrine selon laquelle une
   personne est présumée avoir reçu
   et bénéficié d'une somme alors
   même qu'elle n'a pas encaissé le
   paiement, (C) recette réputée
consultant
   consultant, conseiller
consumer
   consommateur

consumer behavior
comportement des
consommateurs
consumer goods
biens de consommation
consumerism
consumérisme
consumer price index (CPI)
index de prix à la consommation
(IPC)
consumer protection
protection des consommateurs
consumer research
recherche en consommation
consumption function
fonction de la consommation
container ship
navire porte-conteneurs
contestable clause
clause contestable
contingency fund
fonds de réserve
contingency planning
élaboration d'un plan de
secours
contingency table
table de contingence
contingent fee
honoraires conditionnels
contingent liability
passif éventuel
**contingent liability (vicarious
liability)**
engagement conditionnel
(responsabilité du
cautionnement)
continuing education
formation continue
continuity
continuité
continuous audit
audit en continu
continuous process
procédure en continu
continuous production
production en continu
contra-asset account
compte d'actif de contre-partie

contract
contrat
contract carrier
transporteur sous contrat
contraction
contraction
contract of indemnity
contrat d'indemnisation
contractor
contractant, entrepreneur,
(C) sous-traitant
contract price (tax)
prix contractuel
contract rate
tarif contractuel
contract rent
loyer contractuel
contrarian
investisseur à contre courant
contrast
contraste
contribution
apport, cotisation, contribution
contribution profit, margin
revenu marginal
contributory negligence
imprudence concurrente,
négligence concurrente,
(C) négligence concourante
de la victime, (C) faute de la
victime
contributory pension plan
régime de retraite contributif
control
contrôle
control account
compte collectif, compte
général
control key (ctrl)
touche contrôle (ctrl)
controllable costs
coûts contrôlables
controlled company
société dominée
controlled economy
économie dirigée
controller
assistant général de gestion

controlling interest
contrôle direct, participation de
contrôle
convenience sampling
échantillonnage de
commodité
conventional mortgage
hypothèque traditionnelle
conversion
conversion
conversion cost
coût de la conversion
**conversion factor for employee
contributions**
facteur (taux) de conversion pour
les cotisations des salariés
conversion parity
parité de conversion
conversion price
prix de conversion
conversion ratio
rapport de conversion
convertibles
titres convertibles, valeurs
convertibles
convertible term life insurance
assurance vie transformable
convey
transporter
conveyance
aliénation, acte d'aliénation,
moyen de transport
cooling-off period
délai de réflexion, délai de
renonciation
co-op
coopérative
cooperative
coopérative
cooperative advertising
publicité collective
cooperative apartment
appartement collectif
copy-protected
interdit de copie
copyright
droit d'auteur, droit de
reproduction, copyright

cornering the market
réduire volontairement l'offre
d'un produit
corporate bond
obligation de société
corporate campaign
campagne de société
corporate equivalent yield
rendement équivalent à celui
de la société
**corporate strategic
planning**
planification stratégique de
l'entreprise
corporate structure
structure de l'entreprise
corporate veil
voile corporatif
corporation
société anonyme
corporeal
corporel
corpus
corpus
correction
correction
correlation coefficient
coefficient de corrélation
correspondent
correspondant
corrupted
corrompu
cosign
co-signer
cost
coût, frais,
charge
cost accounting
décompte des frais,
(C) comptabilité analytique
d'exploitation
cost application
application de coûts
cost approach
approche des coûts,
(C) technique du coût
cost basis
base des coûts

cost-benefit analysis
analyse coût-rendement
cost center
section des frais
cost containment
maîtrise des coûts
cost-effectiveness
rapport coût-efficacite
cost method
méthode des coûts
cost objective
objectif des coûts
cost of capital
coût de l'investissement
cost of carry
coût de portage
cost of goods manufactured
coût des biens manufacturés
cost of goods sold
coût des biens vendus, (C) coût
d'achat des marchandises
vendues
cost-of-living adjustment (COLA)
majoration du coût de la vie
cost overrun
dépassement des coûts
cost-plus contract
contrat
cost-push inflation
inflation par les coûts,
(C) inflation par poussée sur les
coûts
cost records
enregistrement des coûts
co-tenancy
copropriété
cottage industry
industrie artisanale
counsel
conseil, avocat consultant
counterclaim
demande reconventionnelle
countercyclical policy
politique contrecyclique
counterfeit
contrefaire, contrefaçon
countermand
contremander

counterroffer
surenchère
coupon bond
obligation à coupons
court of record
tribunal d'archives
courtesy
courtoisie
covariance
covariance
covenant
engagement formel
covenant not to compete
engagement à ne pas
concurrencer
cover
couvrir
covered option
option couverte
cracker
saboteur de réseaux pirate
craft union
syndicat de métier
crash
krash, panne, (C) effondrement
des cours, (C) plantage
creative black book
creative black book, (C) livre noir
creative financing
financement novateur
credit
crédit
credit analyst
analyste en crédit
credit balance
solde créditeur
credit bureau
société de renseignements
commerciaux, (C) agence
d'évaluation du crédit
credit card
carte de crédit
creditor
créancier
credit order
ordre de crédit
credit rating
conditions de crédit, cote de

credit, degré de
solvabilité, estimée
credit requirements
exigences de crédit
credit risk
risque lié au crédit
credit union
coopérative de crédit
creeping inflation
inflation rampante
critical path method (CPM)
méthode du chemin critique,
méthode CPM
critical region
région critique
crop
rognage
cross
croiser
cross-footing
opération horizontale
cross merchandising
vente avec prime, (C) étalage
jumelé, (C) agencement de
produits complémentaires
cross purchase plan
plan d'achat croisé
cross tabulation
tableau combinatoire
tableau à multiples entrées
crowd
foule
crowding out
éviction
crown jewels
les joyaux de la couronne
crown loan
prêt crown
cum dividend, cum rights or cum warrant
avec droit à, droits attachés ou,
(C) coupons attachés
cumulative dividend
dividende cumulatif
cumulative liability
responsabilité cumulative
cumulative preferred stock
action cumulative privilégiée

cumulative voting
vote cumulé
curable depreciation
dépréciation curable,
dévalorisation curable
currency futures
contrat à terme sur devise,
contrat financier à terme sur
devises
currency in circulation
devises en circulation
current
actuel, en cours
current asset
actif circulant, actif réalisable
current assumption whole life insurance
assurance vie entiére d'après les
hypothèses actuelles
current cost
coût courant
current dollars
dollars courants
current liabilities
passif à court terme
current market value
cours du jour
current ratio
taux de liquidité
current value accounting
méthode du bilan actualisé
current yield
rendement actualisé
cursor
curseur
curtailment in pension plan
compression du plan de retraite
curtilage
marge d'isolement (of building)
custodial account
compte de garde,
(C) compte de dépôt
custodian
dépositaire
custody
dépôt, garde
customer
client

custom profile
  profil du client
customer service
  service à la clientèle
customer service representative
  responsable du service clientèle
customs
  douanes
customs court
  tribunal douanier
cutoff point
  seuil de reclassement
cyberspace
  cyberespace

cycle billing
  facturation périodique
cyclical demand
  demande conjoncturelle
cyclical industry
  économie
  conjoncturelle
cyclical stock
  stock conjoncturel
cyclical
unemployment
  chômage conjoncturel
cyclic variation
  évolution conjoncturelle

D

daily trading limit
  limite de transactions
  quotidiennes, limite de
  fluctuation quotidienne
daisy chain
  guirlande de marguerites,
  connexion en guirlande
damages
  dommages et intérêts
data
  données
database
  base de données
database management
  gestion de base de données,
  (C) gestion de banque de
  données
data collection
  collecte des données
data maintenance
  maintenance des données
data processing insurance
  assurance de traitement des
  données, (C) assurance de
  traitement des données
data retrieval
  récupération des données
data transmission
  transmission des données
date of issue
  date d'émission
date of record
  date du registre, (C) date de
  clôture des registres
dating
  datation
deadbeat
  mauvais payeur
dead-end job
  emploi sans possibilité
  d'avancement
deadhead
  course à vide

deadline
  date limite, délai, date
  d'expiration, (C) échéance
dead stock
  capital improductif,
  (C) stock dormant
dead time
  temps mort
dealer
  marchand de titres, négociant,
  agent de contrepartie, dealer,
  (C) contrepartiste ,(C) crieur
death benefit
  capital-décès, (C) prestation de
  décès
debasement
  adultération, (C) amenuisement
debenture
  reconnaissance de dette, émission
  obligataire, (C) obligation non
  garantie
debit
  débit
debit memorandum
  note de débit
debt
  dette
debt coverage ratio
  (C) ratio de couverture de la dette,
  taux de couverture de la dette
debt instrument
  (C) titre de créance, instrument
  de dette
debtor
  débiteur
debt retirement
  (C) remboursement d'un emprunt,
  amortissement de la dette
debt security
  titre de dette, titre d'emprunt,
  cédule, (C) titre de créance
debt service
  service de la dette

debt-to-equity ratio
ratio capitaux, empruntés/fonds propres, rapport d'endettement général
debug
déboguer
decentralization
décentralisation
deceptive advertising
publicité mensongère
deceptive packaging
emballage trompeur, trompe l'œil, (C) conditionnement trompeur
decision model
modèle décisionnel
decision package
dossier décisionnel, (C) devis décisionnel
decision support system (DSS)
systèmes interactifs d'aide à la décision (SIAD), (C) système d'aide à la décision
decision tree
arbre décisionnel, schéma décisionnel
declaration
déclaration
declaration of estimated tax
déclaration de revenus estimés, (C) déclaration de revenus approximatifs
declaration of trust
déclaration de fiducie, (C) déclaration de dépöt
declare
déclarer
declining-balance method
amortissement dégressif, (C) méthode de l'amortissement dégressif à taux constant
dedicated line
ligne dédiée
dedication
affectation
decryption
décryptage

deductibility of employee contributions
droit à la déduction des cotisations salariales, (C) cotisation salariale
deduction
déduction retenue
deductive reasoning
raisonnement par déduction
deed
acte
deed in lieu of foreclosure
acte faisant foi de saisie
deed of trust
acte fiduciaire
deed restriction
restriction de l'acte
deep discount bond
obligation émise à décote, (C) obligation à fort escompte, (C) obligation à bas taux d'intérêt
de facto corporation
société de fait
defalcation
détournement de fonds
default
défaillance, par défaut (adv.), mise en demeure
default judgment
jugement de mise en demeure, (C) jugement par défaut
defeasance
défaisance, acte résolutoire, (C) désendettement
defective
défectueux
defective title
titre défectueux, titre invalide
defendant
défendeur, accusé, inculpé
defense of suit against insured
défense lors d'un procès à l'encontre de l'assuré, (C) défense en cas de poursuite contre les assures
defensive securities
titres/valeurs de placement, (C) titre défensif

deferred account
compte reporté
deferred billing
facturation reportée
deferred charge
charges différées
deferred compensation
indemnisation/compensation
différée
deferred compensation plan
plan d'indemnisation différé,
(C) régime d'indemnisation
différé
deferred contribution plan
plan de cotisation différé
deferred credit
crédit reporté
deferred group annuity
rente collective différée
deferred interest bond
obligation à intérêt différé
deferred maintenance
réparation/maintenance différée
deferred-payment annuity
rente avec paiement reporté
deferred payments
paiements reportés
deferred profit-sharing
participation différée aux
bénéfices
deferred retirement
retraite reportée
deferred retirement credit
crédit reporté de retraite
deferred wage increase
hausse différée des
salaires
deficiency
insuffisance
deficiency judgment
jugement pour déficit,
(C) jugement par
insuffisance
deficiency letter
demande de révision, (C) lettre
d'insuffisance
deficit
déficit

deficit financing
financement par le déficit
deficit net worth
valeur nette du déficit
deficit spending
financement par l'emprunt,
(C) financement au découvert
defined-benefit pension plan
système de retraite par
répartition, (C) régime de retraite
à prestations déterminées
**defined contribution pension
plan**
système de retraite par
capitalisation, (C) régime de
retraite à cotisation déterminée
deflation
déflation
deflator
déflateur, (C) coefficient
d'actualisation
defunct company
société dissoute, (C) société
conservatoire
degression
dégression
deindustrialization
désindustrialisation
delegate
déléguer
delete
supprimer
delete key (del)
touche supprimer (suppr)
delinquency
arriéré
delinquent
contrevenant
delisting
retrait de marques de catalogue,
(C) déréférencement,
(C) radiation de la cote
delivery
livraison
delivery date
date de livraison
demand
demande

demand curve
  courbe de la demande
demand deposit
  dépôt à vue
demand loan
  prêt à vue
demand note
  bon à vue, billet à
  demande
demand price
  prix à vue
demand-pull inflation
  inflation par la demande
demand schedule
  courbe de la demande,
  (C) horaire à la demande
demarketing
  demarketing, (C) publicité de
  dissuasion
demised premises
  lieux loués
demographics
  démographie
demolition
  démolition
demonetization
  démonétisation
demoralize
  démoraliser
demurrage
  surestaries
demurrer
  exception pralable, (C) fin de
  non-recevoir
denomination
  dénomination
density
  densité
density zoning
  zonage par densité
department
  service
dependent
  personne à charge, personne
  dépendante
dependent coverage
  couverture des personnes à
  charge

depletion
  épuisement, (C) amortissement
deposit
  dépôt
deposit administration plan
  plan de gestion des dépôts
deposit in transit
  dépôt en circulation
deposition
  déposition
depositors forgery insurance
  assurance contre la falsification
  des déposants
depository trust company (DTC)
  compagnie de fiducie dépositaire,
  (C) fiducie dépositaire
depreciable life
  vie amortissable
depreciable real estate
  biens immobiliers amortissables
depreciate
  déprécier, dévaloriser, (C) amortir
depreciated cost
  coût amorti
depreciation
  dépréciation, amortissement
depreciation recapture
  reprise de dépréciation,
  (C) récupération d'amortissement
depreciation reserve
  réserve pour provision
  d'amortissement
depression
  dépression, conjoncture
  défavorable
depth interview
  entretien en profondeur
deregulation
  déréglementation,
  dérégulation
derived demand
  demande dérivée
descent
  hérédité, succession héréditaire,
  transmission héréditaire,
  (C) descendance
description
  description, désignation

descriptive memorandum
note descriptives
descriptive statistics
statistiques descriptives
desk
bureau, réception (front-)
desktop publishing
publication assistée par
ordinateur (PAO), (C) éditique
destination file (network)
fichier cible (réseau)
detail person
représentant,
(C) personne-ressource
devaluation
dévaluation
developer
développeur
development
développement
developmental drilling program
programme de forage
développemental, (C) programme
de forage en zone productive
development stage enterprise
entreprise au stade de
développement
deviation policy
politique des écarts
devise
legs de biens réels,
disposer par testament,
léguer, legs
dialup
numéroter, appeler un abonné,
(C) composition, (C) ligne
commutée
diagonal expansion
expansion diagonale
diary
agenda, journal
differential advantage
avantage différentiel
differential analysis
analyse différentielle
differentiation strategy
stratégie de différentiation,
(C) différentiation du produit

digits deleted
chiffres effacés
dilution
dilution
diminishing-balance method
méthode de l'amortissement
dégressif
diplomacy
diplomatie
direct access
accès direct
direct-action advertising
publicité à action directe
direct charge-off method
méthode de passation directe par
pertes et profits
direct cost
coût direct
direct costing
méthode des coûts variables
directed verdict
verdict imposé
direct financing lease
contrat de location financement
direct investment
investissement direct
direct labor
main d'œuvre directe
direct liability
responsabilité directe
direct marketing
marketing direct
direct material
matière première
director
directeur,administrateur
directorate
directorat
direct overhead
frais fixes directs
direct-reduction mortgage
hypothèque de réduction
directe
direct response advertising
publicité à réponse directe,
(C) publicité directe
direct sales
ventes directes

direct production
production directe
disability benefit
prestations d'invalidité
disability buy-out insurance
assurance-rachat de parts
d'associés en cas d'invalidité
disability income insurance
garantie des revenus d'invalidité,
(C) assurance invalidité
disaffirm
se rétracter, revenir sur, renoncer,
(C) rejecter
disbursement
décaissement, déboursement
discharge
décharge, contre-passation d'une
opération, (C) quittance
discharge in bankruptcy
réhabilitation, (C) décharge de
faillite
discharge in lien
mainlevée du privilège
disciplinary layoff
suspension
disclaimer
renonciation, acte de
renonciation
disclosure
divulgation, publicité
discontinuance of plan
suppression du plan,
(C) suppression du régime
discontinued operation
exploitation interrompue
discount
réduction, rabais,
décote, ristourne,
discompte, escompte,
discompter
discount bond
obligation vendue à perte,
(C) obligation à escompte
discount broker
courtier d'escompte, (C) courtier
exécutant
discounted cash flow
actualisation des flux financiers,

bénéfices nets actualisés,
techniques d'actualisation
(C) valeur actualisée des flux de
trésorerie
discounting the news
intégrer instantanément dans les
prix le flux d'informations sur les
sociétés, (C) actualisation
anticipée
discount points
points d'escompte
discount rate
taux de réduction, taux
d'escompte
discount window
escompte officiel
discount yield
rendement de l'escompte
discovery
garantie subséquente, découverte
discovery sampling
échantillonnage de la découverte
discrepancy
contradiction, différence,
(C) écart
discretion
discrétion
discretionary cost
coût discrétionnaire
discretionary income
revenu discrétionnaire
discretionary policy
politique discrétionnaire
discretionary spending power
pouvoir de dépense
discrétionnaire
discrimination
discrimination
diseconomies
déséconomies
dishonor
refuser de payer, ne pas honorer
disinflation
désinflation
disintermediation
désintermédiation
disjoint events
événements disjoints

disk
disque
disk drive
lecteur
dismissal
licenciement, congédiement,
révocation
dispatcher
répartiteur
disposable income
revenu disponible,
(C) revenu alinable
dispossess
déposséder
dispossess proceedings
procédure de dépossession
dissolution
dissolution
distressed property
propriété en difficulté
distribution
distribution, répartition
distribution allowance
allocation de la distribution
distribution cost analysis
analyse des coûts de distribution
distributor
distributeur
diversification
diversification
diversified company
société diversifiée
divestiture
désengagement, démembrement,
démantèlement, dépossession
dividend
dividende
dividend addition
ajout de dividendes
dividend exclusion
exclusion de dividendes
dividend payout ratio
taux de paiement d'un dividende
dividend reinvestment plan
programme de capitalisation
des dividendes,
(C) régime de capitalisation des
dividendes

dividend requirement
besoins en dividendes,
(C) bénéfices nécessaires à
l'émission d'un dividende
dividend rollover plan
plan de réemploi des dividendes,
(C) régime de roulement de
dividends
dividends payable
dividendes à payer
division of labor
division du travail
docking
diminuer (le salaire),
(C) amende, (C) coupure
de salaire
docking station
station d'accueil
documentary evidence
document probant
documentation
documentation
doing business as (DBA)
exerçant des activités telles que,
(C) faisant affaires sous le nom
de
dollar cost averaging
moyenner une position, (C) coût
moyen des actions achetées par
sommes fixes
dollar drain
drainage du dollar
dollar unit sampling (DUS)
échantillonnage avec
probabilité proportionnelle
au capital restant dû,
(C) sondage par unités
monétaires
dollar value LIFO
dernier entré premier sorti, avec
indexation, (C) deps avec
indexation
domain name system
système de nom de domaine
domestic corporation
société nationale
domicile
domicile

dominant tenement
fonds dominant
donated stock
action à titre de don
donated surplus
excédent à titre de don
donor
donateur
double click
double-cliquer, cliquer deux fois
double declining balance
amortissement dégressif à taux
double
double-digit inflation
inflation à deux chiffres
double-dipping
cumul, (C) double deduction
double-entry accounting
comptabilité en partie double
double precision
double précision
double taxation
double imposition
double time
double du temps, (C) double
tarif, (C) heures majorées
de 100 %
double (treble) damages
double (triple) des dommages et
intérêts
dower
douaire
download
télécharger
downpayment
acompte
downscale
réduction de la production
downside risk
risque à la baisse
downstream
en amont
down tick
légère diminution, négociation
d'un titre à un cours légèrement
inférieur à celui de la négociation
précédente, (C) négociation à
un cours inférieur

downtime
indisponibilité
downturn
ralentissement
downzoning
fait de réduire la taille d'un
terrain, (C) zonage réduit
dowry
fonds dotal, dot
Dow theory
théorie de dow
draft
effet, traite,
projet
draining reserves
réduire les réserves, (C) réserve
de drainage
draw
tirer
drawee
tiré
drawer
tireur
drawing account
compte de tirage
draw tool
outil de dessin
drive
lecteur
drop-down menu (pull-down menu)
menu déroulant
drop-shipping
envoi commercial facturé à un
grossiste mais expédié
directement au détaillant,
(C) expédition directe,
(C) expédition sur demande
dry goods
biens non durables
dual contract
double contrat
due bill
facture à payer
due-on-sale clause
clause de paiement à
la vente
dummy
factice, (C) prête-nom

dumping
  dumping
dun
  presser, harceler,
  (C) exiger un
  paiement en retard
duplex copying (printing)
  copie recto-verso
  (impression)

duplication of benefits
  duplication des
  prestations
duress
  contrainte
dutch action
  vente au rabais
duty
  obligation

E

each way
dans chaque sens, (C) double commission

early retirement
retraite anticipée, (C) préretraite

early retirement benefits
prestations de retraite anticipée, (C) prestations de préretraite

early withdrawal penalty
pénalité pour retraite anticipée

earned income
revenu perçu/touché, (C) revenu gagné

earnest money
arrhes, (C) dépôt de garantie

earnings and profits
revenus et bénéfices, (C) bénéfices

earnings before tax
revenus avant impôt

earnings per share
bénéfice par action

earnings report
rapport des gains, (C) rapport sur les bénéfices

easement
servitude

easy money
argent facilement gagné, (C) détente monétaire, (C) crédit facile

econometrics
économétrie

economic
économique

economic analysis
analyse économique

economic base
base économique, (C) fondation économique

economic depreciation
dépréciation économique, (C) dévaluation économique

economic freedom
liberté économique

economic growth
croissance économique

economic growth rate
taux de croissance économique

economic indicators
indicateurs économiques

economic life
vie économique

economic loss
perte économique

economic rent
loyer économique

economics
économie

economic sanctions
sanctions économiques

economic system
système économique

economic value
valeur économique

economies of scale
économies d'échelles

economist
économiste

economy
économie

edit
modifier, éditer

effective date
date de prise d'effet, (C) date d'entrée en vigueur, date de prise d'effet

effective debt
dettes effectives, (C) dette totale d'une entreprise

effective net worth
valeur nette

effective rate
taux effectif, (C) taux en vigueur

effective tax rate
taux d'imposition effectif,
(C) taux d'imposition en vigueur
efficiency
efficacité, (C) efficience
efficient market
marché efficace, (C) marché
efficient
efficient portfolio
portefeuille efficace,
(C) portefeuille efficient
eject
éjecter
ejectment
expulsion
elasticity of supply and demand
élasticité de l'offre et de la
demande
elect
élire
electronic mail (email)
message électronique (e-mail),
(C) courrier électronique
(courriel)
eligibility requirements
critères d'admissibilité
eligible paper
papier escomptable
email address
adresse e-mail
emanicipation
émancipation
embargo
embargo
embed
intégrer,
(C) incorporer
embezzlement
détournement de fonds,
(C) détournement de biens
emblement
emblavage (n, m), (C) récoltes
sur pied
eminent domain
domaine éminent, (C) pouvoir
d'expropriation
employee
salarié, (C) employé

employee association
association de salariés,
(C) association d'employés
employee benefits
avantages salariaux
employee contributions
cotisations salariales,
(C) cotisations des employés
employee profit sharing
participation des salariés aux
résultats de l'entreprise,
(C) intéressement des employés
employee stock option
option d'achat d'action des
salariés, (C) actionnariat
des salariés
**employee stock ownership plan
(ESOP)**
programme d'actionnariat,
(C) régime d'actionnariat des
salariés
employer
employeur
employer interference
intervention de l'employeur,
(C) immixtion de l'employeur
employment agency
agence pour l'emploi,
(C) bureau de placement
employment contract
contrat de travail
enable
activer
enabling clause
disposition habilitante,
(C) clause d'autorisation
encoding
codage, (C) encodage
encroach
entamer (vtr), avoir recours à
(vintr), (C) empiéter,
(C) prélever
encroachment
recours à, (C) empiètement,
(C) prélèvement sur quelque
chose
encryption
cryptage, (C) chiffrement

encumbrance
  charge hypothècaire
  servitudes, (C) droit réel
  sur un bien, (C) engagement
end of month
  fin de mois
endorsement or indorsement
  endos, endossement, (C) aval
endowment
  dotation, (C) capital terme
end user
  utilisateur final
energy tax credit
  crédit de la taxe sur l'énergie,
  (C) crédit d'impôt pour l'énergie
enjoin
  enjoindre à, exiger, (C) enjoindre
enterprise
  entreprise
enterprise zone
  zone d'encouragement à
  l'implantation d'entreprises,
  (C) zone d'entreprise
entity
  entité
entrepreneur
  entrepreneur
entry-level job
  poste de premier niveau,
  (C) poste de débutant
environmental impact statement (EIS)
  notice d'impact sur
  l'environnement, (C) dossier
  d'impact sur l'environnement
EOM dating
  datation EOM, (C) facturation
  différée à la fin du mois
equalization board
  equalization board, (C) conseil de
  régularisation
equal opportunity employer
  entreprise équitable en matière
  d'emploi, (C) employeur offrant
  l'égalité professionnelle
equal protection of the laws
  protection égale devant la loi,
  (C) protection égale des lois

equilibrium
  équilibre
equilibrium price
  prix d'équilibre
equilibrium quantity
  quantité d'équilibre
equipment
  équipement,
  matériel,
  mobilier
equipment leasing
  crédit-bail mobilier,
  (C) location d'équipement
equipment trust bond
  obligation de fiducie pour
  l'achat de matériel, (C) titre
  garanti par nantissement de
  matériel
equitable
  équitable
equitable distribution
  distribution équitable
equity
  valeur nette d'une participation,
  apport, équité,
  (C) capitaux propres
equity financing
  financement par émission
  d'action, (C) financement par
  actions
equity method
  méthode de la mise en
  équivalence
equity of redemption
  droit de rachat, droit
  hypothécaire de rachat
equity REIT
  part de SCPI, (C) société de
  placement immobilier
equivalent taxable yield
  rendement imposable
  équivalent
erase
  effacer
error
  erreur
error message
  message d'erreur

escalator clause
clause de révision, clause de garantie éventuelle, clause d'échelle mobile des salaires, (C) clause de variation de prix
escape key (esc)
touche échap, (C) touche d'échappement
escheat
déshérence (n, f), tomber en déshérence (vintr), (C) droit de naufrage, tomber en déshérence
escrow
compte bloquè, (C) convention d'entiercement
escrow agent
dépositaire légal
espionage
espionnage
essential industry
industrie de première nécéssité, industrie incontournable, (C) industrie essentielle
estate
bien, propriété, patrimoine (m), (C) succession
estate in reversion
bien substitué, (C) succession restituée
estate in severalty
domaine en possession individuelle, (C) succession individuelle
estate planning
gestion du patrimoine, (C) planification successorale
estate tax
impôt sur la fortune, (C) impôt sur les successions
estimate
devis, (C) estimé, (C) estimation, (C) prévision
estimated tax
impôts estimés, (C) impôts estimatifs
estimator
estimateur, (C) évaluateur

estoppel
forclusion, préclusion, (C) estoppel
estoppel certificate
certificat de préclusion, (C) attestation pour préclusion
estovers
affouage, (C) droit d'utilisation de bois de mine pour l'entretien
ethical, ethics
éthique, code de déontologie, (C) déontologie
euro
euro
European Common Market
Marché Commun Européen
European Economic Community (EEC)
Communauté Economique Européenne (CEE)
eviction
expulsion, éviction
eviction, actual
éviction, effective, (C) expulsion, réelle
eviction, constructive
éviction, constructive, (C) expulsion, déguisée
eviction, partial
éviction, partielle, (C) expulsion, partielle
evidence of title
titre, certificat, (C) preuve de titre
exact interest
intérêt exact
"except for" opinion
opinion (n, f) avec réserve, (C) opinion « à l'exception de »
excess profits tax
impôt sur les bénéfices exceptionnels, impôt sur les bénéfices extraordinaires
excess reserves
fonds de réserves spéciales,

(C) couverture excédentaire,
(C) réserve extraordinaire
exchange
échange, change, (C) monnaie
étrangère, (C) bourse,
(C) opération de change
exchange control
réglementation des changes,
contrôle des changes
exchange rate
taux de change
excise tax
taxe d'accise
exclusion
exclusion
exclusions
exclusions
exclusion of coverage
exclusion de couverture
exculpatory
à décharge, (C) disculpatoire
ex-dividend date
date de l'ex-dividende, date du
coupon détaché
execute
exécuter
executed
exécuté(e)
executed contract
contrat exécuté
execution
exécution
executive
exécutif, directeur,
cadre, (C) de gestion,
(C) de direction
executive committee
comité exécutif, (C) directoire,
(C) conseil de direction
executive perquisites
accessoires de
rémunération des cadres,
(C) avantages indirects des
cadres
executor
exécuteur
executory
exécutoire

exemption
exemption, exonération
exempt securities
titre/valeur exonérée,
(C) titres exempts
exercise
exercer, lever
exercice, levée
exit interview
entretien de fin d'emploi,
(C) entrevue de départ
ex-legal
ex-légal, (C) sans avis juridique
expandable
extensible
expansion
expansion, développement
expected value
valeur probable, espérance
mathématique, (C) valeur
attendue
expense
dépense
expense account
compte de dépenses, compte de
frais
expense budget
budget des dépenses,
(C) budget des frais
expense ratio
rapport des frais, généraux aux
primes, (C) ratio de dépenses
expense report
état des frais de déplacement,
(C) note de frais
experience refund
remboursement statistique,
(C) bonification
experience rating
tarification ajustable,
(C) tarification personnalisée,
(C) tarification selon les
résultats techniques
expert power
pouvoir de l'expert
expiration
limite, date limite,
(C) expiration

expiration notice
avis de limite d'exercice, (C) avis
d'expiration
exploitation
exploitation
exponential smoothing
lissage exponentiel
export
export, exporter,
(C) exportation
**Export-Import Bank
(EXIMBANK)**
Banque d'Import Export,
(C) Banque Import-Export
exposure
exposition aux risques,
(C) exposé
exposure draft
exposé-sondage
express
express(e), (C) exprès,
(C) express
express authority
autorité expresse,
(C) autorisation expresse
express contract
contrat express,
(C) contrat de transport
extended coverage
couverture élargie, (C) garantie
risques annexes
extended coverage endorsement
avenant de couverture
supplémentaire,

(C) endossement de garantie
risques annexes
extension
prolongation,
(C) prorogation,
(C) délai, (C) multiplication
extension of time for filing
prolongation des délais de
déclaration d'impôts,
(C) prorogation du délai de
production de la déclaration de
revenus
extenuating circumstances
circonstances atténuantes
external audit
audit externe, contrôle externe,
(C) vérification externe
external documents
documents externes
external funds
fonds externe
external report
rapport externe
extractive industry
industrie minière, (C) industrie
extractive
extra dividend
dividende supplémentaire
extraordinary dividends
dividendes extraordinaires
extraordinary item
poste extraordinaire
extrapolation
extrapolation

F

fabricator
: transformateur,
(C) finisseur

face amount
: montant de la garantie,
capital assuré, (C) valeur
nominale

face interest rate
: taux d'intérêt facial,
(C) taux d'intérêt nominal

face value
: valeur nominale

facility
: installation, bâtiment,
(C) installations

facsimile
: fac-similé, (C) télécopie

factor analysis
: analyse factorielle

factorial
: factorielle

factoring
: affacturage

factory overhead
: frais (n, m) général de
fabrication, (C) coûts indirects
de production, frais généraux
de fabrication

fail to deliver
: défaut de livraison,
(C) titre non livré

fail to receive
: réception en suspens,
(C) titre non reçu

failure analysis
: analyse des défaillances

fair market rent
: loyer d'un logement mis
sur le marché à un tarif modéré,
(C) loyer selon le marché

fair market value
: valeur vénale, (C) juste
valeur de marché

fair rate of return
: équilibre (n, m) budgétaire,
(C) taux de rendement
équitable

fair trade
: de commerce équitable

fallback option
: option de repli, (C) option
de rechange

fallen building clause
: clause d'annulation de
l'assurance en cas
d'effondrement du bâtiment pour
des raisons non couvertes,
(C) clause de dommages non
couverts

false advertising
: publicité mensongère,
(C) publicité trompeuse

family income policy
: assurance de rente
familiale, (C) police de revenu
familial

family life cycle
: cycle de vie familial,
(C) cycle de vie de la famille

family of funds
: famille de fonds

FAQ (frequently asked questions)
: forum aux questions,
questions fréquemment
posées, (C) foire aux questions

farm surplus
: excédent agricole,
(C) surplus agricole

fascism
: fascisme

fast tracking
: avancement rapide,
(C) construction en régime
accléré

fatal error
: erreur fatale

favorable trade balance
balance commerciale
excédentaire, balance
commerciale favorable,
(C) balance commerciale
positive
feasibility study
étude de faisabilité
featherbedding
subventionnement
excessif, (C) maintien d'emplois
fictifs, (C) limitation du
rendement de la production
federal deficit
déficit budgétaire,
déficit public, (C) déficit
fédéral
**Federal Deposit Insurance
Corporation (FDIC)**
organisme garantissant la sécurité
des dépôts dans les banques qui
en sont membres, (C) Société
d'assurance-dépôts du Canada
(SADC)
federal funds
fonds fédéraux
federal funds rate
taux de fonds fédéraux
Federal Reserve Bank
Banque de la Réserve
Fédérale, (C) Réserve
Fédérale
**Federal Reserve Board
(FRB)**
Conseil de la Réserve
Fédérale
Federal Reserve System (FED)
Système de Réserve
Fédérale
**Federal Savings and Loan
Association**
société d'épargne et de
crédit, caisse d'épargne
logement, (C) institution fédérale
d'épargne et de prêts
Fed wire
Fed wire (transfert de fonds entre
banques gerées par le réseau de

télécommunications du système
de réserve fédérale), (C) transfert
bancaire
fee
propriété inconditionnelle,
droits, honoraires,
redevance, prestation,
commission, (C) frais,
honoraires
fee simple or fee simple absolute
propriété inconditionnelle,
(C) pleine propriété, propriété
inconditionnelle
feeder lines
lignes secondaires,
(C) réseau de transport
FHA mortgage loan
placement hypothécaire de
l'association des établissements
financiers, prêt
hypothécaire de l'association
des établissements financiers,
(C) hypothèque garantie par le
gouvernement fédéral
fidelity bond
assurance patronale contre
la négligence oul a malhonnêteté
éventuelle d'employés,
(C) assurance contre les
détournements
fiduciary
mandataire, (C) fiduciaire
fiduciary bond
caution de bonne exécution
de mandat, (C) caution du
fiduciaire
field staff
personnel d'exécution,
personnel de terrain,
(C) personnel itinérant,
(C) personnel roulant
field theory of motivation
théorie de la motivation,
(C) théorie de l'influence du
milieu sur la motivation
file
faire du classement , classer,
fichier, déposer, intente,

remplir
file backup
sauvegarde de fichier
file extension
extension de fichier,
(C) extension de nom de fichier
file format
format de fichier
file transfer protocol (FTP)
protocole de transfert de
fichiers, protocole
FTP
fill or kill (FOK)
« exécuter sinon annuler »
immédiat, (C) ordre
exécuter sinon annuler
filtering down
se répercuter, (C) nivellement par
le bas
final assembly
assemblage final,
(C) poste de montage final
finance charge
frais financier
finance company
société financière,
(C) société de crédit à la
consommation
financial accounting
comptabilité financière
financial advertising
publicité financière
financial future
instrument financier à
terme, (C) contrat à terme
normalisé d'instrument financier
financial institution
établissement financier,
(C) institution financière
financial intermediary
intermédiaire financier
financial lease
bail financier,
(C) opération de crédit-bail
financial management rate of
return (FMRR)
taux de rentabilité de la
gestion financière,

(C) taux de rendement de
gestion financière
financial market
marché financier
financial position
position financière,
situation financière
financial pyramid
pyramide (n, f) financière
financial statement
état financier, déclaration
financière
financial structure
structure financière,
structure du capital
financial supermarket
« supermarché » de la
finance, (C) supermarché
financier
financing
financement
finder's fee
commission de démarcheur,
(C) commission d'introduction,
(C) honoraires de recherche
finished goods
produits finis
fire insurance
assurance incendie,
(C) assurance contre
l'incendie
firm
entreprise, société,
(C) firme, entreprise, société,
(C) compagnie
firm commitment
prise ferme, souscription
intégrale, (C) promesse
de prêt
firm offer
offre ferme
firm order
commande (n, f) ferme
firm quote
devis, (C) devis final
first in, first out (FIFO)
premier entré premier
sorti

first lien
privilège de premier rang,
(C) premier droit de rétention
first-line management
maîtrise, (C) cadres de
terrain
first mortgage
première hypothèque, (C) prêt sur
hypothèque de premier rang
first-year depreciation
amortissement (de la
première année
fiscal
fiscal
fiscal agent
représentant fiscal,
(C) agent financier
fiscalist
fiscaliste
fiscal policy
politique budgétaire,
(C) politique fiscal
fixation
fixation,
(C) détermination
fixed annuity
rente fixe
fixed asset
actif immobilisé,
(C) immobilisations, (C) actif
immobilisé corporel
fixed benefits
prestation fixe,
(C) prestations déterminées
fixed charge
frais fixes,
(C) charge fixe
fixed-charge coverage
couverture des frais fixes,
(C) ratio de couverture des
charges fixes
fixed cost
coût fixe, coût
constant, (C) frais fixes
fixed fee
droit fixe
fixed income
revenu fixe

fixed income statement
état de revenus fixes
fixed-point number
nombre à virgule fixe
fixed premium
prime forfaitaire,
(C) prime du change
fixed-price contract
marché à prix ferme,
(C) contrat à forfait
fixed-rate loan
prêt à taux fixe
fixture
immeuble par destination,
(C) agencement
flanker brand
marque défensive
flash memory
mémoire flash
flat
fixe, sans intérêt,
plat, sans position,
position d'équilibre, inchangé,
(C) sans intérêts courus
flat rate
tarif fixe, (C) taux
uniforme, taux fixe
flat scale
échelle uniforme,
(C) échelle salariale fixe
flat tax
taux uniforme de l'impôt,
impôt à taux uniforme,
(C) taxe uniforme
flexible budget
budget variable, budget
flexible
flexible-payment mortgage (FPM)
emprunt immobilier à
échéances variables, (C) prêt
hypothécaire à versements
flexibles
flextime
horaires flexibles,
horaires à la carte,
(C) horaire variable
flight to quality
ruée vers les titres de

float
   qualité, (C) mouvement des
   capitaux vers les titres de grande
   qualité
float
   moyens de paiment en cours,
   fonds en transit, lancer,
   emettre,
   flottant, (C) titre de
   premier ordre, instrument à taux
   variable
floater
   garantie à tous endroits
floating debt
   dette flottante, (C) passif à
   court terme
floating currency exchange rate
   taux de change flottant,
   (C) taux de change de monnaie
   flottante
floating exchange rate
   taux de change flottant
floating-point number
   nombre à virgule flottante
floating-rate note
   effet à taux flottant,
   (C) obligation à taux variable
floating securities
   valeurs à revenu
   variable, titres à revenu
   variable, (C) titres flottants
floating supply
   flottant
flood insurance
   assurance contre les
   inondations
floor loan
   prêt minimum
floor plan
   plan, (C) financement des
   stocks, (C) plan de boutique
floor plan insurance
   régime à seuil défini,
   (C) assurance des stocks remis en
   nantissement de prêt
flotation (floatation) cost
   frais d'émission
flowchart
   graphique d'évolution,

   organigramme,
   (C) diagramme de flux,
   (C) graphique d'acheminement,
   organigramme, (C) schéma de
   procédé
flow of funds
   flux financier,
   mouvement de fonds,
   (C) afflux de fonds, flux
   financiers
fluctuation
   fluctuation
fluctuation limit
   limite de fluctuation
flush (left/right)
   aligné (à gauche/à droite),
   (C) justification à
   gauche/droite
follow-up letter
   lettre de relance,
   (C) avis de relance
font
   police, (C) police de
   caractères
footing
   addition, (C) situation
footnote
   note de bas de page,
   (C) note en bas de page
forced page break
   saut de page forcé
forced sale
   vente forcée
forced saving
   épargne forcée
forecasting
   prévision, (C) prévisions
   financières
foreclosure
   forclusion, (C) jugement
   hypothécaire
foreign corporation
   société établie dans un
   autre état, (C) société étrangère
foreign direct investment
   investissement (n, m) direct à
   l'étranger, (C) investissement
   direct étranger

foreign exchange
devises étrangères,
(C) monnaie étrangère,
(C) devises, (C) opération de
change
foreign income
revenu de source
étrangère, (C) revenus de
provenance étrangère
foreign investment
investissement à l'étranger,
(C) investissement étranger
foreign trade zone
zone de commerce
extérieur, (C) zone franche
forfeiture
déchéance
forgery
faux en écriture,
falsification,
contrefaçon
format
format
formula investing
formule forfaitaire de
placement, ordre de
placement automatique,
(C) formule de placement
fortuitous loss
perte fortuite
forward
faire suivre, (C) à terme,
report
forward contract
contrat à terme,
(C) contrat à terme de gré à gré
forwarding company
entreprise de transport,
(C) groupeur
forward integration
intégration en aval,
intégration
descendante
forward pricing
tarification à terme,
(C) prix à terme
forward stock
articles utilisés pour la mise

en scène des vitrines,
(C) marchandise protégée contre
le vol
for your information (FYI)
pour information, pour votre
information
foul bill of lading
connaissement avec
réserve
401(k) plan
plan 401 (k), (C) régime
d'épargne par réduction de
salaire
fourth market
quatrième marché
fractional share
fraction d'action
frame rate
fréquence de trame,
(C) taux de trame, (C) vitesse de
défilement d'images
franchise
franchise
franchise tax
impôt de franchise,
(C) droit de monopole
frank
affranchissement, prépayé,
(C) exonération de frais de poste
fraud
fraude, escroquerie
fraudulent misrepresentation
assertion inexacte et
frauduleuse, (C) fausse
déclaration intentionnelle
free alongside ship (FAS)
franco à quai, (C) franco le long
du bateau
free and clear
libre de toute sûreté
sans hypothèque, (C) quitte et
libre
free and open market
marché libre, (C) marche
libre et sans restriction de
territoire
free enterprise
libre entreprise

freehold (estate)
propriété (n, f) foncière
perpétuelle et libre, (C) franc-fief,
(C) tenure franche
free market
marché libre
free on board (FOB)
franco à bord
free port
port franc
freight insurance
assurance du fret
frequency
fréquence
frictional unemployment
chômage frictionnel,
chômage de mobilité
friendly suit
transaction amiable,
(C) poursuite à l'amiable
frontage
devanture
front-end load
droit d'entrée, commission
d'entrée, (C) frais prélevés
à l'acquisition
front foot
longueur de la façade,
(C) pied avant
front money
capital initial,
capital de départ,
(C) capitaux de lancement
front office
front-office, (C) salle des
marchés
frozen account
compte gelé
F **statistic**
statistisque *F*, (C) loi
fulfillment
exécution, (C) gestion
optimale des commandes
full coverage
couverture totale
full disclosure
révélation totale d'une
information, (C) principe de

bonne information, (C) exposé
complet
full faith and credit
foi et crédit attaché aux actes
publics, aux registres et
procédures judiciaires émanant
de chaque autre état,
(C) pleine foi
full screen display
affichage plein écran
full-service broker
courtier traditionnel,
(C) courtier à services complets
**fully diluted earnings per
(common) share**
bénéfice par action
entièrement dilué, (C) bénéfice
dilué par action (ordinaire)
fully paid policy
police entièrement payée,
(C) police acquittée
functional authority
autorité fonctionnelle,
pouvoir fonctionnel
functional currency
devise fonctionnelle,
(C) monnaie fonctionnelle
functional obsolescence
obsolescence fonctionnelle,
vétusté fonctionnelle
functional organization
organisation fonctionnelle,
organisation horizontale
function key
touche de fonction,
(C) touche fonction
fund accounting
valorisation de fonds,
(C) comptabilité par fonds
fundamental analysis
analyse fondamentale
funded debt
dette consolidée, (C) dette à
long terme
funded pension plan
plan de retraite par
capitalisation, (C) régime de
retraite par capitalisation

funding
  financement
  constitution d'un
  fonds capitalisation,
  (C) refinancement d'une
  dette
fund-raising
  collecte de fonds,
  (C) campagne de
  financement
furlough
  absence autorisée par

l'employeur, congé,
  (C) accorder un congé
future interest
  droits futurs, intérêts
  à terme, (C) droit
  différé
futures contract
  contrat à terme,
  (C) contrat à terme normalisé,
  (C) marché de contrats à terme
futures market
  marché à terme

G

gain
  plus-value, (C) bénéfice,
  (C) profit, (C) gain
gain contingency
  profit éventuel
galloping inflation
  inflation galopante
game card
  carte de jeu
gaming
  jeu d'argent, (C) jeu
gap
  écart
gap loan
  prêt complémentaire,
  (C) crédit d'anticipation
garnish
  faire pratiquer une saisie-arrêt,
  (C) pratiquer une saisie-arrêt
garnishee
  tiers saisi
garnishment
  saisie-arrêt
gender analysis
  présentation des données en
  fonction du sexe
general contractor
  entreprise générale,
  entrepreneur général,
  (C) maître d'œuvre, (C) maître
  des travaux
general equilibrium analysis
  analyse de l'équilibre
  général
general expense
  frais général
general fund
  caisse générale, (C) fonds
  d'administration générale
generalist
  généraliste
general journal
  journal général

general ledger
  grand livre, (C) grand
  livre général
general liability insurance
  assurance responsabilité
  civile
general lien
  privilège général
generally accepted accounting
principles
  principes comptables
  généralement employés,
  (C) principes comptables
  généralement reconnus
general obligation bond
  emprunt de collectivité
  locale
general partner
  associé, (C) associé
  gérant
general revenue
  recettes fiscales
  générales, (C) revenus généraux
general revenue sharing
  partage des
  recettes fiscales générales,
  (C) partage des revenus
  généraux
general scheme
  régime général, (C) projet
  général
general strike
  grève générale
general warranty deed
  acte de transfert avec
  clause de garantie, (C) acte de
  garantie générale
generation-skipping
transfer
  don ou mutation sautant une
  ou plusieurs generations,
  (C) transfert sautant une
  génération

generic appeal
communication collective,
(C) attrait générique
generic bond
obligation générique
generic market
marché générique
gentrification
gentrification,
(C) embourgeoisement
geodemography
géodémographie, (C) géo-
démographie
gift
don, donation
gift deed
acte de donation entre vifs,
(C) acte de don
gift tax
impôt sur les donations,
droit sur les donations,
droit de mutation à titre
gratuit, (C) impôt sur les dons
girth
circonférence, largeur
glamor stock
valeur vedette
glut
encombrement,
surabondance, (C) goulot
d'étranglement,
(C) encombrement du marché
goal
objectif, (C) but
goal congruence
congruence des objectifs
goal programming
programmation des
objectifs, (C) programmation des
efforts
goal setting
définition des objectifs,
détermination des objectifs,
établissement des objectifs
go-between
intermédiaire
going-concern value
valeur de la continuité de

l'exploitation, (C) valeur
d'exploitation
going long
prendre une position
longue, (C) achat spéculatif
going private
privatisation, (C) rachat
privé
going public
nationalisation,
(C) émission publique d'actions
going short
prendre une position courte,
(C) vente à découvert
goldbrick
flâner,
(C) attrape-nigaud
goldbug
analyste spécialisé dans
les valeurs aurifères,
(C) amateur d'or
golden handcuffs
primes (versées à
intervalles réguliers à un cadre
pour le dissuader de partir),
(C) cage dorée
golden handshake
indemnité de départ,
(C) prime de départ
golden parachute
prime de licenciement,
(C) parachute doré
gold fixing
cotation de l'or,
(C) détermination du prix
de l'or
gold mutual fund
fonds (n, m) commun de
placement dont le portefeuille
est investi principalement en
valeurs liées à l'or, (C) fonds
commun de placement d'or
gold standard
étalon-or
good delivery
de bonne livraison
good faith
bonne foi

good-faith deposit
garantie de bonne foi,
(C) dépôt de bonne foi
good money
bonne monnaie, (C) fonds
garantis
goodness-of-fit test
test d'ajustement
statistique
goods
marchandises,
(C) biens, marchandises
goods and services
biens et services,
(C) produits et
services
good-till-canceled order (GTC)
ordre GTC, (C) ordre à
révocation
good title
titre de propriété non
équivoque, (C) titre valable
goodwill
fonds de commerce,
biens incorporels,
(C) cote d'estime,
(C) achalandage, fonds
commercial
grace period
délai de paiement (en cas
de renouvellement)
graduated lease
loyer progressif, (C) bail
progressif
**graduated payment motgage
(GPM)**
hypothèque à paiements
échelonnés, (C) prêt à
mensualités progressives
graduated wage
salaire évolutif, salaire
progressif
graft
concussion, corruption
de fonctionnaires,
(C) greffage
grandfather clause
clause des droits acquis,

(C) clause de protection des
droits acquis
grant
subvention, allocation,
cession
grantee
concessionnaire,
(C) titulaire de lettres
grantor
concédant, donateur
grantor trust
« trust » où l'apporteur des biens
se réserve un droit de réversion
future sur ces biens, (C) fiducie
de cédant
graph
graphique
graphics card
carte graphique, (C) carte
de mémoire graphique
gratis
gratuit, gratis
gratuitous
gratuit, bénévole, (C) injustifié,
(C) à titre gratuit
gratuity
pourboire, gratification
graveyard market
marché mort, (C) marché
suicidaire
graveyard shift
équipe de nuit
gray scale
échelle de gris
great depression
grande dépression
greenmail
greenmail, (C) chantage
à l'opa
gross
douze douzaines, grosse,
(C) brut
gross amount
montant brut, (C) montant
brut facturation brute
gross earnings
recette brute, (C) salaire
brut

gross estate
  succession brute, valeur
  brute de succession,
  (C) actif brut d'une succession
gross income
  produit brut, revenu brut
gross leasable area
  surface commerciale utile,
  (C) surface locative brute
gross lease
  loyer brut, (C) bail tous
  frais compris
gross national debt
  dette nationale brute
gross national expenditure
  dépense nationale brute
gross national product (GNP)
  produit national brut
  (PNB), (C) production nationale
  brute (PNB)
gross profit
  bénéfice brut, (C) marge
  bénéficiaire brute
gross profit method
  méthode du bénéfice
  brut
gross profit ratio
  ratio de bénéfice brut,
  (C) ratio de la marge bénéficiaire
  brute
gross rating point (GRP)
  indicateur de pression des
  médias, (C) point de couverture
  brute
gross rent multiplier (GRM)
  multiplicateur de loyer brut, (C)
  multiplicateur du revenu brut
gross revenue
  revenu brut, (C) chiffre
  d'affaires brut
gross ton
  tonne anglaise, tonne
  Washington, (C) tonne de jauge
gross weight
  poids brut
ground lease
  bail foncier, (C) bail à
  construction

ground rent
  rente foncière, (C) charge
  foncière, (C) redevance
  emphytéotique, (C) canon, rente
  foncière
group credit insurance
  assurance crédit
  collective
group disability insurance
  assurance invalidité de
  groupe, assurance invalidité
  collective
group health insurance
  assurance groupe maladies,
  (C) assurance maladie
  collective
group life insurance
  assurance groupe sur la vie,
  (C) assurance vie collective
growing-equity mortgage
(GEM)
  hypothèque à capital
  croissant, (C) prët
  hypothécaire à mensualités
  progressives
growth fund
  fonds commun de
  placement (FCP), (C) fonds de
  croissance
growth rate
  taux de croissance
growth stock
  actions d'avenir,
  actions de croissance,
  (C) valeur d'avenir
guarantee
  garantie
guaranteed annual wage
(GAW)
  salaire annuel garanti
guaranteed bond
  obligation garantie,
  (C) obligation cautionnée par
  un tiers
guaranteed income contract
(GIC)
  contrat de revenu
  garanti

guaranteed insurability
assurabilité garantie,
(C) garantie d'assurabilité
guaranteed mortgage
créance hypothécaire
garantie, (C) prêt hypothécaire
garanti
guaranteed security
titre garanti, valeur
garantie
guaranteed letter
lettre de garantie
guarantee of signature
légalisation de signature
guarantor
garant, (C) caution

guaranty
caution, garantie,
(C) sûreté
guardian
tuteur, curateur,
(C) conservateur
guardian deed
acte de tutelle, (C) acte de
curatelle
guideline lives
dépréciation de vétusté,
(C) durée amortissable
guild
association,
corporation, cercle,
(C) guilde

II

habendum
clause de désignation (du
bénéficiaire), (C) habendum
hacker
pirate informatique,
hacker, (C) bidouilleur
half duplex
semi-duplex, (C) bidirectionnel
à l'alternat
half-life
demi-vie
halo effect
effet de halo
hammering the market
vendre à découvert,
(C) matraquer le marché
handling allowance
réduction des frais de
manutention, (C) rabais de
manutention, (C) remise pour
manutention
hangout
reliquat, (C) solde d'un
prêt à l'échéance
hard cash
espèces sonnantes et
trébuchantes, argent
liquide , numéraire
hard currency
devise forte,
(C) monnaie forte
hard disk
disque dur
hard drive
disque dur
hard dollars
dollars sonnants
et trébuchants, (C) argent
sonnant
hard goods
biens durables,
(C) bien de consommation
durable

hard money
monnaie forte, (C) argent
liquide
hard return
retour chariot
hardware
matériel
hardwired
câblé
hash total
total mêlé, total de
contrôle
hatch
hachurer
hazard insurance
assurance tous risques,
(C) assurance risques
head and shoulders
tête-et-epaules
header
en-tête
headhunter
chasseur de tête,
(C) agence de recrutement
de cadres, (C) conseil en
recrutement de cadres
head of household
chef de famille,
(C) chef de ménage
health maintenance organization
(HMO)
HMO (health maintenance
organization) (centre de santé),
(C) organisme d'assurance
maladie
hearing
audience audience,
(C) audition,
(C) instruction
heavy industry
industrie lourde
hectare
hectare

hedge
couverture, (C) garantie de
cours
heirs
héritiers, légataires
heirs and assigns
héritiers et ayants droit,
(C) ayants droits
help index
index de l'aide
help screen
écran d'aide
help wizard
assistant
heterogeneous
hétèrogène
heuristic
heuristique
hidden agenda
ordre du jour caché,
(C) intentions non
déclarées
hidden asset
réserve latente, réserve
pour mémoire,
(C) plus-value latente
hidden inflation
inflation larvée, inflation
masquée, (C) inflation
camouflée
hidden tax
impôt déguisé,
(C) impôts indirects
hierarchy
hiérarchie
high credit
plafond des prêts
en cours
highest and best use
notion de « highest and best
use », usage optimal,
utilisation optimale,
utilisation qui permet
d'obtenir le plus grand gain
monétaire sous forme de loyer
ou de valeur en capital
high flyer
valeur en forte hausse,

(C) valeur volatile,
(C) employé prometteur
high-grade bond
obligation « high grade »
(fourchette haute de l'échelle
alphabétique de notation),
(C) obligation sûre
high-involvement model
modèle a forte participation des
consommateurs,
(C) modèle à degré d'implication
élevé
highlight
surligner, mettre en
surbrillance
high resolution
haute résolution
highs
hauts, (C) cours
maximum
high-speed
haute vitesse
high technology
perfectionné
de pointe, qui a recours a une
technologie de pointe
high-tech stock
actions high-tech
historical cost
coût historique
historical yield
rendement historique
historical structure
structure historique
hit list
liste, (C) clientèle cible
hit the bricks
se mettre en grève (US),
(C) employés en grève
hobby loss
déficit sur loccupation
d'agrément
holdback
retenue, (C) retenue de
garantie
holdback pay
retenue sur salaire,
(C) salaire retenu

holder in due course
porteur de bonne foi
porteur légitime,
(C) détenteur régulier
holder of record
détenteur à la date de
clôture, (C) porteur inscrit à la
date de clôture des registres
hold-harmless agreements
contrats de non
responsabilité, (C) accords de
sauvegarde
hold harmless clause
clause de non
responsabilité, (C) clause de
sauvegarde
holding
holding
holding company
holding, société de
portefeuille
holding fee
coût de détention, (C) frais
d'attente
holding period
durée de détention,
(C) période d'attente
holdover tenant
locataire demeurant dans
les lieux après l'expiration
ou la résiliation du bail,
(C) locataire en souffrance
home key
touche début
homeowner's association
association de
propriétaires
homeowner's equity account
compte capitaux,
balance des opérations en
capital, compte capital,
compte de capital,
(C) compte de capital des
propriétaires
homeowner's policy
assurance habitation,
(C) assurance des propriétaires
occupants

**homeowner warranty program
(HOW)**
« homeowner warranty program »
(programme de garantie des
nouvelles constructions),
(C) programme de garantie pour
les propriétaires
home page
page d'accueil
homestead
bien de famille propriété
familiale,
(C) bien-fonds de famille
homestead tax exemption
exonération pour la
résidence principale,
(C) exonération d'impôt pour
bien-fonds de famille
homogeneous
homogène
homogeneous oligopoly
oligopole homogène
honor
honneur, distinction
honorarium
honoraires,
(C) cachetier
horizontal analysis
analyse horizontale
horizontal channel integration
intégration horizontale,
(C) intégration horizontale des
concurrents
horizontal combination
concentration horizontale
intégration horizontale
horizontal expansion
expansion horizontale
horizontal merger
fusion horizontale
horizontal specialization
spécialisation
horizontale
horizontal union
syndicat de corps de
métier, (C) syndicat horizontal
host computer
ordinateur hôte

hot cargo
articles interdits
hot issue
question brûlante,
problème aigu,
problème controversé,
émission d'actions vedettes,
émission d'actions très
côtées, (C) émission populaire
hot stock
action dont le cours bondit dès
son premier jour de cotation en
bourse, (C) titre volé, (C) titre
populaire
house
maison, demeure,
habitation,
(C) établissement
house account
compte maison,
(C) compte de membre
house to house
domicile-domicile,
(C) porte à porte
house-to-house sampling
envoi d'échantillons
a domicile,
(C) échantillonnage de
porte à porte
house-to-house selling
vente en porte à porte,
(C) vente de porte à porte
housing bond
obligation immobilière,
(C) obligation finançant la
construction d'immeubles
housing code
code de l'habitation,
(C) code du logement
housing starts
nombre de logement mis

en chantier, (C) mises en chantier
d'habitations
huckster
publicitaire (qui travaille
pour la radio et la télévision),
(C) mercanti, (C) colporteur
human factors
facteurs humains
human relations
relations humaines
human resource accounting
gestion des ressources
humaines, (C) comptabilité des
ressources humaines
human resources
ressources humaines
human resources management
(HRM)
gestion des ressources
humaines
hurdle rate
taux de rendement minimal
hush money
prix du silence
hybrid annuity
rente mixte, (C) rente
viagère hybride
hyperinflation
hyperinflation, (C) inflation
galopante
hyperlink
lien hypertexte
hypertext
hypertexte
hypothecate
hypothéquer
hypothesis
hypothèse
hypothesis testing
vérification des hypothèses,
test d'hypothèse

I

icon
icône
ideal capacity
capacité idéale
idle capacity
capital improductif,
capacité de production
inutilisée
illegal dividend
dividende illégal
illiquid
non liquide, non disponible,
immobilisé
image
image
image advertising
publicité institutionnelle,
publicité de prestige,
(C) publicité d'entreprise
image definition
définition d'image
impacted area
zone touchée
impaired capital
quasi-contrat
impasse
impasse
imperfect market
marché
imparfait
imperialism
imperialisme
implied
implicite
implied contract
contrat tacite
implied easement
servitude implicite
implied in fact contract
contrat implicite dans
les faits
implied warranty
garantie implicite

import
importer
import quota
contingent d'importation,
quota d'importation
imposition
imposition
impound
confisquer, saisir,
faire deposer au greffe
impound account
compte saisi
imprest fund, imprest system
fonds de caisse a montant
fixe, comptabilité de prévision
improved land
terrain viabilisé
improvement
embellissement
improvements and betterments
insurance
garantie pour améliorations
locatives
imputed cost
coût implicite, coût
imputé
imputed income
revenu impute, loyer
imputé
imputed interest
intérêt implicite
imputed value or imputed
income
revenu imputé
inactive stock or inactive bond
titre inactive, action
inactive
inadvertently
par inadvertance
incapacity
incapacité
incentive fee
prime d'incitation

incentive pay
prime de rendement
incentive wage plan
plan de prime au
rendement, (C) régime de
rémunération au rendement
incentive stock option (ISO)
option d'achat d'actions,
plan d'option
inchoate
en puissance, incomplet,
(C) imparfait
incidental damages
dommages accessoires
income
revenu
income accounts
comptes de produits
income approach
méthode de détermination
du revenu
income averaging
moyenne du revenu,
établissement de la
moyenne du revenu
income bond
obligation à intérêt
conditionnel
income effect
effet de revenu
income group
tranche de salaries, tranche
de revenus
income in respect of a decedent
revenus relatifs au
défunt
income property
immobilier de rapport
income redistribution
redistribution des revenus
income replacement
remplacement de revenu
income splitting
fractionnement du revenu
income statement
compte d'exploitation
income stream
flux de revenus

income tax
impôt sur le revenu
income tax return
déclaration de revenus
incompatible
incompatible
incompetent
Incompetent, non qualifié
incontestable clause
clause d'incontestabilité
inconvertible money
monnaie inconvertible
incorporate
incorporer, organiser, constituer,
(C) constituer en société
incorporation
incorporation, constitution,
(C) constitution en société
incorporeal property
bien incorporel
incremental analysis
analyse marginaliste
incremental cash flow
cash-flow marginal,
(C) flux de trésorerie marginal
incremental spending
dépenses incrémentielle
incurable depreciation
dépréciation incurable
indemnify
indemniser, dédommager,
compenser
indemnity
indemnisation,
indemnité
indent
décaler, mettre en retrait
indenture
engagement
contractuel
independence
indépendance
independent adjuster
expert libre, (C) expert en
sinistre indépendant
independent contractor
travailleur indépendant,
indépendant

independent store
magasin indépendant
independent union
syndicat indépendant
independent variables
variable indépendante,
variable explicative,
variable active
**indeterminate premium life
insurance**
assurance-vie à prime
indéterminée
index
indice
indexation
indexation
index basis
base indicielle
indexed life insurance
assurance vie à capital
indexé
indexed loan
emprunt indexé
index fund
fonds à gestion indicielle,
fonds indiciel
indexing
indexation
index lease
loyer indexé
index options
options sur indice
indirect cost
élément indirect du coût de
revient, (C) charge indirecte
indirect labor
élément indirect du
coût de revient de main
d'œuvre, (C) coût de main-
d'œuvre indirecte
indirect overhead
frais généraux indirects
indirect production
production indirecte
individual bargaining
marchandage sur les
salaires, (C) négociation
individuelle

individual life insurance
assurance vie individuelle
**individual retirement account
(IRA)**
plan d'épargne retraite
personnel, (C) régime d'épargne
retraite personnel
inductive reasoning
raisonnement inductif
industrial
industriel
industrial advertising
publicité industrielle
industrial consumer
consommateur industriel
industrial engineer
ingénieur industriel,
ingénieur en organisation
industrial fatigue
fatigue industrielle
industrial goods
biens industriels
industrialist
industriel
industrial park
zone industrielle
industrial production
production industrielle
industrial property
propriété industrielle
industrial psychology
psychologie industrielle
industrial relations
relations entre le
patronat et les salariés,
(C) relations professionnelles
industrial revolution
révolution industrielle
industrial union
syndicat d'industrie
industry
industrie
industry standard
pratique courante, norme
de fait
inefficiency in the market
inefficacité sur le
marché

infant industry argument
argument sur les industries
émergentes
inferential statistics
statistique inférentielle
inferior good
biens inférieurs, biens
de giffen, bas
produits
inferred authority
autorité déduite
inflation
inflation
inflation accounting
comptabilité d'inflation
inflationary gap
écart inflationniste
inflationary spiral
spirale inflationniste
inflation endorsement
avenant de protection
contre l'inflation
inflation rate
taux d'inflation
informal leader
chef informel
information flow
flux d'informations
information page
page d'informations
information return
retourd'informations
infrastructure
infrastructure
infringement
violation
ingress and egress
entrées et sorties
inherent explosion
clause
clause d'explosion
inhérente
inherit
hériter
inheritance
héritage
inheritance tax
droits de succession

in-house
interne
initial public offering (IPO)
introduction en bourse,
(C) premier appel public à
l'épargne
initiative
initiative
injuction
injonction
injuction bond
injonction
injury independent of all other
means
risque couvert indépendamment
des autres
inland carrier
transporteur routier
inner city
centre bâti,
ville intérieure,
(C) milieu urbain
innovation
innovation
in perpetuity
à perpétuité, perpetuel
input
entrée
input field
zone de saisie
input mask
masque de saisie
input-output device
unité périphérique d'entrée/
sortie, (C) périphérique d'entrée/
sortie
inside information
information privilégiée
inside lot
terrain intérieur
insider
initié
insolvency
insolvabilité
insolvency clause
clause d'insolvabilité
inspection
inspection

installation
installation
installment
accompte, versement,
(C) versement échelonné
installment contract
vente de biens à exécutions
successives
installment sale
vente à tempérament
institutional investor
investisseur institutionnel
institutional lender
établissement de crédit
instrument
instrument, effet,
titre, acte juridique
instrumentalities of
transportation
instrumentalités de
transport
instrumentality
instrumentalité
insurability
assurabilité
insurable interest
intérêt assurable
insurable title
bien assurable
insurance
assurance
insurance company (insurer)
compagnie d'assurance
(assureur)
insurance contract
contrat d'assurance
insurance coverage
couverture-assurance
insurance settlement
réglement d'assurance
insured
assuré(e)
insured account
compte assuré
insurgent
insurgé
intangible asset
bien immatériel

intangible reward
compensation intangible
intangible value
valeur incorporelle
integrated circuit
circuit intégré
integration, backward
intégration en amont
integration, forward
intégration en aval
integration, horizontal
intégration horizontale
integration, vertical
intégration verticale
integrity
intégrité
interactive
intéractif
interactive system
système interactif
interest
intérêt, risque
interest group
groupe d'intérêt
interest-only loan
prêt hypothécaire non
amorti
interest rate
taux d'intérêt
interest sensitive policies
polices sensibles à
l'intérêt, (C) polices sensibles
aux fluctuations des taux
d'intérêt
interface
interface
interim audit
contrôle intermédiaire des
comptes
interim financing
financement provisoire
interim statement
bilan intérimaire
interindustry competition
concurrence entre les
industries
interlocking directorate
administrateur de liaison

interlocutory decree
  décret extraordinaire
intermediary
  intermédiaire
intermediate goods
  biens intermédiaires
intermediate term
  moyen terme
intermediation
  intermédiation
intermittent production
  régime de fonctionnement
  discontinu, (C) système de
  production intermittente
internal audit
  audit interne
internal check
  contrôle interne,
  (C) autocontrôle
internal control
  contrôle interne
internal expansion
  expansion interne
internal financing
  autofinancement,
  financement interne,
  cash-flow, financement
  par fonds propres
internal memory
  mémoire interne
internal modem
  modem interne
internal rate of return (IRR)
  taux de rentabilité
  interne
Internal Revenue Service (IRS)
  FISC, la direction générale des
  impôts, (C) ministère du revenu
International Bank for
Reconstruction and
Development
  Banque Internationale
  pour la Reconstruction et le
  Développement
international cartel
  cartel international
international law
  droit international

International Monetary Fund
(IMF)
  Fonds Monétaire
  International
International Monetary Market
  Marché Monétaire
  International
international union
  union internationale
Internet
  internet
Internet Protocol (IP) address
  adresse IP
Internet service provider
  fournisseur d'accès à
  internet
interperiod income tax
allocation
  ventilation des impôts de
  l'exercice sur le revenu,
  (C) méthode du report
  d'impôts
interpleader
  action pétitoire, (C) action
  pétitoire
interpolation
  interpolation
interpreter
  interprète
interrogatories
  questions échangées
  entre les parties
interval scale
  échelle par intervalles
interview
  entretien
interview, structured
  entretien structuré
interview, unstructured
  entretien non structuré
interviewer basis
  base de l'interviewer
intestate
  intestat
in the money
  en dedans
in the tank
  orienté

intraperiod tax allocation
ventilation des impôts de
l'exercice
intrinsic value
valeur intrinsèque
insure
assurer, s'assurer
inventory
inventaire, (C) stocks,
inventaire
inventory certificate
déclaration d'inventaire
inventory control
contrôle des stocks
inventory financing
financement sur stocks
inventory planning
contrôle des stocks,
(C) contrôle des stocks
inventory shortage (shrinkage)
écart sur stock
inventory turnover
rotation des stocks
inverse condemnation
arrêt infirmatif de
jugement
inverted yield curve
courbe de rendement
inversée
invest
investir
investment
placement
investment advisory service
conseil en placement
investment banker
banquier d'affaires
investment club
club d'investissement, club
d'actionnaires
investment company
société d'investissement
investment counsel
conseiller en placement
investment grade
sans risque
investment interest expense
intérêt payé de placement

investment life cycle
cycle de vie
d'investissement
investment strategy
stratégie
d'investissement
investment trust
fonds
d'investissement
investor relations department
service des relations avec
les investisseurs
invoice
facture
involuntary conversion
conversion forcée
involuntary lien
hypothèque non
volontaire
involuntary trust
fiducie par détermination
de la loi, fiducie par
interpretation, fiducie
judiciaire, trust
implicitement consenti
involuntary unemployment
chômage involontaire
Inwood annuity factor
facteur d'annuité
inwood, facteur de
récupération du capital
iota
iota
irregulars
articles de deuxiéme qualité,
articles de qualité
moyenne
irreparable harm, irreparable
damage
préjudice irréparable
irretrievable
irrécupérable
irrevocable
irrévocable
irrevocable trust
fiducie irrévocable
issue
émission, émettre,

mettre en circulation,
descendance en ligne
directe, point en litige,
(C) mise en circulation, point
en litige
issued and outstanding
émis et en circulation
issuer
émetteur

itemized deductions
déductions fiscals
accordées aux particuliers
iteration
itération, processus
iterative, méthode itérative
itinerant worker
travailleur migrant,
(C) travailleur itinérant

J

jawboning
persuasion morale
J-curve
courbe en J
job
travail, emploi
job bank
banque de l'emploi
jobber
jobber, (C) tâcheron,
(C) ouvrier à la tâche,
(C) revendeur
job classification
classification des emplois
job cost sheet
fiche de coût de revient
job depth
étendue du poste
job description
description de poste
job evaluation
evaluation des tâches
job jumper
job-hopper, job-zappeur
(connotation négative)
job lot
petite série
job order
bon de commande
job placement
placement
job rotation
rotation des postes
job satisfaction
satisfaction professionnelle
job security
securite d'emploi
job sharing
partage de poste
job shop
atelier travaillant a la
commande, (C) atelier
multigamme

job specification
description de l'emploi
job ticket
fiche de travail
joint account
compte joint, (C) compte
collectif, (C) état d'une société en
participation ,
joint and several liability
responsabilité solidaire et
indivise, responsabilité
conjointe et solidaire
joint and survivor annuity
rente sur deux têtes
réversible
joint fare, joint rate
tarif commun
joint liability
responsabilité conjointe
jointly and severally
conjointement et solidairement
joint product cost
coût incorporable total,
(C) coût du produit lié
joint return
déclaration commune
joint stock company
société par actions
joint tendency
tendance commune
joint venture
opération en commun,
entreprise commune,
coentreprise, joint venture,
société commune,
société en participation
journal
livre de compte
journal, (C) journal
général
journal entry
ecriture comptable
passation d'ecriture

journalize
journaliser
journal voucher
pièce justificative
journeyman
compagnon
judgment
jugement
judgment creditor
créancier autorisé,
créancier en vertu d'un
jugement
judgment debtor
débiteur d'une créance
exécutoire, débiteur en
vertu d'un jugement
judgment lien
nantissement en vertu d'un
jugement
judgment proof
individu n'ayant pas les
moyens de faire face aux
conséquences d'une éventuelle
condamnation en responsabilité
judgment sample
échantillon
discrétionnaire
judicial bond
obligation judiciaire
judicial foreclosure or
judicial sale
saisie judiciaire ou vente
judiciaire
jumbo certificate of deposit
certificat de très grand
depot, (C) certificat de dépôt
négociable

junior issue
émission de deuxième rang,
(C) émission de second rang
junior lien
nantissement de second
rang, privilège de second
rang, (C) nantissement de second
rang
junior mortgage
prêt sur hypothèque de
rang subsequent, titre de
rang inférieur, valeur de
deuxième rang, titre de
second rang, (C) hypothèque de
rang subséquent, (C) hypothèque
de rang inférieur
junior partner
jeune associe(e), (C) associé en
second
junior security
titre de second rang
junk bond
obligation a haut
rendement mais a haut risque,
junk bond
jurisdiction
juridiction
jurisprudence
jurisprudence
jury
jury
just compensation
compensation juste
justifiable
justifable
justified price
juste prix

K

Keogh plan
plan de retraite « Keogh »,
(C) régime de retraite pour
travailleurs autonomes
key
touche
key-area evaluation
evaluation des secteurs clés
keyboard
clavier
key person life and health insurance
assurance-vie collaborateurs et
assurance maladie, (C) assurance
vie et assurance maladie
collaborateurs
kickback
dessous-de-table (n,m, fam), pot-
de-vin (C) ristourne
kicker
avantage (n,m)

kiddie tax
impôt sur le revenu fractionné
killing
grosse somme d'argent gagnée
rapidement
kiting
tirage en l'air, tirage a découvert,
(C) détournement par virements
bancaires
know-how
savoir-faire
knowledge intensive
(C) forte concentration
d'expertise forte concentration
d'expertise
know-your-customer rule
règle de la connaissance du client
kudos
kudos (sorte de points de
récompense)

L

labeling laws
lois sur l'étiquettage
labor
travail, main d'oeuvre,
ouvriers
labor agreement
convention collective
labor dispute
conflit du travail
labor force
effectifs, population active
labor intensive
qui dépend d'une main
d'oeuvre considérable,
(C) non-capitalistique
labor mobility
mobilité de la main d'oeuvre
labor piracy
piratage de main d'oeuvre
labor pool
main d'œuvre, (C) bassin de
travailleurs
labor union
syndicat
laches
délai préjudiciable, (C) inertie
lading
chargement, embarquement,
mise à bord
lagging indicator
indicateur retardé
LAN (local area network)
LAN (réseau local
d'entreprise, rle)
land
terre, (C) terrain, (C) pays,
terre
land banking
crédit foncier, (C) banque
foncière
land contract
contrat foncier, (C) contrat
d'occupation de propriété

land development
aménagement du paysage,
(C) lotissement
land trust
titre de propriété bénéficiaire,
fiducie foncière
landlocked
Enclave, sans littoral
landlord
propriétaire foncier,
(C) propriétaire
landmark
amer terrestre, point de repère,
(C) point d'intérêt
landscape (format)
paysage (format),
(C) format à l'italienne
land-use intensity
intensité de l'utilisation des sols,
(C) densité de l'affectation du sol
land-use planning
établissement d'un plan
d'occupation des sols,
(C) aménagement de l'espace
land-use regulation
aménagement du territoire,
(C) politique d'occupation
des sols
land-use succession
nouvelle utilisation d'un terrain,
(C) nouvelle vocation d'un
secteur
lapping
rodage, abrasage, (C) fraude par
report différés
lapse
déchéance, laps
lapsing schedule
calendrier de déchéance
last in, first out (LIFO)
dernier entré premier sorti
last sale
dernière vente

latent defect
défaut latent défaut caché, vice latent, vice caché, (C) vice rédhibitoire

latitude
latitude

law
loi, droit

law of diminishing returns
loi du rendement decroissant, loi du rendement non-proportionnel

law of increasing costs
loi de la hausse des coûts, (C) loi des coûts à la hausse

law of large numbers
loi des grands nombres

law of supply and demand
loi de l'offre et de la demande

lay off
licencier, mettre en chômage technique, (C) mise à pied

lead time
délai de démarrage, délai de mise en route, délai de miise en marche, (C) délai d'exécution

leader
chef, dirigeant, leader, (C) numéro un, (C) meneur

leader pricing
vente a perte

leading indicators
principaux indicateurs économiques, (C) indicateurs de tendance

lease
bail, location

lease with option to purchase
bail avec option d'achat

leasehold
bail, location à bail, (C) propriété louée à bail, (C) immeuble donné à bail

leasehold improvement
amélioration apportée par le locataire

leasehold insurance
assurance de remboursement de capital

leasehold mortgage
hypothèque sur tenure libre

leasehold value
valeur d'une propriété louée

least-effort principle
principe du moindre effort, (C) loi du moindre d'effort

leave of absence
autorisation d'absence, congé autorisé

ledger
grand-livre

legal entity
personne morale

legal investment
placement légal

legal list
valeurs sûres

legal monopoly
monopole légal

legal name
nom légal

legal notice
annonce légale, (C) avis légal

legal opinion
avis juridique

legal right
droit en common law, (C) droit reconnu par la loi

legal tender
cours légal, monnaie légale

legal wrong
atteinte au droit reconnu par la loi

legatee
légataire, (C) légataire de biens personnels

lender
prêteur

less than carload (L/C)
de détail, (C) expédition de détail

lessee
locataire (à bail)

lessor
bailleur

letter of intent
 lettre d'intention
letter stock
 valeur a negociabilité restreinte,
 actions non cotees
level debt service
 service de la dette à niveau égal,
 (C) charges de remboursement
 égales
level out
 se stabilizer, s'équilibrer,
 (C) niveler
level premium
 prime constante, prime nivelée
level-payment income stream
 revenus constants
level-payment mortgage
 prêt à mensualités constantes
leverage
 effet de levier, ratio
 d'endettement, ratio de levier,
 (C) levier d'exploitation,
 (C) niveau d'endettement,
 (C) effet de levier financier
leveraged buyout (LBO)
 rachat d'entreprise financé par
 l'endettement, (C) acquisition par
 emprunt
leveraged coompany
 société endettée, (C) société à fort
 levier financier
leveraged lease
 bail à effet de levier, (C) bail
 adossé
levy
 prélèvement, (C) imposition,
 prélèvement
liability
 responsabilité, (C) élément de
 passif, (C) dette, responsabilité
liability dividend
 dividende sur un poste passif,
 (C) dividende responsabilité
liability insurance
 assurance de responsabilité
liability, business exposures
 responsabilité sur l'exposition
 financière

liability, civil
 responsabilité civile
liability, criminal
 responsabilité criminelle
liability, legal
 responsabilité de droit commun,
 (C) responsabilité civile
liability, professional
 responsabilité
 professionnelle
liable
 responsible
libel
 diffamation, (C) libelle
license
 licence, (C) permis
license bond
 assurance caution
license law
 loi sur les professions avec
 licence, (C) loi sur les
 professions
licensee
 titulaire d'une licence,
 (C) licencié, fabricant
 licencié
licensing examination
 examen professionnel
lien
 privilege, droit de rétention,
 (C) sûreté réelle
life cycle
 cycle de vie
life estate
 droit de propriété viager,
 (C) biens en viager
life expectancy
 espérance de vie, durée utile
life tenant
 usufruitier, propriétaire viager,
 (C) titulaire de jouissance à vie
lighterage
 transport par barge, aconage, frais
 d'allège, (C) transport par allège
like-kind property
 biens de même nature,
 (C) échange de biens de même
 nature

limit order
ordre limite, (C) ordre à cours limité
limit up, limit down
limite supérieure, limite inférieure, (C) limite à la hausse, limite à la baisse
limited audit
audit limitèe, (C) vérification restreinte
limited company
société à responsabilité limitée
limited distribution
distribution limitée, (C) distribution restreinte
limited liability
responsabilité limité
limited occupancy agreement
contrat d'occupation limité
limited or special partner
commanditaire, (C) associé passif
limited partnership
société en commandite, (C) société en commandite simple
limited payment life insurance
assurance vie à cotisation limitée, (C) assurance vie à primes temporaires
line
ligne, (C) gamme, (C) hiérarchique
line and staff organization
structure mixte, (C) structure hiérarchique
line authority
pouvoir hiérarchique, autorité hiérarchique
line control
gestion de lignes
line extension
extension de ligne, (C) extension de gamme
line function
fonction hiérarchique, (C) ligne organique hiérarchique
line management
cadres, (C) chefs directs

line of credit
ligne (n, f) de crédit
line organization
structure hiérarchique
line pitch
espacement des lignes, (C) argumentaire, (C) boniment
line printer
imprimante ligne à ligne
link
lien
linked object
objet lié
liquid asset
fonds liquide, (C) liquidités
liquid crystal display (LCD)
écran à cristaux liquides
liquidate
liquider, mobiliser
liquidated damages
dommages-intérêts liquidés, (C) indemnité de résiliation
liquidated debt
dette amortie
liquidated value
valeur de liquidation
liquidation
liquidation, mobilisation
liquidation dividend
dividende de liquidation, (C) boni de liquidation
liquidity
liquidité
liquidity preference
préférence pour la liquidité, (C) liquidité du marché
liquidity ratio
ration de liquidité, coefficient de liquidité
list
liste
list price
prix courant, prix usual, prix de catalogue
listed options
option négociable, (C) option standardisée

listed security
valeur admise à la cote officielle,
valeur inscrite à la cote officielle,
(C) titres inscrits à la bourse
listing
admission à la cote officielle,
(C) inscription
listing agent, listing broker
agent contractant, (C) courtier
contractant
listing requirements
conditions d'admission à la cote
litigant
partie, (C) litigant
litigation
action en justice
living trust
fiducie non testamentaire,
fiducie entre vifs
load
charge, chargement, (C) frais
d'acquisition
load fund
fonds commun de placement à
droit d'entrée, (C) fonds avec
frais d'acquisition
loan
prêt, emprunt
loan application
demande de prêt
loan committee
comité des prêts, (C) comité
d'approbation des prêts
loan value
valeur hypothécable, (C) valeur
d'emprunt
loan-to-value ratio (LTV)
rapport entre le capital, estant dû
et la valeur du bien financé,
(C) quotité de financement
lobbyist
démarcheur, agent d'affaires,
(C) lobbyiste
lock box
case postale, case postale à
serrure, (C) boîte postale scellée
locked in
enfermé à l'intérieur, (C) bloqué

lockout
lock-out, contre-grève, grève
patronale
lock-up option
option d'achat privilégiée
log in (log on)
log in, ouverture de session
log off
fermeture de session
logic diagram
diagramme logique, (C) schéma
logique
login identification (login ID)
ID de login, identifiant, (C) ID de
connexion
logo
logo
long bond
obligation à long terme,
obligation à longue
échéance
long coupon
coupon à long terme
long position
position longue
longevity pay
prime d'ancienneté
long-range planning
planification à long terme
long-term debt or long-term liability
dette à long terme
long-term gain (loss)
gain (perte) à long terme,
(C) bénéfice (perte) à long terme
long-term trend
tendance à long terme
long-wave cycle
cycle long, cycle de Kondratieff,
(C) cycle à grandes ondes
loop
boucle
loophole
vide juridique
loose rein
rêne laché
loss
perte

loss adjustment expense
dépense de règlement des
sinistres, (C) ajustement de perte
loss carryback
report déficitaire sur les exercices
précédents
loss carryforward
déficit reportable, report
déficitaire sur les exercices
ultérieurs, (C) report de perte en
avant
loss contingency
perte éventuelle
loss leader
produit d'appel, (C) produit
d'attraction
loss of income insurance
assurance privation de revenus,
(C) assurance en cas de perte de
revenu
loss ratio
rapport sinistres-primes
lot and block
lot et bloc, (C) certificat de
localisation
lot line
ligne d'arpentage
lottery
à lots, (C) loterie

low
bas, peu élevé
low resolution
faible résolution
lower case character/letter
minuscule, (C) lettre
minuscule
lower of cost or market
prix coûtant ou prix du
marché, (C) méthode
d'évaluation au plus
petit du coût ou de la valeur
du marché
lower-involvement model
modèle d'implication réduite
low-grade
qualité inférieure
low-tech
techniques traditionnelles
lump sum
somme forfaitaire
lumpsum distribution
distribution forfaitaire
lump-sum purchase
achat à payer en une seule fois,
(C) achat à prix forfaitaire
luxury tax
taxe sur les produits de luxe,
(C) taxe de luxe

M

macro
macro, (C) macro-instruction,
(C) macrocommande
macroeconomics
macroéconomie
macroenvironment
macroenvironnement
magnetic card
carte magnétique
magnetic strip
bande magnétique
mail fraud
fraude postale
mailbox
boîte aux letters, (C) boîte aux
lettres électronique
mailing list
liste de publipostage, liste
de diffusion, (C) liste
d'adresses
main menu
menu principal
mainframe
processeur central, gros
ordinateur, (C) ordinateur
central
maintenance
maintenance, entretien
maintenance bond
garantie de maintenance
maintenance fee
frais de maintenance, (C) frais
de gestion
maintenance method
méthode de maintenance,
(C) méthode de conservation des
abonnés
majority
majorité
majority shareholder
actionnaire majoritaire
maker
fabricant, constructeur

make-work
travail artificiel, (C) embauche
inutile
malicious mischief
acte de malveillance,
(C) dommage par acte de
malveillance
malingerer
faux malade
malingering
simulation, (C) sinistrose
mall
galerie marchande, (C) centre
commercial
malpractice
faute professionnelle, (C) incurie
professionnelle
manage
gérer
managed account
compte géré
managed currency
devise contrôlée, devise dirigée,
(C) monnaie dirigée
managed economy
économie dirigée
management
gestion, direction
management agreement
location-gérance,
(C) accord de gestion
management audit
contrôle de gestion,
(C) vérification de gestion
management by crisis
gestion par évaluation des
problèmes, (C) gestion
réactive
management by exception
direction par exceptions,
(C) gestion par l'exception
management by objective (MBO)
gestion par objectifs

**management by walking around
(MBWA)**
gestion sur le terrain
management consultant
conseiller en gestion,
management cycle
cycle de gestion
management fee
frais de gestion,
management game
simulation de geston, (C) jeu de
simulation
management guide
guide de gestion
**management information system
(MIS)**
système d'informations de
gestion
management prerogative
prérogative de gestion,
(C) prérogative de direction
management ratio
ratio cadres/salaries, ratio de
gestion
management science
science de la gestion
management style
mode de gestion, (C) style de
gestion
management system
système de direction
manager
directeur, gérant, administrateur,
gestionnaire, (C) chef de service
managerial accounting
comptabilité de gestion
managerial grid
grille de gestion
mandate
mandat
mandatory copy
exemplaire obligatoire, (C) copie
obligatoire
man-hour
heure homme, (C) heure-
personne
manifest
manifeste, (C) déclaration

manipulation
manipulation
manual
manuel
manual skill
compétences manuelles,
(C) habileté manuelle
manufacture
Fabrication, (C) manufacture
manufacturing cost
coût de fabrication
manufacturing inventory
inventaire de fabrication,
(C) stocks de fabrication
manufacturing order
commande de fabrication,
(C) ordre de fabrication
MAP
MAP (technique de simulation de
gestion)
margin
marge
margin account
compte sur marge, compte de
couverture
margin call
appel de couverture, appel de
marge, appel de garantie,
margin of profit
marge de profit
margin of safety
marge de sécurité
marginal cost
coût marginal, (C) coût marginal
marginal cost curve
courbe des coûts marginaux,
(C) courbe du coût marginal
marginal efficiency of capital
efficacité marginale,
(C) èfficacité marginale du capital
marginal producer
producteur marginal
**marginal propensity to consume
(MPC)**
propension marginale à
consommer
marginal propensity to invest
propension marginale à investir

marginal propensity to save (MPS)
propension marginale à économiser, (C) propension marginale à épargner
marginal property
propriété marginale
marginal revenue
revenu marginal
marginal tax rate
taux marginal d'imposition
marginal utility
utilité marginale
margins
marges
marital deduction
déduction basée sur la situation matrimoniale, (C) déduction pour conjoint
mark to the market
évaluation à la valeur de marché
markdown
baisser, (C) démarque
market
marché
market aggregation
regroupement de marchés
market area
marché debouche, (C) secteur de marché
market basket
panier de la menagerie, (C) éventail de biens
market comparison approach
technique des données du marché
market demand
demande du marché
market development index
indice de développement du marché
market economy
économie de marché
market equilibrium
équilibre du marché
market index
indice du marché
market letter
lettre commerciale, (C) circulaire

market order
ordre au mieux, (C) ordre au prix du marché
market penetration
pénétration du marché
market price
prix du marché, cours
market rent
loyer selon le marché
market research
étude de marché
market segmentation
segmentation du marché
market share
part de marché
market system
système de marché
market test
test de marché
market timing
détermination du moment propice
market value
valeur marchande, valeur boursière
market value clause
clause de valeur marchande, clause de valeur boursière
marketable securities
valeurs négociables
marketable title
titre négociable
marketability
possibilité de commercialization
marketing
marketing, mercatique, commercialisation
marketing concept
concept de marketing, (C) stratégie commerciale
marketing director
directeur du marketing, directeur des études de marché, (C) directeur commercial
marketing information system
système d'information marketing
marketing mix
marchéage, marketing mix

marketing plan
plan marketing, (C) stratégie
commerciale
marketing research
recherche commerciale
markey analysis
analyse de marché
markup
majoration, (C) marge sur coût
d'achat
marriage penalty
pénalité en raison de la situation
matrimoniale, (C) pénalité fiscale
pour les couples mariés
Marxism
marxisme
mask
masque
mass appeal
appel de masse, (C) attrait
populaire
mass communication
communication de masse
mass media
mass medias, (C) média de masse
mass production
production de masse,
(C) production continue
master boot record
enregistrement d'initialisation
principal, (C) enregistrement
d'amorçage maître
master lease
bail principal
master limited partnership
société en commandite principale,
(C) société en commandite simple
master plan
plan directeur, (C) plan de situation
master policy
police de base
master-servant rule
règle maître-serviteur
masthead
cartouche de titre, (C) générique
matching principle
principe du rapprochement,
(C) principe de la synchronisation

des échéances
material
matériel
material fact
fait matériel
material man
fournisseur du materiel,
(C) responsable du matériel
materiality
matérialité, (C) importance relative
materials handling
manipulation des matières,
(C) manutention
materials management
gestion des matières, (C) gestion
du matéricl
matrix
matrice
matrix organization
organisation matricielle,
(C) structure matricielle
mature economy
économie en pleine maturité,
(C) économie mature
matured endowment
assurance à capital différé venue
à échéance
maturity
maturité, (C) échéance
maturity date
date d'échéance,
(C) échéance
maximize
optimiser, (C) maximiser
maximum capacity
capacité maximale, (C) capacité
théorique
mean return
rendement attendu,
(C) rendement moyen
mean, arithmetic
moyen arithmétique
mean, goemetric
moyen géométrique
mechanic's lien
privilège immobilier special,
privilège du constructeur,
(C) privilège sur les immeubles

mechanization
　mécanisation
media
　medias, (C) media
media buy
　achat d'espaces, (C) achat-média
media buyer
　acheteur d'espaces, (C) acheteur-
　média
media option
　option de média
media plan
　plan média
media planner
　médiaplaneur,
　(C) responsable du plan médias
media player
　lecteur multimedia,
　(C) diffuseur de médias
media weight
　poids des médias,
　(C) influence des médias
mediation
　médiation
medical examination
　examen médical
medium
　medium, moyen de
　communication, (C) intermédiaire
medium of exchange
　moyen d'échange, (C) instrument
　d'échange
medium-term bond
　obligation à moyen terme
meeting of the minds
　accord de volonté, (C) accord des
　parties
megabucks
　films à gros budget, (C) somme
　d'argent considérable
megabyte
　mégaoctet
member bank
　banque membre de la Réserve
　Fédérale
**member firm or member
corporation**
　société member, (C) firme membre

memorandum
　memorandum, (C) note de service
memory
　mémoire
menial
　ingrat, subalterne
menu bar
　barre de menu, (C) barre de menus
mercantile
　Commercial, (C) mercantile
mercantile agency
　agence commerciale,
　(C) organisme de petit commerce
mercantile law
　droit commercial
mercantilism
　mercantilisme
merchandise
　marchandises
merchandise allowance
　redevance-marchandises,
　(C) indemnité de mise en valeur
merchandise broker
　courtier agissant pour le compte
　d'acheteurs de merchandises,
　(C) courtier en marchandises
merchandise control
　contrôle des marchandises
merchandising
　marchandisage,
　commercialisation
merchandising director
　directeur du marchandisage
merchandising service
　service du marchandisage
merchant bank
　banque d'affaires, banque
　'investissement,
　(C) banque marchande
merchantable
　marchand
merge
　fusionner
merger
　fusion
merit increase
　augmentation au mérite, (C)
　augmentation de salaire au mérite

merit rating
notation du personnel
meter rate
métré
metes and bounds
projection horizontale,(C) bornes
et limites
**methods-time measurement
(MTM)**
méthode MTM, (C) méthode des
temps mesurés
metric system
système métrique
metrication
metrication, (C) conversion au
système métrique
metropolitan area
zone métropolitaine,
(C) région métropolitaine
microeconomics
microéconomie
micromotion study
étude des micromouvements
midcareer plateau
pallier de milieu de carrière,
(C) mi-carrière
middle management
cadres moyens, (C) cadres
intermédiaires
midnight deadline
date-limite de minuit, (C)
échéance à minuit
migrate
migrer, (C) passer d'un système à
l'autre
migratory worker
travailleur migrant
military-industrial complex
complexe militaire-industriel
milking
écrémage, (C) tirer profit au
maximum d'une situation
milking strategy
stratégie d'écrémage
millage rate
taux d'imposition foncière
millionaire
millionaire

millionaire on paper
millionnaire sur le papier,
(C) millionnaire théorique
mineral rights
droits miniers, redevance minière
minimax principle
principe minimax
minimize
réduire
minimum lease payments
paiements minimaux exigibles en
vertu d'un bail
minimum lot area
zone minimale de lot, (C) plus
petit terrain à bâtir
minimum pension liability
engagement de retraite minimum
minimum premium deposit plan
régime de dépôt de primes
minimum
minimum wage
salaire minimum
minor
mineur
**minority interest or minority
investment**
participation minoritaire, (C) part
des actionnaires minoritaires
mintage
monnayage, frappe (de monnaie),
(C) droit de monnayage
minutes
minutes
misdemeanor
délit, (C) infraction
mismanagement
mauvaise gestion, (C) abus de
biens sociaux
misrepresentation
manoeuvres frauduleuses,
(C) information fausse ou
trompeuse
misstatement of age
déclaration d'âge erronée
mistake
erreur
mistake of law
erreur de droit

mitigation of damages
réduction des dommages-intérêts
mix
mélange, (C) composition,
(C) mixage
mixed economy
économie mixte
mixed perils
risques mixtes
mixed signals
signaux mixtes, (C) signaux
contradictoires
mode
mode
model unit
unité modèle
modeling
modélisation
modeling language
langage de modélisation
modern portfolio theory (MPT)
théorie du portefeuille
modified accrual
comptabilité de caisse modifiée
modified life insurance
assurance vie modifiée
modified union shop
atelier syndical modifié,
(C) atelier syndical imparfait
module
module
mom and pop store
boutique familiale, petit magasin
familial, (C) commerce de vente
au détail familial
momentum
momentum, force vive, élan,
force d'impulsion
monetarist
monétariste
monetary
monétaire
monetary item
élément monétaire
monetary reserve
réserve monétaire
monetary standard
étalon monétaire

money
argent, monnaie
money illusion
illusion monétaire
money income
revenu financier
money market
marché monétaire, marché
financier
money market fund
fonds commun de placement
money supply
masse monétaire
monopolist
monopoleur, (C) monopolisateur
monopoly
monopole
monopoly price
prix de monopole, (C) prix
monopolistique
monopsony
monopsone
monthly compounding of interest
regroupement mensuel des
interest, (C) calcul mensuel de
l'intérêt composé
monthly investment plan
plan d'investissement mensuel,
(C) régime d'investissement
mensuel
month-to-month tenancy
location mois par mois,
(C) location au mois
monument
monument
moonlighting
travail au noir, cumul d'emplois
moral hazard
risque moral, (C) risque
subjectif
moral law
loi morale
moral obligation bond
obligation morale
moral suasion
persuasion morale
morale
moral

moratorium
moratoire
mortality table
table de mortalité
mortgage
crédit immobilier, prêt
immobilier, hypothèque, (C) prêt
hypothécaire
mortgage assumption
acceptation d'hypothèque,
(C) prise en charge de prêt
hypothécaire
mortgage banker
banquier hypothécaire,
(C) société de prêt hypothécaire
mortgage bond
obligation hypothécaire, (C) lettre
de gage
mortgage broker
courtier en prêts hypothécaires
mortgage commitment
lettre d'entente, (C) engagement
de prêt hypothécaire
mortgage constant
constante hypothécaire
mortgage correspondent
correspondant hypothécaire
mortgage debt
dette hypothécaire
mortgage discount
escompte sur hypothèque,
(C) remise sur prêt hypothécaire
mortgage insurance
assurance hypothécaire
mortgage insurance policy
police d'assurance
hypothécaire
mortgage lien
gage hypothécaire
mortgage out
obtenir un prêt qui couvre plus
que nécessaire
mortgage relief
main levee, (C) exonération
hypothécaire
mortgage servicing
administration de la créance
hypothécaire

mortgage-backed certificate
certificat garanti par des
créances hypothécaires
mortgage-backed security
titre garanti par des créances
hypothécaires
mortgagee
créancier hypothécaire
mortgagor
débiteur hypothécaire
motion study
étude des mouvements
motivation
motivation
motor freight
camionnage
mouse
souris
mouse pad
tapis de souris
movement
mouvement
mover and shaker
personne ayant un impact
remarquable sur une
entreprise
moving average
moyenne mobile
muckraker
journaliste à l'affut des
scandales
multibuyer
multi-acheteur
multicasting
diffusion multiple
multicollinearity
multicollinéarité
multiemployer bargaining
négociations multi-employeurs
multifunction
multi-fonctions
multimedia
multimédia
multinational corporation (MNC)
entreprise multinationale,
société multinationale
multiple
multiple

multiple listing
contrat avec inscription au
service inter-agences
multiple locations forms
projet à emplacements multiples
multiple regression
régression multiple
multiple retirement ages
âges multiples de départ à la
retraite
multiple shop
magasin à secteurs multiples
multiple-management plan
plan de direction multiple,
(C) régime à direction
polyvalente
multiple-peril insurance
assurance multirisque,
(C) assurance pluralité
multiplier
multiplicateur

multiuser
multi-utilisateurs
municipal bond
obligation de collectivité
locale, (C) obligation
municipale
municipal revenue bond
obligation municipale
muniments of title
titre
mutual association
association mutuelle
mutual company
société mutuelle
mutual fund
fonds commun de
placement
mutual insurance company
mutuelle de société
mutuality of contract
réciprocité de contrat

N

naked option
option d'achat vendue à
découvert, (C) option non
couverte
naked position
position non couverte
named peril policy
assurance risque nominative,
(C) police à risques désignés
name position bond
cautionnement énumératif
du personnel, (C) assurance
contre les détournements
name schedule bond
cautionnement énumératif
du personnel, (C) assurance
contre les détournements
nationalization
nationalisation
national wealth
richesse nationale
natural business year
exercice cyclique,
(C) année normale d'exploitation
natural monopoly
monopole naturel
natural resources
ressources naturelles
navigation
navigation
near money
quasi-monnaie
need satisfaction
satisfaction des besoins,
(C) réalisation d'un besoin
negative amortization
amortissement négatif
negative carry
coût de maintien négatif,
report négatif, (C) portage
négatif
negative cash flow
flux de trésorerie négatif

negative correlation
corrélation negative,
corrélation inverse
negative income tax
impôt négatif (sur le
revenu)
negative working capital
fonds de roulement
négatif, fonds de
roulement déficitaire
negligence
négligence
negotiable
négociable, à débattre
negotiable certificate of deposit
certificat de dépôt
négociable, (C) certificat
négociable de dépôt
negotiable instrument
instrument négociable,
(C) titre négociable
negotiable order of withdrawal
(NOW)
compte-chèques
rémunéré, compte à vue
rémunéré, (C) retrait négociable
tiré d'un compte-chèques
rémunéré
negotiated market price
prix de marché négocié
negotiated price
prix négocié
negotiation
négotiation
neighborhood store
magasin de quartier,
magasin de proximité
neoclassical economics
économie néoclassique
nepotism
népotisme
nest egg
bas de laine, pécule

net
net
net assets
actif net
net asset value (NAV)
valeur d'actif net
net book value
valeur comptable nette
net contribution
contribution nette
net cost
prix de revient,
(C) coût net
net current assets
actif circulant net,
(C) fonds de roulement
net income
produit net, revenu
net, (C) bénéfice net
net income per share of common stock
revenu net par action
ordinaire, (C) bénéfice net par
action ordinaire
net leasable area
surface locative nette
net lease
contrat de louage
inconditionnel, (C) bail hors frais
d'entretien
net listing
contrat de courtage avec
rémunération différée
net loss
perte nette
net national product
produit national net
net operating income (NOI)
revenu net d'exploitation
net operating loss (NOL)
pertes d'exploitation
nettes, (C) perte nette
d'exploitation
net present value (NPV)
valeur actuelle nette,
(C) valeur actualisée nette
net proceeds
produit net

net profit
bénéfice net,
(C) résultat net
net profit margin
marge commerciale nette,
(C) marge bénéficiaire nette
net purchases
acquisitions nettes
achats nets, (C) achats
nets
net quick assets
liquidités nettes
net rate
taux net, (C) rendement
net
net realizable value
valeur réalisable nette,
(C) valeur de réalisation nette
net sales
ventes nettes,
(C) chiffre d'affaires net
net surfing
navigation sur le net,
(C) surf
net transaction
transaction nette transaction
nette
network
réseau
network administrator
administrateur réseau,
(C) administrateur de réseau
networking
travail en réseau, mise
en réseau, (C) réseautage
net yield
rendement net
new issue
nouvelle émission
new money
crédit de restructuration,
argent frais
newspaper syndicate
agence de presse,
(C) consortium de
journaux
new town
ville nouvelle, nouveaux

quartiers, (C) ville
neuve
niche
créneau, niche
night letter
lettre de nuit, (C) téléposte
node
noeud
no-growth
croissance zero, croissance
nulle
no-load fund
fonds sans frais
d'acquisition: fonds qui ne
prélèvent pas une commission
nominal account
compte d'exploitation
générale, (C) compte nominal
nominal damages
dommages-intérêts
symboliques
nominal interest rate
taux d'intérêt nominal
nominal scale
échelle nominale, échelle
principale
nominal wage
salaire nominal,
(C) rémunération nominale
nominal yield
taux nominal,
(C) rendement nominal
nominee
candidat, nominé,
personne nommée,
prête-nom, intermédiaire,
(C) propriétaire
apparent
noncallable
qui ne peut pas être amorti(e) par
anticipation, (C) non
remboursable par anticipation
noncompetitive bid
offre non compétitive,
(C) appel d'offres restreint
nonconforming use
utilisation non
conforme

noncontestability clause
clause d'incontestabilité,
(C) clause de non-contestabilité
noncumulative preferred stock
action privilégiée non
cumulative, (C) action de
priorité à dividende non
cumulatif
noncurrent asset
actif non exigible, (C) actif
à long terme
**nondeductibility of employer
contributions**
indéductabilité des
cotisations de l'employeur,
(C) non-déductibilité des
cotisations salariales
nondiscretionary trust
fiducie non
discrétionnaire, (C) fiducie
sans pouvoirs discrétionnaires
nondisturbance clause
garantie de jouissance
paisible, (C) clause de non-
perturbation
nondurable goods
produits périssables,
(C) biens non durables
nonformatted
non formatté, (C) non
structuré
nonglare
non éblouissant
nonmember bank
banque non membre de la
chambre de compensation,
(C) banque hors de la chambre de
compensation
nonmember firm
entreprise non membre,
(C) forme sous-participante
nonmonetary item
élément non
monétaire
nonnegotiable instrument
instrument non
négociable, (C) titre non
négociable

nonoperating expense (revenue)
charges diverses [produit
divers], (C) charges
diverses (revenus divers)
nonparametric statistics
statistiques non
paramétriques
nonperformance
défaut d'exéction,
(C) non-exécution
nonproductive
improductif, (C) non
productif
nonproductive loan
emprunt non productif,
(C) prêt-problème
nonprofit accounting
comptabilité des organismes
à but non lucratif,
(C) comptabilité à but non
lucratif
nonprofit corporation
association à but non
lucratif, (C) société à but non
lucratif
nonpublic information
informations non
publiques, (C) resnseignements
confidentiels
nonrecourse
sans recours à forfait, (C) sans
recours
nonrecurring charge
frais extraordinaire,
(C) frais non périodiques
nonrefundable
non-remboursable,
perdu
nonrefundable fee or
nonrefundable deposit
acompte non
remboursable, dépôt non
remboursable, (C) frais non
remboursables
nonrenewable natural resources
ressources non
renouvelables, (C) ressources
naturelles non renouvelables

nonstock corporation
société civile, société
de droit civil, (C) société sans
actions
nonstore retailing
vente hors magasin,
(C) vente au détail hors boutique
nonvoting stock
sans droit de vote, (C) action sans
droit de vote
no-par stock
action sans valeur
nominale
norm
norme
normal price
prix normal
normal profit
benefice normal
normal retirement age
âge normal de départ à la
retraite, (C) âge de la retraite
normale
normal wear and tear
usure normale
normative economics
économie normative
no-strike clause
clause de paix sociale,
obligation de paix sociale,
(C) clause d'interdiction de
grève
notarize
certifier, authentifier,
(C) notarier
note
billet, (C) obligation
notebook computer
notebook, (C) ordinateur
bloc-notes
note payable
effet à payer, (C) billet à
payer
note receivable
effet à recevoir
not for profit
à but non lucratif, (C) sans but
lucratif

notice
   avis, notification

notice of cancellation clause
   clause d'avis de résiliation

notice of default
   avis de défaut

notice to quit
   avis de congé

not rated (NR)
   fonds qui n'est pas noté, (C) non coté

novation
   novation

NSF
   insuffisance de fonds en depot, (C) sans provision

nuisance
   impôt vexatoire, (C) nuisance

null and void
   nul et non avenu

num lock key
   touche verr. maj., (C) touche verrouillage numérique

O

objective
objectif
objective value
valeur objective, (C) valeur
d'échange
obligation bond
obligation
obligee
obligataire, (C) obligé
obligor
caution, débiteur,
(C) obligeant
observation test
essai d'observation,
(C) exercice d'observation
obsolescence
obsolescence
occupancy level
niveau d'occupation
occupancy, occupant
occupation, occupant
occupation
métier, emploi, (C) poste
occupational analysis
analyse de profession,
(C) analyse d'un poste
occupational disease
maladie professionelle
occupational group
groupe professionnel,
(C) catégorie
socioprofessionnelle
occupational hazard
risque du métier,
(C) risque professionnel
odd lot
lot dépareillé, (C) lot de
taille anormale
odd page
page impaire, (C) belle page
odd-value pricing
prix magique, (C) fixation
d'un prix non arrondi

offer
offre
offer and acceptance
offre et acceptation
offeree
destinataire de l'offre,
(C) société visée
offerer
personne qui fait une offre,
(C) société offrante
offering date
date de mise sur le marché,
(C) date de l'offre
offering price
prix d'offre, (C) cours
vendeur
office management
organisation des bureaux,
(C) gestion de bureau
official exchange rate
cours officiel, (C) taux de
change officiel
off-line
hors ligne
off peak
pendant les heures creuses,
(C) période creuse
off-price
à prix réduits, (C) prix inférieur
au marché
off-sale date
date de retrait de la vente,
(C) date de compilation des
revenus du kiosque à journaux
offset
compensation,
dédommagement,
(C) annuler
offshore
offshore,
(C) extraterritorial
off-site cost
coût externe

off the balance sheet
hors bilan, (C) non compris dans
le bilan
off the books
transparent, au noir,
(C) non inscrit dans les livres
off time
période de repos, période
d'immobilisation, (C) temps
d'arrêt
oil and gas lease
location à bail de terres pour le
forage de pétrole et de gaz,
(C) droit pétrolier
oligopoly
oligopole
ombudsman
médiateur de la
république, (C) protecteur du
citoyen
omitted dividend
dividende omis
on account
à credit, à valoir sur
onboard computer
ordinateur embarqué,
(C) ordinateur de bord
on demand
sur demande, requis,
sollicité
one-cent sale
vente à un cent, (C) vente
de débarras
one-hundred-percent location
emplacement à cent pour
cent, (C) emplacement optimal
one-minute manager
le manager minute, (C) comment
gérer en une minute
one-time buyer
acheteur d'un jour
one-time rate
prix de base
on-line
en ligne
on-line data base
base de données en ligne,
(C) banque de données en ligne

on order
en cours de commande,
commandé
on-sale date
date de parution
on speculation (on spec)
non commandé,
(C) spéculatif
on-the-job training (OJT)
formation sur le tas,
(C) formation sur le tas
open account
compte ouvert, compte
courant
open bid
adjudication ouverte,
(C) soumission ouverte
open dating
date d'ouverture, (C) date
d'expiration
open distribution
distribution ouverte
open-door policy
politique de la porte ouverte
open economy
économie ouverte
open-end
ouvert, (C) aléatoire, ouvert
open-end lease
bail ouvert, (C) crédit-bail
aléatoire
**open-end management
company**
société de gestion ouverte
open-end mortgage
prêt hypothécaire à capital
variable, (C) prêt hypothécaire
avec droit de remboursement
anticipé
open house
jour d'accueil, portes
ouvertes, (C) visite libre
open housing
« open housing » (accès égalitaire
au logement), (C) complexe
immobilier non discriminatoire
opening
ouverture

open interest
  position ouverte
open listing
  contrat de courtage
  immobilier non exclusif
open-market rates
  cours du marché libre,
  (C) taux déterminés par le marché
open mortgage
  prêt hypothécaire
  remboursable par anticipation,
  (C) prêt hypothécaire ouvert
open order
  ordre ouvert, ordre
  à révocation, (C) ordre
  permanent
open outcry
  cotation à la criée
open shop
  entreprise ne pratiquant
  pas le monopole d'embauche,
  (C) atelier ouvert
open space
  espace libre, (C) espace
  ouvert
open stock
  stock disponible
open-to-buy
  (méthode du) point de
  réapprovisionnement,
  (C) droit aux achats
open union
  syndicat ouvert,
  (C) sybdicat ouvert
operand
  opérande
operating cycle
  cycle d'exploitation
operating expense
  frais d'exploitation,
  (C) dépense d'exploitation
operating lease
  bail d'exploitation
operating loss
  perte d'exploitation
operating profit (loss)
  bénéfice d'exploitation
  (perte)

operating ratio
  coefficient d'exploitation
operating system
  système d'exploitation
operational audit
  audit opérationnel,
  (C) vérification de gestion
operational control
  contrôle opérationnel,
  (C) contrôle d'exploitation
operation mode
  mode de fonctionnement,
  (C) programme opérationnel
operations research (OR)
  recherches
  opérationnelles
operator
  opérateur, (C) exploitant
opinion
  opinion
opinion leader
  préconisateur,
  (C) prescripteur
opinion of title
  certificat de titre,
  (C) certificat de propriété
opportunity cost
  coût d'opportunité, coût
  de renoncement, (C) coût
  de renonciation
optical character recognition (OCR)
  reconnaissance des
  caractères optiques,
  (C) reconnaissance optique de
  caractères
optical fiber
  fibre optique
optimum capacity
  capacité optimale
option
  option, prime
optional modes of settlement
  moyens de règlement
  facultatifs, (C) mode de
  règlement optionnel
option holder
  acheteur de l'option,
  détenteur d'option

oral contract
contrat oral, (C) entente
verbale
orange goods
biens de consommation
intermédiaires, (C) biens
remplacés occasionnellement
or better
ou mieux
order
ordre, (C) commande,
ordre
order bill of lading
connaissement à l'ordre,
(C) lettre de voiture à ordre,
(C) connaissement à ordre
order card
fiche de commande,
(C) bon de commande
order entry
entrée de commande
order flow pattern
schéma de circulation des
commandes, (C) processus de
traitement de commande
order form
bon de commande
order number
numéro de
commande
order paper
effet à ordre
order-point system
méthode du point de
commande
order regulation
règlement sur l'ordre,
(C) réglementation des
commandes
ordinal scale
échelle ordinale
ordinance
ordonnance, décrêt,
ordre, (C) règlement
**ordinary and necessary business
expense**
frais professionnel
ordinaire et nécessaire,

(C) dépense d'exploitation
ordinaire et nécessaire
ordinary annuity
annuité de capitalisation,
(C) rente de la grande branche
ordinary course of business
cours normal des
négociations, (C) cours normal
des affaires
ordinary gain or ordinary income
revenu ordinaire
ordinary interest
intérêt ordinaire
ordinary loss
perte ordinaire
**ordinary payroll exclusion
endorsement**
avenant d'exclusion salaires
ordinaires, (C) exclusion
approuvée de la liste de paie
organization
organisation,
organisme
organizational behavior
(C) comportement
organisationnel
organizational chart
organigramme
organization cost
frais de constitution
organization development
développement des
organisations, (C) développement
organisationnel
organization planning
planification de
l'organisation, (C) planification
organisationnelle
organization structure
structure, structure
de l'entreprise,
structure organique,
(C) structure
organisationnelle
organized labor
mouvement syndical
orientation
orientation

original cost
coût initial, (C) coût
historique
original entry
écriture de journal,
(C) écriture originaire
original issue discount (OID)
prime d'émission,
(C) obligation à prime
d'émission
original maturity
échéance initiale, durée
de crédit initiale,
(C) échéance originale
original order
commande initiale
origination fee
frais de constitution,
(C) commission sur prêt
originator
autorité d'origine,
expéditeur, donneur
d'ordre, (C) initiateur
other income
produit divers, recettes
diverses, (C) autres
revenus
other insurance clause
clause de pluralité
d'assurance, (C) autre clause
d'assurance
other people's money
l'argent des autres, (C) l'argent
d'autrui
outbid
enchérir sur, (C) surenchérir
outcry market
marché aux enchères,
(C) marché à la criée
outline view
mode plan, (C) vision
sommaire
out of the money
en dehors, (C) hors du cours
outlet store
point de vente
outside director
administrateur externe

outsourcing
externalisation,
(C) impartition
outstanding
en suspens, dû, en souffrance,
en circulation, en cours
outstanding balance
solde à découvert,
(C) solde en souffrance,
(C) solde impayé
outstanding capital stock
capital-actions en circulation,
(C) actions en circulation
overage
excédent, surplus
overall expenses method
méthode des dépenses
générales, (C) méthode du total
des frais
overall rate of return
taux de retour, (C) taux de
rendement global
over-and-short
recouvrement, (C) surplus
et déficit de caisse
overbooked
surréservé, (C) surréservation
overbought
surévalué,
suracheté
overcharge
faire payer trop cher, survendre,
C) trop-perçu
overflow
dépassement de capacité,
(C) débord
overhang
surplomb, (C) offre
excédentaire
overhead
charge opérationnelle, frais
généraux, (C) coûts
indirects, (C) charges indirectes
overheating
surchauffe
overimprovement
amélioration excessive,
(C) suramélioration

overissue
surémission,
(C) invendu
overkill
promotion excessive
overpayment
trop-perçu
overproduction
surproduction
override
commission indirecte,
(C) dérogation, (C) passer outre
à, (C) avoir la priorité sur,
(C) commission indirecte
overrun
excédent, surplus,
(C) excédent de commande
over (short)
recouvrement,
(C) surplus (déficit)
over the counter (OTC)
hors cote

over-the-counter retailing
vente libre, (C) vente au
comptoir
overtime
heures supplémentaires
overtrading
emballement de l'activité
d'une entreprise (au-delà des
limites de son capital),
(C) surtransiger
overvalued
surestimé, surévalué
overwrite
écraser
owner-operator
propriétaire exploitant
ownership
propriété,
(C) droit de propriété
ownership form
propriété, (C) méthode
d'exercice du droit de propriété

P

pacesetter
meneur
package
ensemble, contrat,
global, colis, paquet,
(C) emballage
package band
bande publicitaire,
(C) publicité autour de
l'emballage
package code
code de suivi, (C) code des
emballages
package design
conditionnement
packaged goods
marchandises),
emballées, marchandises
conditionnées,
(C) biens emballés
package mortgage
prêt (n, m) multiple, (C) prêt
hypothécaire rehaussé par
collatéral
packing list
liste de colisage, (C) prêt
multiple bordereau d'expédition
padding
remplissage), rembourrage
page break
saut de page
page down
défilement vers le bas,
(C) touche page suivante
page format
format de la page,
(C) format de page
page up
défilement vers le haut
pagination
pagination
paid in advance
payé par avance, (C) payé à

l'avance
paid status
état des paiements,
(C) payé
paid-in capital
capital versé, capital
libéré, (C) capital
d'apport
paid-in surplus
primes d'émission
d'actions, (C) surplus d'apport
paintbrush
pinceau
painting the tape
fait d'effectuer une serie
d'operations qui sont affichees
publiquement sur des ecrans en
vue de donner, pour un
instrument financier determine,
une impression d'activite ou de
mouvement de son cours,
(C) transactions artificielles
fréquentes
palmtop
ordinateur (portable)
format calculette, (C) ordinateur
de poche
paper
papier, billet
paper gold
droits de tirage
spéciaux
paper jam
bourrage (de papier)
paper money
papier-monnaie
paper profit (loss)
profit fictif, (C) profit
(perte) non réalisé(e)
par
pair
par bond
obligation émise au pair,

(C) obligation au pair
par value
valeur au pair, valeur
nominale
paralegal
adjoint juridique,
(C) parajuridique, (C) technicien
juridique
parallel connection
connexion parallèle,
(C) couplage en parallèle
parallel processing
traitement en parallèle,
(C) traitement parallèle
parameter
paramètre
parcel
paquet, colis
parent company
maison mère
parity
parité
parity check
contrôle par parité,
(C) contrôle de parité
parity price
prix à parité, cours au pair,
(C) prix de parité
parking
mise en attente,
(C) stationnement
parliament procedure
procédure parlementaires
partial delivery
livraison partielle
partial release
libération partielle
partial taking
prise partielle,
(C) acquisition partielle
partial-equilibrium analysis
analyse de l'équilibre
partiel
participating insurance
assurance-vie avec
participation aux bénéfices
participating policy
politique avec participation,

(C) contrat d'assurance avec
participation
participating preferred stock
action privilégiée de
participation, (C) actions
participatives
participation certificate
certificat de participation,
(C) bon de participation
participation loan
prêt hypothécaire avec
participation, (C) crédit
consortial, crédit syndical
participative budgeting
gestion budgétaire
participative
participative leadership
direction participative,
(C) direction d'un groupe avec
participation
partition
partition, (C) partage,
(C) cloisonnage
partner
associé, partenaire
partnership
association, partenariat,
(C) société, association,
partenariat
part-time
temps partiel
passed dividend
excercice (n, m) conclu sans
payer de dividende,
(C) dividende non
déclaré
passenger mile
passager-mille
passive activities
activités passives
passive income (loss)
revenu passif,
(C) revenus (pertes) hors
exploitation
passive investor
investisseur passif
passport
passeport

pass-through security
titre garanti par des
créances hypothécaires, (C) titre
avec flux identiques
password
mot de passe
past service benefit
prestation de services
rendus, (C) prestation préretraite
au survivant
paste
coler, (C) coller
patent
brevet
patent infringement
violation de brevet,
(C) contrefaçon de brevet
patent monopoly
monopole sur un brevet,
(C) monopole de brevet
patent of invention
brevet d'invention
patent pending
demande de brevet déposée,
(C) brevet en instance
patent warfare
guerre des brevets
paternalism
paternalisme
path
chemin, (C) chemin d'accès
patronage dividend and rebate
ristourne et rabais,
(C) Ristourne
pauper
personne indigente
pay
salaire, paie
pay as you go
prélèvement de l'impôt à la
source
pay period
période de paie
payables
factures à payer,
(C) comptes fournisseurs
payback period
période de remboursement,

(C) délai de récupération
paycheck
chèque de paie, (C) salaire
payday
jour de paie
payee
bénéficiaire, porteur
payer
payeur, tireur
paying agent
office de paiement,
(C) domicile de paiement
payload
charge utile
payment bond
cautionnement vis à vis
des tiers, (C) garantie de
paiement
payment date
date de paiement
payment in due course
paiement dans les délais
impartis, (C) paiement dans les
délais prévus
payment method
méthode de paiement,
(C) mode de paiement
payola
methode consistant
a soudoyer les programmateurs
pour qu'ils passent tres
frequemment le disque qu'on
veut lancer
payout
paiement, règlement,
(C) récupération
payout ratio
payout ratio, (C) ratio de
récupération
payroll
liste du personnel, (C) liste
de paie
payroll deduction
déduction sur le traitement
déduction sur le salaire
payroll savings plan
régime d'épargne automatique,
(C) mode d'épargne sur le salaire

payroll tax
impôt sur la masse
salariale, (C) impôt sur les
salaries
peak
maximum, (C) arc,
(C) pointe, (C) sommet
peak period
période de pointe
peculation
détournement des biens
pecuniary
pécuniaire
peg
fixer, stabiliser,
(C) stabiliser le prix d'un titre
penalty
amende, (C) pénalité
penny stock
action d'une valeur de
moins d'un dollar, (C) actions
cotées en cents
pension fund
caisse de retraite,
(C) régime de retraite
peon
peon, (C) domestique
people intensive
à forte intensité de main
d'oeuvre, (C) prédominance de
main-d'œuvre
per capita
par personne, par tête
per diem
prix de journée, per diem,
(C) par jour
per-capita debt
dette par tête
percent, percentage
pour cent, pourcentage
percentage lease
loyer correspondant à un
certain pourcentage du chiffres
d'affaires
**percentage-of-completion
method**
méthode du
pourcentage d'achèvement,

(C) méthode d'estimation
fondée sur le chiffre d'affaires
percentage-of-sales method
méthode d'estimation
fondée sur le pourcentage du
chiffre d'affaires
percolation test
test de percolation, (C) test de
perméabilité
perfect (pure) monopoly
monopole parfait
perfect competition
concurrence parfaite
perfected
complet, perfectionné),
(C) rendu opposable, (C) mis en
état
performance
performance, exécution,
résultats,
(C) rendement
performance bond
garantie de bonne fin,
(C) cautionnement définitif,
(C) cautionnement d'exécution
performance fund
fonds hautement
spéculatif
performance stock
valeur à forte croissance,
(C) valeur d'avenir
period
période
**period expense, period
cost**
coût de période
**periodic inventory
method**
méthode d'inventaire
périodique, (C) inventaire
périodique
peripheral device
périphérique
perishable
périssable,
(C) denrée périssable
perjury
parjure), faux
témoignage
permanent difference
écart permanent
permanent financing
financement permanent

permit
permis
permit bond
assurance caution
permutations
permutations
perpetual inventory
inventaire permanent,
stock stratégique
perpetuity
rente perpétuelle,
(C) perpétuité
perquiste (perk)
avantage en nature,
(C) avantage indirect
person
personne
personal data sheet
fiche de renseignements
personnels, (C) feuille de
renseignements personnels
personal digital assistant (PDA)
assistant numérique
personnel
personal financial statement
situation financière
personnelle, (C) états financiers
personnels
personal holding company (PHC)
holding personnelle,
(C) société personnelle du
portefeuille
personal income
revenu personnel
personal influence
influence personnelle
personal injury
dommage corporel
personal liability
responsabilité
personnelle
personal property
biens personnels,
(C) bien meuble
personal property floater
tous risques flottants
sur biens personnels, (C) risques
flottants sur biens mobiliers

personal selling
ventes personnelles
personnel
personnel
personnel department
service du personnel
petition
demande, (C) pétition
petty cash fund
fond de petite caisse,
(C) fonds de caisse
Phillip's curve
courbe de Phillip
physical commodity
marchandises physiques,
(C) biens physiques
physical depreciation
dépréciation),
amortissement,
(C) dépréciation
physique
physical examination
examen physique,
(C) inspection des biens
physical inventory
inventaire physique
picketing
piquetage
picture format
format d'image
pie chart
graphique à secteurs
camembert
pie chart/graph
graphique à secteur
camembert, (C) graphique
circulaire
piece rate
salaire à la pièce, salaire
à la tâche
piece work
travail (n, m) à la pièce, travail
à la tâche
pier to house
quai à domicile
piggyback loan
prêt multiple, (C) prêt
jumelé

pilot plan
  plan pilote, (C) plan
  expérimental
pin money
  argent de poche
pipeline
  pipeline, (C) filière
pitch
  pas, espacement
pixel image
  image pixel
pixel/picture lement
  pixel
place utility
  avantage du lieu
placement test
  test d'orientation
plain text
  texte en clair
plaintiff
  plaignant, (C) demandeur
plan
  plan, projet
plan B
  plan B
planned economy
  économie planifiée
plant
  matériel, usine,
  (C) usine
plat
  lotissement
plat book
  cadastre, (C) registre des
  lotissements
pleading
  plaidant
pledge
  gage, garantie,
  (C) bien transporté en garantie,
  (C) promesse de don
plot
  parcelle de terrain, lopin
  de terre, comploter,
  conspirer, dresser le plan de
  faire le levé de tracer
plot plan
  parcelle de terrain, (C) plan

d'ensemble
plottage value
  plus-value, (C) valeur de
  groupement
plotter
  traceur, (C) traceur à
  commande numérique
plow back
  bénéfices réinvestis
plus tick
  négociation à un cours
  supérieur
pocket computer
  ordinateur de poche
point
  point
point chart
  nuage de points,
  (C) graphique à points
poison pill
  pilule empoisonnée,
  (C) pastille empoisonnée
Poisson distribution
  loi de Poisson,
  (C) distribution de Poisson
police power
  pouvoir de police
policy holder
  assuré, (C) souscripteur
policy loan
  prêt sur contrat
  d'assurance
pollution
  pollution
pool
  groupement, pool,
  (C) bassin
pooling of interests
  fusion, unification,
  (C) mise en commun d'intérêts
port of entry
  port d'entrée
portal-to-portal pay
  salaire applicable aux
  heures totales de presence,
  (C) salaire à la demarcation
portfolio
  portefeuille

portfolio beta score
coefficient beta de
portefeuille,
(C) pointage bêta
du portefeuille
portfolio income
revenu de
portefeuille
portfolio manger
gestionnaire de
portefeuille
portfolio reinsurance
réassurance de
portefeuille
portfolio theory
théorie du
portefeuille
portrait (format)
portrait (format),
(C) format vertical
position
état, situation,
position
positioning
positionnement
positive confirmation
confirmation positive
positive leverage
effet de levier financier
positif
positive yield curve
courbe de rendement
ascendante, courbe de
rendement positive
possession
possession, jouissance
post closing trial balance
balance de vérification
après clôture
posting
affichage, enregistrement,
écriture comptable, écriture,
inscription
poverty
pauvreté
power connection
connexion d'alimentation,
(C) alimentation

power down
coupure de courant,
(C) mise hors tension
power of attorney
procuration
power of sale
pouvoir de vendre,
pouvoir de vente
power surge
montée en puissance,
(C) saute de puissance
power up
mettre sous tension, (C) mise
sous tension
practical capacity
capacité pratique,
(C) capacité pratique de
production
pre-bill
préfacturer
precautionary motive
motif de précaution
preclosing
preclôture
precompute
précalculer
prediction
prédiction
preemptive rights
droits préférentiels de
souscription
preexisting use
utilisation preexistante,
(C) usage préexistant
prefabricated
préfabriqué
preferential rehiring
réemploi préférentiel,
(C) réembauchage préférentiel
preferred dividend
dividende prioritaire,
dividende privilegie,
dividende preferentiel
preferred dividend coverage
couverture de dividende
prioritaire, couverture de
dividende privilegie, couverture
de dividende preferentiel

preferred stock
actions privilégiées,
actions de priorité
prelease
prélocation
preliminary prospectus
prospectus préliminaire,
(C) prospectus proviso ire
premises
locaux, lieux
premium
prime
premium bond
obligation à lot,
(C) obligation cotée à prime
premium income
recette de prime, (C) primes
echoes
premium pay
salaire majoré,
(C) indemnité compensatrice
premium rate
taux de salaire majoré,
taux de prime, (C) tarif
majoré
prenuptial agreement
contrat de mariage
prepaid
prépayé
prepaid expense
charge constatée d'avance,
(C) charge reportée
prepaid-interest
intérêt payé d'avance
prepayment
paiement à l'avance
prepayment clause
clause de remboursement
par anticipation
prepayment penalty
indemnité de
remboursement par anticipation
prepayment priviledge
privilège de prépaiement,
(C) droit de remboursement par
anticipation
prerogative
prérogative,

(C) bénéfice
presale
pré-vente, (C) vente par
anticipation
prescription
prescription
present fairly
présenter fidèlement
present value
valeur actuelle, (C) valeur
actualisée
present value of 1
valeur actuelle de 1
present value of annuity
valeur actualisée d'une
rente
presentation
présentation
president
président
presold issue
titre prévendu,
(C) émission vendue par
anticipation
press kit
dossier de presse,
(C) cahier de presse
prestige advertising
publicité de prestige
prestige pricing
prix de prestige,
(C) établissement d'un prix de
prestige
pretax earnings
gains avant impôt,
(C) bénéfices avant impôts
pretax rate of return
taux de rendement avant
impôt
preventive maintenance
maintenance préventive,
(C) entretien préventif
price elasticity
élasticité des prix,
(C) élasticité prix de la
demande
price index
indice des prix

price lining
  limitation de la gamme des
  prix
price stabilization
  stabilisation des prix,
  (C) régularisation d'un cours
price support
  soutien des prix
price system
  systéme de prix,
  système tarifaire,
  (C) régime des prix
price war
  guerre des prix
price-fixing
  contrôle des prix,
  (C) fixation des prix
pricey
  cher, coûteux
pricing below market
  tarification inférieure au
  marché, (C) prix inférieur au
  marché
pricipal residence
  résidence principale
primary boycott
  boycottage primaire
primary demand
  demande primaire,
  (C) demande générique
primary distribution
  distribution primaire,
  (C) placement d'une émission
  nouvelle
**primary earnings per (common)
share**
  bénéfices premiers par
  action
primary lease
  bail principal
primary market
  marché primaire
primary market area
  marché principal,
  (C) secteur de marché
  primaire
primary package
  emballage primaire

prime paper
  papier commercial de la
  plus haute qualité, (C) papier
  commercial de premier plan
prime rate
  taux d'escompte bancaire
  préférentiel, (C) taux préférentiel
prime tenant
  locataire principal
principal
  mandant, commettant,
  capital, principal,
  (C) directeur non associé,
  (C) contrepartiste
principal amount
  montant principal,
  (C) capital
**principal and interest payment
(P&I)**
  paiement du capital et des
  intérêts, (C) remboursement du
  capital et des intérêts
principal stock holder
  actionnaire principal
principal sum
  somme principale,
  (C) capital
**principal, interest, taxes, and
insurance payment (PITI)**
  calculateur de prêt
  hypothécaire, (C) remboursement
  du capital, des intérêts et de
  l'assurance
printer
  imprimante
printout
  sortie sur imprimante,
  impression, (C) liste des
  résultats
prior period adjustment
  ajustement sur exercices
  antérieurs
prior service cost
  charge financière
  représentée par la prise en
  compte dans le calcul des droits
  des salariés de leurs années
  d'activité au sein de l'entreprise

prior-preferred stock
avant la création du plan,
(C) coût des serviccs passés
prior-preferred stock
actions privilégiées de
premier rang
privacy laws
lois sur le respect de la
vie privée, (C) lois sur la vie
privée
private cost
coût (n, m) privé
private limited partnership
société à responsabilité
limitée, (C) propriété limitée
privée
private mortgage insurance
assurance hypothécaire
privée, (C) assurance prêt
hypothécaire privée
private offering or private placement
placement privé
privatization
privatisation
privity
rapport uridique,
(C) participation de l'assureur
prize broker
courtier d'échange,
(C) courtier de contrat-échange
probate
valider, homologuer,
(C) vérification
probationary employee
salarié à l'essai
proceeds
recette), (C) produit,
(C) revenus, (C) prix de
réalisation de biens sinistrés
proceeds from resale
produit de revente
processor upgrade
mise à niveau du processeur
procurment
approvisionnement,
(C) acquisition
procurring cause
cause efficiente, (C) cause

justifiant une commission
produce
produits, (C) fruits et
légumes
producer cooperative
coopérative de production,
(C) coopérative de producteurs
producer goods
biens de production
product
produit
product liability
responsabilité du produit
product liability insurance
assurance de responsabilité
du produit
product life cycle
cycle de vie du produit
product line
ligne de produits,
(C) gamme de produits
product mix
assortiment de produits
production
production
production control
direction de la production
production rate
taux de production
production worker
agent de fabrication,
(C) travailleur de production,
(C) main-d'œuvre directe
production-oriented organization
organisation axée sur la
production
production-possibility curve
courbe de possibilité de
production
productivity
productivité
profession
profession
profit
bénéfice, profit
profit and commissions form
formulaire des bénéfices
et commissions

profit and loss statement (P&L)
compte de résultat,
(C) état des resultants
profit center
centre de profit
profit margin
marge bénéficiaire,
(C) ratio de marge
bénéficiaire
profit motive
motivation par le profit
profit squeeze
compression des
bénéfices, (C) difficulté à
maintenir les profits
profit system
système de bénéfice,
(C) système motivé par l'appât
des benefices
profit taking
prise de bénéfices, vente
bénéficiaire, vente
avec bénéfices
profitability
rentabilité
profiteer
profiteur
profit-sharing plan
plan de participation aux
bénéfices, (C) régime
d'intéressement
program budgeting
budgétisation de
programme,
(C) rationalisation des choix
budgétaires
program trade
transaction déclenchée
par ordinateur, (C) achat ou
vente de tous les titres d'un
programme ou d'un indice
programmer
programmeur
programming language
langage de
programmation
progress payments
paiement roportionnel (à

l'avancement des travaux,
(C) avances échelonnées
progressive tax
impôt progressif
**projected (pro forma) financial
statement**
état pro forma des
résultats, (C) états financiers pro
forma
projected benefit obligation
obligation au titre des
prestations rejetées
projection
projection, prévision
promissory note
billet à ordre, effet à
ordre
promotion mix
mix des communications,
(C) gamme de promotions
promotional allowance
remise promotionnelle
proof of loss
preuve du dommage,
(C) preuve de sinistre
property
propriété, biens
immobiliers
property line
ligne séparative,
limite
property management
gérance d'immeuble,
(C) gestion de biens immobiliers,
(C) gestion d'immeubles
property report
rapport de propriété,
(C) rapport sur les biens
immobiliers
property rights
droits de propriété,
(C) droits afférents à des biens
immobiliers
property tax
taxe foncière, impôt
foncier
proprietary interest
intérêt patrimonial

proprietary lease
bail de coopérative
proprietorship
entreprise individuelle
prorate
calculer au prorata
prospect
perspective, client
eventual, prospect,
(C) client potentiel, client
éventuel
prospective rating
tarification prospective
prospectus
appel à la souscription
publique, (C) prospectus
protected file
fichier protégé
protectionism
protectionisme
protocol
protocole
proviso
condition, stipulation,
(C) clause conditionnelle
proxy
mandataire
proxy fight
course aux procurations
proxy statement
circulaire de sollicitation de
procurations
prudence
prudence
psychic income
revenu psychique,
(C) revenus autres que
monétaires
public accounting
expertise comptable,
(C) comptabilité publique
public domain
domaine public
public employee
agent public,
(C) fonctionnaire
public file
fichier public

public record
archives publiques
public relations (PR)
relations publiques
public sale
vente publique
public use
usage public, utilisation
publique
public works
travaux publics
puffing
(publicité) tapageuse
pull-down menu
menu déroulant
pump priming
mesure de relance,
(C) aide financière de
démarrage
punch list
liste des malfaçons
apparentes
punitive damages
dommages-intérêts
punitifs
purchase
achat, rachat
purchase journal
livre des achats, journal
des achats
purchase money mortgage
hypothèque garantissant le
prix d'achat, (C) prêt
hypothécaire accordé par le
vendeur
purchase order
bon de commande, ordre
d'achat
purchasing power
pouvoir d'achat
pure capitalism
capitalisme pur
pure competition
concurrence pure
pure-market economy
économie pure de
marché, (C) économie de
marché pure

purge
  éliminer, vider,
  (C) purge
push money
(PM)
  prime au vendeur,
  (C) gratification à la force de
  vente
put option
  option de vente

put to seller
  exercice de l'option de
  vente, (C) option de vente
  exercée
P **value**
  valeur *P*
pyramiding
  vente pyramidale, vente
  suspendue, système pyramidal de
  distribution

Q

qualified endorsement
endossement spécifiant les limites
de la responsabilité de
l'endosseur, (C) endossement
conditionnel, (C) endos sous
réserve
qualified opinion
opinion avec réserves
qualified plan or qualified trust
plan d'épargne salariale,
(C) régime ou fiducie admissible
**qualified terminable interest
property (Q-TIP) trust**
fiducie QTIP , (C) fiducie
admissible payable
annuellement au conjoint
survivant
qualitative analysis
analyse qualitative
qualitative research
études qualitatives,
(C) recherche qualitative
quality
qualité
quality control
contrôle de qualité
quality engineering
technique de gestion de la
qualité, (C) évaluation de concept
quantitative analysis
analyse quantitative
quantitative research
études quantitatives
quantity discount
rabais sur achats en grande
quantité, (C) remise sur quantité
quarterly
Trimestriel , par trimestre

quasi contract
quasi-contrat
query
requête
queue
file
quick asset
actif liquide , (C) actif
disponible et réalisable
quick ratio
taux de liquidité, (C) ratio
de liquidité relative
quiet enjoyment
clause de paisible jouissance ,
(C) jouissance paisible
quiet title suit
action en validation du titre
de propriété, (C) confirmation de
droit immobilier
quitclaim deed
acte de transfert d'un droit ou d'un
titre par voie de renonciation mais
sans garantie de validité, (C) acte
de renonciation à des droits
quorum
quorum
quota
quota
quota sample
échantillon de population par
groupes homogènes,
(C) échantillon de quota
quotation
référence, devis, cours,
quo warranto
quo warranto
qwerty keyboard
clavier qwerty

R

racket
racket, (C) combine
rag content
teneur en drilles, (C) teneur en
chiffons
raider
raider, (C) attaquant
rain insurance
assurance contre la pluie
raised check
chèque en relief
rally
reprise, (C) reprise boursière
random access memory (RAM)
mémoire vive
random-digit dialing
composition aléatoire
random-number generator
générateur de nombres aléatoires
random sample
échantillon aléatoire
random walk
théorie du cheminement aléatoire
range
étendue, série, gamme, éventail
rank and file
base (d'un syndicat),
(C) personnel subalterne
ratable
tarifiable
rate
Taux, tarif
rate base
base de tarification
rate card
carte tarif, (C) avis de
tarification
rated policy
police tarifiée
rates and classifications
tarifs et classifications
rate setting
tarification

ratification
ratification
rating
notation, (C) contrôle des
résultats, (C) cote, (C) classement
selon le mérite
ratio analysis
méthodes des ratios, (C) analyse
au moyen de ratios
rationing
rationnement
ratio scale
échelle de rapports, échelle de
variations relatives
raw data
données brutes
raw land
terrain nu
raw material
matières premières
reading the tape
lecture de la bande, (C) lecture
du téléscripteur
readjustment
rajustement
read-only
lecture seule
real
réel, (C) valeur
real account
compte de valeurs
real earnings
revenu réel
real estate
immobilier
real estate investment trust (REIT)
société de placement immobilier
real estate market
marché immobilier
real estate owned (REO)
regroupement des propriétés
real income
revenu réel

real interest rate
taux d'intérêt réel
realized gain
bénéfice réalisé
real property
propriété immobilière
real rate of return
taux de rendement réel
realtor
courtier immobilier
real value of money
valeur réelle de l'argent
real wages
salaire réel
reappraisal lease
révision du loyer,
(C) nouvelle appréciation
du loyer
reasonable person
personne raisonnable
reassessment
réexamen, réévaluation, (C) avis
de redressement, (C) avis de
nouvelle cotisation
rebate
rabais, ristourne, (C) abattement,
rabais, ristourne
reboot
réinitialisation, réinitialiser
recall
rappel, rappeler, (C) offre de
reprise
recall campaign
campagne de rappel
recall study
étude de mémorisation
recapitalization
recapitalisation, changement
de la structure financière,
(C) refonte de capital
recapture
saisie, (C) reprise
recapture rate
taux de reprise
recasting a debt
refonte d'un prêt
receipt, receipt book
reçu, carnet de quittances

receivables turnover
ratio de rotation des comptes
clients
receiver
administrateur judiciaire,
(C) syndic
receiver's certificate
titre de liquidateur judiciaire,
(C) certificat de syndic
receivership
règlement judiciaire, (C) fonction
de syndic de faillite
receiving clerk
réceptionniste
receiving record
registre de réception
recession
récession
reciprocal buying
achats réciproques
reciprocity
réciprocité, (C) réciprocité
d'achats
reckoning
calcul, compte, (C) comptage
recognition
reconnaissance
recognized gain
revenu imposable
recompense
récompense
reconciliation
rapprochement, (C) réconciliation
reconditioning property
remise à neuf de biens
reconsign
réexpédition
reconveyance
rétrocession
record
dossier, registre
recorder point
point d'enregistrement
recording
enregistrement
records management
gestion des dossiers, gestion des
registres

recoup, recoupment
récupération
recourse
recours
recourse loan
prêt avec clause de recours
recover
récupérer
recovery
recouvrement, redressement,
récupération, (C) reprise sur
réduction de valeur,
recouvrement
recovery fund
fonds recouvrés
recovery of basis
récupération de coût
recruitment
recrutement
recruitment bonus
prime de recrutement
recycle bin
corbeille de recyclage
recycling
recyclage
redeem
réaliser, échanger, amortir,
se libérer, rembourser,
(C) racheter, (C) purger
redemption
rachat, amortissement,
remboursement
redemption period
période de remboursement,
(C) période de rachat
redevelop
mettre en valeur
rediscount
réescompte
rediscount rate
taux de réescompte
redlining
discrimination,
(C) exclusion
systématique
red tape
formalités administratives,
(C) bureaucratie

reduced rate
taux réduit
reduction certificate
certificat de réduction
referee
référant, (C) arbitre,
(C) recommandataire
referral
référence, (C) indication de client
refinance
refinancer
reformation
reformation
refresh
rafraîchier, actualiser
refunding
remboursement
refund
rembourser
registered bond
obligation nominative
registered check
traite bancaire
registered company
société inscrite au registre du
commerce, (C) société enregistrée
registered investment company
société de placement enregistrée
registered representative (RR)
représentant agréé
registered security
titre nominatif
registrar
officier de l'état civil,
(C) registraire
registration
enregistrement, immatriculation,
(C) inscription, immatriculation
registration statement
déclaration d'immatriculation
registry of deeds
registre des actes
regression analysis
analyse de régression
regression line
droite de régression
regressive tax
impôt dégressif

regular-way delivery (and settlement)
règlement dans les délais prévus par la bourse

regulated commodities
marchandises réglementées

regulated industry
industrie réglementée

regulated investment company
société de placement réglementée

regulation
réglement, (C) réglementation

regulatory agency
organisme de réglementation

rehabilitation
réhabilitation

reindustrialization
réindustrialisation

reinstatement
Rétablissement, réintégration, (C) paiement de rétablissement

reinsurance
réassurance

reinvestment privilege
privilège de réinvestissement

reinvestment rate
taux de réinvestissement

related party transaction
opération entre deux personnes apparentées, (C) transaction intéressée

release
libération, libérer, (C) renonciation, (C) parution, (C) déclenchement, (C) lancement, (C) mise en vente

release clause
clause de remboursement de prêt hypothécaire

relevance
pertinence

reliability
fiabilité

relocate
transférer, muter, (C) délocaliser

remainder
solde, reste

remainderman
titulaire du droit réversible, (C) appelé, (C) héritier substitué

remedy
réparation

remit
attribution, (C) remise

remit rate
taux de remise

remonetization
remonétisation

remote access
accès à distance

remuneration
Rémunération, salaire

renegociate
renégocier

renegotiated rate mortgage (RRM)
prêt hypothécaire à taux renégocié, (C) prêt hypothécaire avec paiement forfaitaire

renewable natural resource
ressources naturelles renouvelables

renewal option
option de renouvellement

rent
loyer

rentable area
secteur locatif

rental rate
taux de location

rent control
contrôle des loyers

rent-free period
période de gratuité, (C) délai de gratuité

reopener clause
clause de réouverture

reorganization
réorganisation

repairs
réparations

repatriation
rapatriement

replace
remplacer

replacement cost
coût de remplacement
replacement cost accounting
comptabilité des coûts de
remplacement
replacement reserve
réserve de remplacement
replevin
levée d'une saisie, saisie-
revendication, (C) recouvrement
en replevin
reporting currency
monnaie de présentation des états
financiers
repressive tax
taxe répressive
reproduction cost
coût de reconstitution
repudiation
répudiation
repurchase agreement (REPO, RP)
opération de réméré, opération de
prise en pension, (C) pension sur
titres
reputation
réputation
request for proposal (RFP)
appel d'offres
required rate of return
taux de rendement exigé
requisition
demande, (C) demande d'achat
resale proceeds
produit de la revente
rescission
annulation, résiliation,
abrogation, (C) résolution
research
recherche
research and development (R&D)
recherche et développement
research department
service de recherche
research intensive
activité à prédominance de
recherche
reserve
réserve

reserve fund
fonds de réserve
reserve requirement
réserve obligatoire
reserve-stock control
contrôle des stocks de réserve
reset
réinitialiser
resident buyer
acheteur à la commission
resident buying office
bureau des achats à la
commission
residential
résidentiel
residential broker
courtier résidentiel
residential district
district résidentiel
residential energy credit
crédit pour l'énergie résidentielle
residential service contract
contrat de service résidentiel
residual value
valeur résiduelle
resolution
résolution
resource
ressource
respondent
répondant
response
réponse
response projection
prévisions sur le taux de réponses
restart
redémarrer
restitution
réparation, (C) action en
résolution
restraint of trade
restriction de concurrence
restraint on alienation
restriction du droit d'aliénation,
(C) interdiction d'aliéner
restricted surplus
bénéfices non répartis sujets à
restrictions

restriction
restriction, (C) interdiction
restrictive covenant
clause restrictive d'un contrat
de prêt
retail
vente au détail
retail credit
crédit à la consommation
retail display allowance
allocation linéaire
retailer's service program
programme de services au
détaillant
retail inventory method
méthode de l'inventaire au prix
de détail
retail outlet
magasin de détail
retail rate
tarif publicitaire pour les
détaillants
retaining
retenue
retained earnings
bénéfices non répartis
retained earnings, appropriated
bénéfices non répartis appropriés
retained earnings statement
état des bénéfices non répartis
retaliatory eviction
expulsion de représailles
retire
prendre sa retraite
retirement
retraite
retirement age
âge de la retraite
retirement fund
caisse de retraite
retirement income
pension de retraite
retirement plan
régime de retraite
retroactive
rétroactif
retroactive adjustment
ajustement rétroactif

return
rendement, rapport
return of capital
remboursement du capital
return on equity
taux de rendement des capitaux
propres
return on invested capital
taux de rendement du capital
investi
return on pension plan assets
rendement de l'actif du régime de
retraite
return on sales
retour sur ventes, (C) rentabilité
commerciale
returns
bénéfices, (C) rendements
revaluation
réévaluation
revenue
revenus, recettes
revenue anticipation note (RAN)
obligation émise par une
collectivité publique dans
l'attente de rentrées non fiscales
revenue bond
obligation à intérêt conditionnel
revenue ruling
jugement du ministère du revenu
reversal
écriture de contrepassation,
jugement renversé
reverse annuity mortgage (RAM)
prêt hypothécaire à rente viagère
inversée
reverse leverage
effet de levier inverse
reverse split
regroupement d'actions
reversing entry
écriture de contrepassation
reversion
restitution
reversionary factor
facteur réversible
reversionary interest
droit réversif

reversionary value
valeur réversible
review
révision
revocable trust
fiducie révocable
revocation
révocation
revolving charge account
compte d'achats à crédit
renouvelable, (C) compte
d'achats à crédit permanent
revolving credit
crédit renouvelable
revolving fund
fonds renouvelable
rezoning
rectification d'un zonage
rich
riche
rich text format (RTF)
format RTF
rider
avenant, annexe, (C) resquilleur,
avenant
right of first refusal
droit de préférence, (C) droit de
première offre
right of redemption
droit de rachat
right of rescission
droit de résolution
right of return
droit de retour
right of survivorship
gain de survie
right-of-way
droit de passage,
(C) servitude
risk
risque
risk-adjusted discount rate
taux d'actualisation à risques
pondérés

risk arbitrage
arbitrage risque
risk averse
peu enclin vers le risque
risk management
gestion des risques
rolling stock
matériel roulant
rollover
reconduction,
(C) disposition de roulement,
(C) renouvelable
rollover loan
prêt renouvelable
ROM (read-only
memory)
mémoire morte
rotating shift
roulement des postes, équipe
tournante
roundhouse
rotonde
round lot
lot régulier, (C) lot de taille
normale
royalty
redevance
royalty trust
fiducie de redevance
run
exécuter, retrait simultané de
fonds
rundown
Relevé, sommaire
run of paper (ROP)
position libre,
(C) emplacement
indéterminé
run with the land
être rattaché au bien-fonds
rural
rural
rurban
rurbain

S

sabotage
 sabotage
safe harbor rule
 règle de la base sécurisée , règle
 de la sphère de sécurité,
 (C) règles refuge
safekeeping
 garde
safety commission
 commission de securité
safety margin
 marge de securité
salariat
 prolétariat, (C) classe ouvrière
salary
 salaire, (C) rémunération
salary reduction plan
 (C) régime d'épargne par
 réduction de salaire
sale
 vente
sale and leaseback
 cession-bail, (C) vente et cession-
 bail
sale or exchange
 vente ou echange
sales analyst
 analyste des ventes
sales budget
 budget commercial, budget des
 ventes
sales charge
 droits d'entrée, commission
 d'entrée, redevance d'entrée, (C)
 frais de placement
sales contract
 contrat de vente
sales effectiveness test
 test d'efficacité des ventes
sales incentive
 stimulant de vente
sales journal
 journal de vente, livre de vente

sales letter
 lettre de vente, (C) lettre
 publicitaire
sales portfolio
 portefeuille des ventes,
 (C) argumentaire
sales promotion
 promotion des ventes
sales returns and allowances
 ristournes et remises sur vente,
 (C) retours et réductions sur
 ventes
sales revenue
 revenu des ventes, (C) chiffre
 d'affaires
sales tax
 taxe sur les ventes, (C) taxe de
 vente
sales type lease
 contrat de location-vente
salesperson
 commercial, representant,
 vendeur
salvage value
 recuperabilité, (C) évaleur de
 récupération
sample buyer
 consommateur d'echantillons
sampling
 echantillonnage
sandwich lease
 sous-loyer, (C) ésous-location
satellite communication
 communications par satellite, (C)
 télécommunication par satellite
satisfaction of a debt
 satisfaction des créances,
 (C) équittance
satisfaction piece
 enquête de satisfaction, (C)
 équittance du prêt hypothécaire
savings bond
 bon d'épargne, (C) obligation

d'épargne
savings element
élément d'épargne, (C) valeur
monétaire d'une police
d'assurance vie
savings rate
taux d'epargne, (C) propension à
l'épargne
scab
jaune, briseur de grève,
(C) briseur de grève
scalage
remise pour caution de freinte,
(C) remise sur freinte
scale
échelle
scale order
ordre echelonne, (C) ordre à
échelle
scale relationship
relation hierarchisee,
(C) comparaison à l'échelle
scalper
spéculateur à la journée,
(C) trafiqueur de billets
scanner
scanner, (C) numériseur
scarcity, scarcity value
manque, penurie, valeur de
rareté, (C) rareté
scatter diagram
diagramme de dispersion
scatter plan
plan de dispersion,
(C) calendrier de diffusion de la
publicité
scenic easement
servitude
schedule
programme, planning,
(C) calendrier, (C) horaire
scheduled production
production planifiee,
(C) production systématique
scheduling
planification, programmation,
(C) ordonnancement,
(C) établissement du calendrier

scienter
sciemment , en connaissance de
cause, (C) connaissance de faits
pertinents
scope of employment
étendue du poste
scorched-earth defense
defense de la terre brulée
screen filter
filtre d'écran
screen saver
economiseur d'ecran
scrip
titre provisoire, (C) certificat
provisoire
scroll down
déplacement vers le bas,
(C) défiler vers le bas
scroll up
déplacement vers le haut,
(C) défiler vers le haut
seal
sceau , cachet, (C) label
seal of approval
label de qualité
sealed bid
prix de soumission,
(C) soumission approuvée
search engine
moteur de recherche
seasonal adjustment
correction des variations
saisonnières
seasonality
caractère saisonnier
seasoned issue
titre acclimaté
seasoned loan
prêt bonifié
seat
siège
second lien or second mortgage
hypothèque secondaire, (C) prêt
hypthécaire de second rang
second mortgage lending
prêt hypothécaire secondaire,
(C) octroi de prêt hypothécaire de
second rang

secondary boycott
boycottage secondaire
secondary distribution
distribution secondaire
secondary market
marché secondaire
secondary mortgage market
marché hypothécaire secondaire
second-preferred stock
seconde action privilégiée,
(C) actions privilégiées de
second rang
sector
secteur
secured bond
obligation cautionnée,
(C) obligation garantie
secured debt
créance garantie
secured transaction
transaction garantie, transaction
sécurisée
securities
titres, valeurs, (C) titres de
placement, valeurs mobilières
securities analyst
analyste financier, analyste des
valeurs
**securities and commodities
exchanges**
échanges de valeurs mobilières et
de biens, (C) bourse
**Securities and Exchange
Commission (SEC)**
commission américaine des
opérations de bourse,
(C) commission des valeurs
mobilières
securities loan
prêt de titres
security
garantie, caution, cautionnement,
nantissement, garant, sécurité,
(C) titre de placement
security deposit
dépôt de garantie
security interest
privilège, (C) intérêts remis en

nantissement de prêt
security rating
degré de sécurité, (C) cote d'un
titre
seed money
capital initial, (C) capitaux de
lancement
segment margin
marge sectorielle, (C) résultat
sectoriel
segment reporting
analyse par secteur d'activité,
(C) publication d'informations
sectorielles
segmentation strategy
stratégie de segmentation
segregation of duties
séparation des pouvoirs,
(C) cloisonnement des tâches
seisin
saisine
select
selectionner, (C) choisir
selective credit control
contrôle sélectif du crédit,
(C) contrôle du crédit sélectif
selective distribution
distribution sélective
self employed
indépendant qui travaille à son
compte, (C) travailleur autonome
self insurance
auto-assurance
self-directed IRA
plan d'épargne retraite auto-géré,
(C) régime d'épargne-retraite
autogéré
self-help
effort personnel, auto-assistance,
(C) initiative personnelle
self-mortizing mortgage
crédit auto-amortissable, (C) prêt
hypothécaire avec paiement
forfaitaire
self-tender offer
proposition de rachat présentée
par une entreprise à ses
actionnaires, (C) offre publique

d'achat
seller's market
marché à la hausse, (C) marché
favorable au vendeur
sell-in
vendre au distributeur,
(C) vendre à profit
selling agent or selling broker
agent de vente, (C) courtier de
vente
selling climax
forte baisse du prix des actions
dû à des ventes massives,
(C) point culminant de la vente
selling short
vendre à découvert
sell-off
solde
liquidation
semiannual
semestriel
semiconductor
semi-conducteur
semimonthly
bimensuel
semivariable costs
coûts semi-variables
senior debt
dette senior, (C) créance
prioritaire
senior refunding
remboursement senior,
(C) remboursement prioritaire
senior security
titre prioritaire
sensitive market
marché sensible
sensitivity training
formation psychosociale,
(C) formation sur la sensibilité
sentiment indicators
indicateurs de la psychologie,
(C) indicateurs de sentiment
separate property
biens propres
serial bond
obligation échéant en
série

serial port
port série
series bond
obligation en série,
(C) obligations échéant en série
server
serveur
service
service
service bureau
société de services, (C) service
bureau
service club
club philantropique
service department
section auxiliaire
service economy
société de services, (C) économie
des services
service fee
prestation de services, (C) frais
de gestion
service worker
personnel de service
servicing
entretien, (C) entretien courant
setback
tassement, repli,
(C) fléchissement, recul
setoff
déduire, (C) écriture inverse
settle
fixer, déterminer, régler
settlement
règlement
settlement date
date de règlement
settlor
disposant, (C) constituant
severalty
possession individuelle
severance damages
coût de remplacement,
(C) dommages-intérêts de cession
severance pay
iindemnité de licenciement,
(C) indemnité de cessation
d'emploi

sexual harassment
harcèlement sexuel
shakedown
accomodation, (C) débourrer
shakeout
dégraissage, (C) changement des
conditions du marché
shakeup
remaniement, restructuration
share
action, titre, part
sharecropper
métayer
shared drive
lecteur partage
shared-appreciation mortgage
(SAM)
prêt hypothécaire avec
participation à la plus-value
shared-equity mortgage
prêt hypothécaire avec
participation à la plus-value
shareholder
actionnaire
shareholder's equity
capitaux propres, fonds propres,
avoir des actionnaires
shares authorized
actions autorisées
shareware
logiciel en libre essai,
(C) partagiciel
shark repellent
pilule empoisonnée, mesures
anti-OPA
shark watcher
détecteur de requin,
(C) entreprise surveillant les
acquisitions
sheet feeder
dispositif d'alimentation feuille a
feuille, (C) chargeur feuille à
feuille
shell corporation
société fictive, (C) société à actif
nominal
shift
poste, équipe, (C) quart de travail

shift differential
supplément d'équipe, prime
d'équipe, (C) prime de poste
shift key
touche « majuscules »
shift lock
verrouillage des majuscules, (C)
touche de verrouillage de motion
shop
magasin, (C) boutique,
magasiner, , (C) acheter
shopper
acheteur, (C) client
shopping service
service d'achat
short bond
obligation à courte échéance,
(C) obligation à court terme
short covering
couverture de position,
(C) couverture de position à
découvert
short form
connaissement abrégé,
(C) formulaire abrégé
short interest
opérations à découvert,
(C) nombre total d'actions
vendues à découvert
short position
position courte, (C) position à
découvert
short squeeze
short squeeze, (C) achat couvrant
la position à découvert
short term
court terme
shortfall
insuffisance, manque,
(C) manque à gagner
short-sale rule
régle de la vente à découvert
short-term capital gain (loss)
gain (perte) de capital à court
terme
short-term debt or short-term
liability
dette à court terme, (C) créance à

135

court terme, dette à court terme
shrinkage
pertes, casse, (C) resserrement du
crédit
shut down
arrêt, (C) interruption de service
shutdown
fermeture
sight draft
traite à vue
sign off
fermer une session
sign on
ouvrir une session
silent partner
associé, commanditaire, bailleur
de fonds, (C) associé passif
silver standard
étalon argent, (C) norme
d'argent
**SIMM (single in-line memory
module)**
module SIMM, (C) module de
mémoire à simple rangée de
connexions
simple interest
intérêt simple
simple trust
simple fiducie
simple yield
rendement simple
simulation
simulation
single premium life insurance
assurance vie à prime unique,
(C) assurance vie à prime
unique
single-entry bookkeeping
comptabilité en partie
simple
sinking fund
fonds d'amortissement, caisse
d'amortissement
sit-down strike
grève sur le tas, (C) grève à
l'italienne
site
terrain, (C) site

site audit
audit de site
skill intensive
à forte demande en compétences,
(C) travail hautement spécialisé
skill obsolescence
obsolescence des compétences,
(C) travail désuet
slack
calme, (C) marge
slander
calomnier, diffamer
sleeper
titre dormant, (C) titre oublié
sleeping beauty
belle endormie, (C) entreprise
susceptible de faire l'objet d'une
acquisition
slowdown
grève perlée,
(C) ralentissement
slump
effondrement, crise
small business
petite entreprise
small investor
petit porteur, (C) petit
investisseur
smoke clause
clause couvrant les dommages
dus à la fumée
smokestack industry
industrie de transformation en
produits de base
snowballing
effet boule de neige, (C) boule de
neige
social insurance
sécurité sociale, assurance
sociale
social responsibility
responsabilité sociale
socialism
socialisme
socially conscious investor
investisseur responsable,
(C) investisseur socialement
responsable

soft currency
devise faible, monnaie faible
soft goods
biens non durables
soft market
marché faible
soft money
(C) fonds non réglementés
soft spot
endroit faible, (C) point faible
soil bank
programme volontaire de
conservation des sols mis en
place en 1956
sole proprietorship
entreprise individuelle
solvency
solvabilité
source
source
source evaluation
évaluation des sources
source worksheet
feuille de travail source,
(C) feuille de travail de la source
sources of funds
sources de fonds
sovereign risk
risque d'insolvabilité de l'état
emprunteur
space bar
barre d'espace, (C) barre
d'espacement
spamming
envoi a des destinataires
multiples de messages parfois
publicitaires encombrant
abusivement les boites aux lettres
span of control
aire de contrôle
special agent
agent spécial, (C) représentant
spécial
special assignment
mission spéciale, (C) affectation
spéciale
special delivery
envoi en exprès, (C) livraison

spéciale
special drawing rights
(SDR)
droits de tirage
spéciaux
special handling
opération spécifique de
manutention, (C) manutention
spéciale
special purchase
acquisition spéciale
special situation
situation spéciale
specialist
spécialiste
specialty advertising
publicité par objet
specialty goods
produits spécialisés, (C) produits
de spécialité
specialty retailer
détaillant spécialisé
specialty selling
vente spécialisée
specialty shop
magasin spécialisé, (C) boutique
spécialisée
special-use permit
permis à usage spécialisé
specialwarranty deed
acte de garantie spécial,
(C) garantie spéciale
specie
espèces
specific identification
identification spécifique
specific performance
performance spécifique,
(C) exécution en nature
specific subsidy
assistance spécifique,
(C) subvention particulière
specification
stipulation
speculative risk
risque spéculatif
speech recognition
reconnaissance vocale

speedup
  accélération, (C) cadence
  infernale
spell checker
  correcteur orthographique
spending money
  argent de poche
spendthrift trust
  fiducie à participation,
  (C) fiducie insaisissable protégée
spider chart
  graphique en toile d'araignee
spillover
  déversement, (C) retombées
spin-off
  produit dérivé, retombée,
  (C) essaimage
splintered authority
  autorité fractionnée, (C) autorité
  divisée
split
  division fractionnement
split commission
  commission fractionnée
  commission partagée
split shift
  poste fractionné
spokesperson
  porte-parole
sponsor
  sponsor, (C) commanditaire
spot check
  contrôle ponctuel, contrôle par
  sondage, (C) vérification faite à
  intervalles réguliers, (C) sondage
  au hasard
spot commodity
  contrat au comptant
spot delivery month
  mois de livraison immédiate
spot market
  marché au comptant, (C) marché
  instantané
spot price
  prix au comptant
spot zoning
  ciblage d'un terrain, (C) zonage
  individuel

spread
  différence, écart
spread sheet
  feuille de calcul, tableur
spreading agreement
  accord d'élargissement
squatter's rights
  droits des squatters, (C) droits
  des squatteurs
squeeze
  resserrement, (C) resserrement de
  crédit, (C) tableau à colonnes
  empilées
stabilization
  stabilisation
stacked column chart
  diagramme a colonnes cumulées
staggered election
  élection décalée, (C) élection
  étalée
staggering maturities
  étalement des échéances,
  (C) échéances étalées
stagnation
  stagnation
stake
  part, participation, (C) enjeu
stand-alone system
  système autonome, (C) système
  indépendant
standard
  standard, norme, niveau
standard cost
  coût standard
standard deduction
  déduction standard,
  (C) déduction forfaitaire
standard deviation
  déviation standard, (C) écart-type
  empirique
standard industrial classification (SIC) system
  système de classification type des
  industries, (C) système de
  classement industriel
  normalisé
standard of living
  niveau de vie

standard time
temps de référence, (C) heure
normale
standard wage rate
salaire standard, (C) taux de
salaire standard
standby
veille, (C) attente
standby fee
frais de mise en attente,
(C) commission de confirmation
standby loan
prêt conditionnel, (C) prêt à
modalités déterminées
standing order
virement automatique, (C) office
staple stock
actions de base, (C) stock
constant
start-up
start-up, (C) entreprise en
démarrage
start-up screen
ecran de demarrage
stated value
valeur fixée, (C) valeur attribuée
statement
exposé, compte-rendu,
communiqué, (C) énoncé,
(C) bilan
statement of affairs
bilan de liquidation
statement of condition
relevé des conditions, (C) bilan
statement of partners' capital
état du capital des partenaires,
(C) bilan de l'actif net des
associés
static analysis
analyse statique
static budget
budget statique
static risk
risque statique
statistic
statistique
statistical inference
inférence statistique, induction

statistique
statistical sampling
échantillonnage statistique
statistically significant
significatif, significatif
statistiquement
statistics
statistique, statistiques
status
position, statut, (C) état
status bar
barre d'état
status symbol
symbole social
statute
loi, ordonnance
statute of frauds
loi « statute of frauds »,
(C) loi sur les contrats
écrits
statute of limitations
prescription, (C) délai de
prescription
statutory audit
contrôle légal des comptes,
(C) vérification légale
statutory merger
fusion en vertu d'une loi,
(C) fusion légale
statutory notice
loi codifiée, (C) avis légal
statutory voting
système légal d'élection, (C) vote
cumulatif
staying power
résistance
steady-growth method
méthode de croissance continue,
(C) méthode de la croissance
constante
steering
ségrégation résidentielle
ethnique, (C) discrimination
locative
stepped-up basis
base verticale
stipend, stipendiary
traitement, appointements,

rémunéré, (C) personne qui reçoit
une rémunération

stochastic
stochastique

stock
action, stock, (C) titre

stock certificate
titre, (C) certificat d'action

stock dividend
dividende en action

stock exchange
bourse

stock index future
contrat financier à terme sur
indice boursier

stock insurance company
société d'assurance par actions

stock jobbing
agiotage

stock ledger
liste d'actionnaires

stock market
marché boursier

stock option
stock-option, option sur titre,
(C) option d'achat d'action

stock power
pouvoir pour le transfert et la
vente d'actions

stock record
comptabilité-matière, (C) fiche
de stock

stock symbol
symbole de téléscripteur

stock turnover
mouvement des stocks, rotation
des stocks

stockbroker
agent de change, société de
bourse, (C) courtier en valeurs
mobilières

stockholder
actionnaire

stockholder of record
actionnaire enregistré,
(C) actionnaire nominatif

stockholder's derivative action
action oblique de l'actionnaire,

(C) action en justice intentée par
un actionnaire

stockholder's equity
capitaux propres, fonds propres,
avoir des actionnaires

stockout cost
coût de rupture, coût de rupture
de stock

stockpile
dépôt, réserves

stockroom
dépôt, entrepôt, magasin

stonewalling
obstructionnisme, (C) refus de
coopérer

stool pigeon
mouchard, (C) indicateur,
(C) délateur

stop clause
clause d'arrêt, (C) clause de
variation de prix

stop order
ordre stop, (C) interdiction
d'opérations sur valeurs

stop payment
opposition, (C) faire opposition à
un chèque

stop-loss reinsurance
réassurance de vente stop,
(C) réassurance en excédent de
pourcentage de sinistres

store
, provision, réserve, magasin

store brand
marque de magasin, (C) marque
de distributeur

straddle
ordre lié, (C) option double

straight bill of lading
connaissement nominatif,
(C) connaissement direct

straight time
plein temps

**straight-line method of
depreciation**
méthode d'amortissement linéaire

straight-line production
production linéaire

straphanger
voyageur debout
strategic planning
planification stratégique
strategy
stratégie
stratified random sampling
échantillonnage aléatoire stratifié
straw boss
chef d'équipe
straw man
prête-nom
street name
nom du courtier
stretchout
surcharge, allongement
strike
grève
strike benefits
allocations de grève, indemnités
de grève
strike notice
avis de grève
strike pay
allocation de grève
strike price
prix d'exercice
strike vote
vote de grève
strikebreaker
briseur de grève
strip
coupon détaché, coupure,
(C) obligation coupons détachés
structural inflation
inflation structurelle
structural unemployment
chômage structurel, (C) emploi
structural
structure
structure
subcontractor
sous-traitant
subdirectory
sous-répertoire
subdivider
sous-diviseur,
(C) subdiviseur

subdividing
sous-division
subdivision
subdivision, sous-division
subject to mortgage
hypothéqué, (C) assujetti à un
prêt hypothécaire existant
sublease
sous-location
sublet
sous-louer
subliminal advertising
publicité subliminale
submarginal
submarginal, sous-marginal
suboptimize
sous-optimiser
subordinate debt
dette subordonnée, (C) créance
de rang inférieur
subordinated
subordonné
subordination
subordination
subpoena
citation, assignation, (C) citation
à comparaître
subrogation
subrogation, (C) subrogation de
créance
subroutine
sous-programme
subscript
indice
subscript
indice inférieur, (C) indiçage
subscripted variable
variable souscrite, (C) variable
indicée
subscription
souscription,
(C) abonnement
subscription price
prix de souscription
subscription privilege
privilège de souscription
subscription right
droit de souscription

subsequent event
evenement ultérieur,
(C) événement postérieur à la
clôture de l'exercice
subsidiary
filiale
subsidiary company
filiale
subsidiary ledger
grand-livre auxiliaire
subsidy
subvention
subsistence
subsistance
substitution
substitution
substitution effect
effet de substitution
substitution law
loi de substitution
substitution slope
pente de substitution
subtenant
sous-locataire
subtotal
sous-total
suggested retail price
prix de vente conseillé, (C) prix
de détail suggéré
suggestion system
système de suggestions
suicide clause
clause de suicide, (C) clause
suicide
suite
suite, progiciel, (C) poursuite
summons
assignation à comparaître,
citation à comparaître,
(C) assignation de témoin
sunset industry
industrie déclinante, (C) secteur
d'activité en déclin
sunset provision
disposition de temporisation,
(C) disposition de temporisation
super NOW account
compte à vue rémunéré,

(C) compte-chèques rémunéré
super sinker bond
obligation à terme, (C) obligation
avec amortissement
superfund
superfund (fond d'indemnisation)
superintendent
superintendant, (C) contremaître
général, (C) chef de service
supermarket
supermarché
supersaver fare
catégorie de tarif supersaver,
(C) tarif super économique
superscript
indice supérieur, (C) lettre
supérieure
superstore
hypermarché, grande surface
supplemental agreement
contrat complémentaire,
(C) accord supplémentaire
supplier
fournisseur
supply-side economics
économie de l'offre, (C) politique
économique de l'offre
supply
fournir, (C) offre
supply price
prix de l'offre, (C) prix d'offre
support level
niveau de support
surcharge
surtaxe, supplément, majoration,
(C) frais supplémentaires
surety bond
acte de cautionnement, acte de
caution, obligation de garantie,
(C) assurance-cautionnement
surge protector
parasurtenseur
surplus
surplus , excédent
surrender
rachat, (C) reddition
surrender, life insurance
rachat d'assurance vie, (C) rachat

surtax
surtaxe
survey
expertise, étude, enquête,
(C) sondage, étude
survey area
zone d'étude, (C) région du
sondage
surveyor
expert, (C) sondeur
survivorship
droit du survivant, (C) survie
suspended trading
cotation réservée, (C) suspension
de cotation
suspense account
compte d'ordre, (C) compte
d'attente
suspension
suspension
swap
swaper, (C) permutation
sweat equity
plus-value, (C) mise de fonds en
travail
sweatshop
atelier clandestin, (C) atelier de
pressurage
sweepstakes
lotteries promotionnelles,
(C) sweepstake

sweetener
avantage
swing shift
équipe qui travaille de 16 heures
à minuit, (C) poste de rèleve
switching
arbitrage de portefeuille,
(C) transfert
symbol bar
barre des symboles
sympathetic strike
grève de solidarité
syndicate
syndicat, groupement,
(C) syndicat financier
syndication
syndication
syndicator
instigateur de syndicat
d'investisseurs
synergy
synergie
system
système
system administrator
administrateur système,
(C) administrateur du système
systematic risk
risque systématique
systematic sampling
échantillonnage systématique

T

tab key
touche de tabulation
table column
colonne de tableau
table field
champ de tableau
T-account
compte en T,
(C) compte en T
tactic
tactique
tag sale
vente-débarras
take
prendre
take a bath, take a beating
enregistrer de lourdes pertes,
(C) subir une perte colossale
take a flier
spéculer, (C) prendre un risque,
(C) spéculer
take a position
prendre une position, (C) détenir
une position acheteur
take-home pay
gain net, salaire net
takeoff
déduire, rabattre,
(C) décollage
take-out loan, take-out
financing
prêt postconstruction,
financement
postconstruction,
(C) financement permanent
takeover, (C) acquisition
prise de participation
taking
prise, (C) acquisition
d'un terrain
taking delivery
prendre livraison,
(C) réception

taking inventory
établir l'inventaire, (C) prise
d'inventaire
tally
pointage, inventaire
tangible asset
actif corporel, valeurs
matérielles, (C) bien
corporel
tangible personal property
biens meubles
personnels, (C) bien meuble
corporel
tank car
camion citerne,
(C) wagon-citerne
tape
bande, (C) téléscripteur
target audience
audience cible,
(C) auditoire cible
target file
fichier cible
target group index (TGI)
tarif douanier, droit
de douane
tariff war
guerre des tarifs, guerre
tarifaire
task bar
barre des tâches
task force
groupe d'intervention,
(C) groupe de travail
task group
groupe de travail
task list
liste des tâches
task management
gestion des tâches
task manager
gestionnaire des
tâches

tax
impôt, taxe, (C) tax
tax abatement
exonération d'impôts,
exonération fiscale,
(C) abattement d'impôt
tax and loan account
compte courant du tresor
aupres des grandes banques,
(C) compte de déductions à la
source
tax anticipation bill (TAB)
bon du trésor,
(C) obligation garantie par les
recettes fiscales prévues
tax anticipation note (TAN)
bon garanti par les recettes
fiscales prévues
tax base
assiette fiscale
tax bracket
tranche d'imposition,
fourchette d'imposition
tax credit
aide fiscale, avoir
fiscal, (C) crédit d'impôt
tax deductible
déductible des impôts,
(C) admis en déduction d'impôt
tax deduction
déduction fiscale
tax deed
acte de transfert pour
taxes, (C) acte d'adjudication
tax deferred
imposition différée
tax evasion
fraude fiscale, évasion
fiscale, (C) évasion fiscale
tax foreclosure
saisie fiscale, (C) action en
forclusion
tax impact
incidence fiscale,
(C) impact fiscal
tax incentive
incitation fiscale, avantage
fiscal, (C) encouragement

fiscal
tax incidence
incidence fiscale,
incidence de l'impôt,
(C) incidence
tax lien
droit de rétention,
(C) privilège fiscal
tax loss carryback (carryforward)
report en arrière des
déficits fiscaux, (C) report de
perte fiscale
tax map
carte d'imposition foncière
tax planning
gestion fiscale,
(C) planification fiscale
tax preference item
élément bénéficiant d'un
traitement fiscal préférentiel,
(C) traitement fiscal préférentiel
tax rate
taux d'imposition
tax return
déclaration de revenu,
feuille d'impôt,
(C) remboursement d'impôt
tax roll
rôle d'impôt, rôle
des contributions, (C) rôle
d'imposition
tax sale
vente d'une propriété pour
défaut de paiement des impôts,
(C) vente pour défaut de
paiement de l'impôt foncier
tax selling
vente de titres dans un but
fiscal, (C) vente de titres à perte
tax shelter
avantage fiscal, (C) abri
fiscal
tax stop
clause d'arrêt des
versements, (C) impôt foncier
maximum
tax straddle
straddle, stellage,

(C) option double fiscale
tax wedge
écart fiscal, coin
fiscal, (C) conséquence d'une
taxe sur la vente d'un bien
taxable income
revenu imposable
taxable year
année d'imposition
taxation, interest on dividends
Imposition, intérêts sur les
dividendes, (C) intérêt sur les
dividendes imposées
tax-exempt property
propriété exempte d'impôts,
(C) bien exempt de taxe
tax-exempt security
titre à intérêt non
imposable, (C) titre exempt
d'impôt
tax-free exchange
échange exempt d'impôt,
(C) transaction exempte de
taxe
taxpayer
contribuable
team building
création d'un esprit
d'équipe, (C) consolidation
d'équipe
team management
gestion d'équipe
teaser ad
aguiche, teaser
teaser rate
taux amorce
technical analysis
analyse sur graphiques
technical rally
reprise boursière technique
technological obsolescence
vétusté technologique,
(C) obsolescence technologique
technological unemployment
chômage technique,
(C) chômage technologique
technology
technologie

telecommunications
télécommunications
telemarketing
télémarketing
telephone switching
commutation
téléphonique
template
réglette, modèle,
(C) gabarit
tenancy
location
tenancy at sufferance
occupation tolérée,
(C) tenance par tolérance
tenancy at will
bail à titre précaire,
(C) location à discrétion
tenancy by the entirety
propriété indivise, propriété
en indivision, propriété
conjointe, (C) copropriété
des conjoints avec gain de
survie
tenancy for years
location en années
tenancy in common
propriété en commun,
(C) copropriété indivise
tenancy in severalty
occupation individuelle
tenant
locataire
tenant finish-out allowance
allocation pour travaux
d'aménagement du locataire
commercial, (C) allocation pour
améliorations
tender
offre, proposition,
soumission
tender of delivery
offre de livraison
tender offer
offre par adjudication
adjudication, procédure
des appels d'offres,
(C) offre publique d'achat

tenure
inamovibilité
occupation, possession
(C) permanence
tenure in land
tenure foncière, (C) mode
de détention d'un domaine
foncier
term
terme
term certificate
certificat à long terme
term life insurance
assurance temporaire
term loan
emprunt à terme, (C) crédit
à long terme
term, amortization
durée, amortissement,
(C) amortissement
termination benefits
prestations de pré-
retraite, (C) certificat de dépôt à
terme
terms
durée), termes
conditions,
(C) modalités
test
test, épreuve, examen,
(C) essai
test market
marché témoin, marché
test
test statistic
fonction des observations,
(C) test d'hypothèse
testament
testament
testamentary trust
fiducie (n, f) testamentaire
testate
ayant testé
testator
testateur
testcheck
sondage, échantillonnage
statistique

testimonial
témoignage
testimonium
de signature
text editing
édition de texte, (C) édition
text processing
traitement de texte
text wrap
mots non coupés,
(C) intégration de texte
thin market
marché étroit, marché
serré
third market
troisième marché, marché
hors bourse
third party
tiers
third-party check
lettre de change,
(C) vérification d'un tiers
third-party sale
vente par un intermédiaire,
(C) vente réalisée par un tiers
threshold-point ordering
commande à seuil,
(C) commande minimum pour
répondre à la demande
thrift institution
caisse d'épargne,
(C) établissement d'épargne
thrifty
précoce, (C) économe
through rate
tarif direct, prix de
bout en bout, (C) taux
télégraphique
tick
crédit, (C) pointer
ticker
données historique des
transactions, (C) téléscripteur
tie-in promotion
promotion collective
tight market
marché étroit, marché
serré

tight money
argent cher, (C) argent
rare
tight ship
gestion rigoureuse,
(C) gestion serrée
till
caisse, (C) tiroir-caisse
time card
feuille de présence
time deposit
dépôt à terme, (C) dépôt à
terme fixe
time draft
traite à terme, (C) traite à
échéance
time is of the essence
le temps est une condition
essentielle
time management
gestion du temps de travail,
(C) gestion de temps
time series analysis
analyse de séries
chronologiques
time series data
données par séries de
temps
time value
valeur temporelle,
(C) valeur temps
time-and-a-half
majoration de moitié,
salaire horaire majoré de
moitié, (C) salaire majoré de
50 %
time-sharing
partage de temps, temps
partagé
timetable
horaire, emploi du
temps, (C) indicateur
tip
pourboire, (C) conseil
title
titre, (C) désignation
title bar
barre des titres

title company
societe d'acquisitions
immobilieres, (C) émetteur de
titre de propriété
title defect
défaut de titre, (C) titre de
propriété non déterminé
title insurance
assurance de titre de
propriété, (C) contrat d'assurance
des titres de propriété
title report
état du titre, (C) rapport
d'introduction
title screen
écran de titre, (C) écran
d'introduction
title search
recherche de titres
title theory
théorie de la propriété,
(C) théorie sur la possession du
titre de propriété
toggle key
touche de basculement,
(C) touche à bascule
tokenism
tokenisme, cause
politique, (C) geste symbolique
toll
péage, coût
tombstone ad
pierre tombale (se dit d'une
annonce saturée de texte, ne
faisant que très peu de place au
visuel et manquant très nettement
de créativité), (C) annonce de
placement
toner cartridge
toner, (C) cartouche
d'encre
tool bar
barre d'outils
tool box
boîteà outils
topping out
plafonnement,
(C) prix plafond

tort
  préjudice, dommage,
  acte
  dommageable, (C) acte
  délictuel
total capitalization
  capitalisation totale
total loss
  perte totale, sinistre
  total
total paid
  total versé, (C) paiemcnt total
total volume
  volume total, volume
  utile
touch screen
  écran tactile
trace, tracer
  trace, traceur,
  (C) repérer, (C) agent de
  relance
trackage
  droit (n, m) de circulation,
  (C) circulation
trackball
  boule roulante, boule de
  commande
tract
  terrain
trade
  commerce, affaires,
  (C) transaction,
  (C) échange
trade acceptance
  acceptation
  commerciale
trade advertising
  publicité
  professionnelle
trade agreement
  accord commercial
trade barrier
  barrière commerciale
trade credit
  crédit fournisseur,
  crédit commercial
trade date
  jour de la transaction,

  date de la transaction
trade deficit (surplus)
  balance commerciale déficitaire,
  déficit,
  (C) déficit commercial
  (surplus)
trade fixture
  objet fixé en vue de
  l'exploitation d'un
  commerce,
  (C) ajouts commerciaux
trade magazine
  journal professionnel, revue
  professionnelle,
  (C) magazine spécialisé
trade ratc
  taux commercial,
  (C) prix spécial aux
  grossistes
trade secret
  sccret commercial, secret des
  affaires, (C) secret de commerce
trade show
  salon, salonprofessionnel,
  exposition professionnelle,
  (C) foire commerciale
trade union
  syndicat
trademark
  marque, marquecommerciale,
  (C) marque de
  commerce
trade-off
  compromis, substituabilité),
  (C) troc
trader
  commerçant, marchand,
  négociant, opérateur,
  (C) délégué en bourse,
  (C) spéculateur habituel,
  (C) négociateur
trading authorization
  autorisation de négocier
trading post
  parquet, corbeille,
  (C) poste pour la traite
trading range
  écart de prix, fourchette

de cotation, (C) variation
trading stamp
timbre, (C) timbre-prime,
(C) point-épargne
trading unit
quotité de négociation,
unité de négociation,
lot
traditional economy
économie
traditionnelle
tramp
navire de charge libre, navire
hors conférence, (C) navire
marchand
transaction
affaire, opération, (C) transaction
transaction cost
frais de bourse, (C) frais de
transaction
transfer agent
agent (n, m) de transfert
transfer development rights
transfert des droits
d'aménagement, transfert des
droits de développement,
TDA
transfer payment
paiement de transfert
transfer price
prix (n, m) de transfert
transfer tax
droits de succession, (C) taxe de
transaction
translate
traduire
transmit a virus
transmettre un virus
transmittal letter
engagement de vente,
(C) lettre de transmission
transnational
transnational, (C) société
transnationale
transportation
transport
treason
trahison

treasurer
trésorier
tree diagram
arbre, (C) dendrogramme
trend
tendance
trend chart
graphique de tendance,
(C) tableau des tendances
trend line
ligne de tendance,
(C) courbe de tendance
trespass
intrusion, (C) atteinte
trial and error
essai et erreur,
approximation
trial balance
balance d'inventaire,
(C) balance de vérification
trial offer
offre d'essai
trial subscriber
souscripteur d'essai,
(C) abonné d'essai
trigger point
prix-gachette,
(C) point critique
trigger price
prix-gachette, (C) prix de
déclenchement
triple-net lease
bail hors frais
d'entretien
Trojan horse
cheval de troie
troubled debt restructuring
restructuration de la dette
troubleshooter
médiateur, expert
troubleshooting
dépannage
trough
creux, (C) creux saisonnier
true lease
bail à juste valeur marchande,
(C) opération de crédit-
bail

true to scale
à l'échelle
truncation
troncation, (C) troncature,
(C) non-échange de chèques
trust
trust, (C) fiducie,
(C) fidéicommis
trust account
compte en fidéicommis
trust certificate
certificat de placement en fiducie,
(C) titre de propriété
bénéficiaire
trust company
société de gestion,
(C) compagnie de fidéicommis
trust deed
acte de fidéicommis,
(C) acte de fiducie
trust fund
fonds en fidéicommis,
(C) caisse centrale, fonds de
dépôt
trust, discretionary
fiducie discrétionnaire
trust, general management
trust, aux pouvoirs
discrétionnaires, (C) direction
générale de fiducie
trustee
syndic
trustee in bankruptcy
syndic de faillite
trustor
cédant (n, m), (C) constituant
truth in lending act
loi en vigueur aux états-unis qui
précise les obligations de
divulgation aux conditions du
crédit

***T* statistic**
score normalisé,
(C) loi *T*
turkey
mauvais placement
turn off
désactiver, (C) arrêt
turn on
activer, (C) mise en marche
turnaround
traitement),
(C) redressement
turnaround time
délai d'exécution
turnkey
clé en main
turnover
chiffre d'affaires,
rotation
twisting
reprise), (C) reprise
d'assurance
two percent rule
règle des deux pour cent
two-tailed test
test bilatéral, test statistique
bilatéral
tycoon
magnat de l'industrie, ponte,
(C) magnat
typeface
oeil de caractère, caractère),
(C) type de caractères
type-over mode
type de saisie dans lequel le
nouveau texte frappé se substitue
à l'ancien, (C) mode refrappe

U

umbrella liability insurance
assurance responsabilité civile
complémentaire et
excédentaire, (C) assurance
parapluie

unappropriated retained earnings
bénéfices non répartis non
affectés

unbalanced growth
croissance déséquilibrée

unbiased estimator
estimateur sans biais

uncollected funds
fonds non encaissés, fonds
non perçus,
(C) sommes non reçues

uncollectible
irrécouvrable,
irréccupérable,
(C) créance irrécouvrable

unconsolidated subsidiary
entreprise non consolidée,
(C) filiale non
consolidée

underapplied overhead
coûts indirects sous
imputés

undercapitaliztion
sous-capitalisation

underclass
sous-prolétariat, quart-monde,
(C) gens peu fortunés

underemployed
sous-employé

underground economy
économie souterraine,
(C) économie parallèle

underinsured
sous-assuré

underlying debt
hypothèque prioritaire, créance
prioritaire,
(C) dette sous-jacente

underlying mortgage
hypothèque sous-jacente,
(C) hypothèque de priorité

underlying security
titre sous-jacent,
(C) valeur support de l'option

underpay
sous-rémunération,
(C) salaire inadéquat

under the counter
clandestin, (C) au noir

undervalued
sous-évalué

underwriter
assureur, souscripteur,
(C) souscripteur

underwriting spread
prime d'émission, (C) écart de
prise ferme

undiscounted
non actualisè, (C) non escompté

undivided interest
intérêt indivis

undivided profit
bénéfice non distribué,
(C) droits indivis, (C) bénéfices
non répartis

undue influence
abus d'influence, (C) abus
d'autorité

unearned discount
escompte comptabilisé d'avance,
(C) intérêt payé d'avance

unearned income (revenue)
revenus non professionnels,
rentes,
(C) produit comptabilisé
d'avance, (C) produit
d'exploitation

unearned increment
plus-value

unearned interest
intérêt perçu d'avance,

(C) intérêt à courir
unearned premium
prime non-acquise
unemployable
inemployable, (C) inapte à
l'emploi
unemployed labor force
les chômeurs, les sans-
emplois),
(C) travailleurs sans emploi
unemployment
chômage
unencumbered property
propriété libre de toute
hypothèque, bien libre
de toute hypothèque, (C) biens
non grevés
unexpired cost
coût restant à couvrir,
(C) coût non absorbé
unfair competition
concurrence déloyale
unfavorable balance of trade
balance commerciale
défavorable, (C) balance
commerciale négative
unfreeze
débloquer
unified estate and gift tax
impôt unifié sur les
droits de succession et les
donations, (C) impôt
consolidé sur les dons et les
successions
unilateral contract
contrat unilatéral
unimproved property
terrain non bâti, (C) terrain
nu
unincorporated association
association non constituée en
société, (C) association sans
personnalité morale
unique impairment
déficience unique,
(C) dégradation unique
unissued stock
titre non encore émis,

(C) titre non émis, (C) actions
non émises
unit
unité
unitary elasticity
élasticité égale à l'unité,
élasticité unitaire
unit-labor cost
coût unitaire de travail
unit of trading
unité de négociation,
(C) quotité de négociation
units-of-production method
méthode des unités de
production
unity of command
unité de commandement
universal life insurance
assurance vie universelle
universal product code (UPC)
code barres, (C) code universel
de produit (CUP)
unlisted security
valeur du second marché,
(C) titres non cotés
unloading
déchargement
unoccupancy
inhabitation
unpaid dividend
dividende non versé,
(C) dividende impayé
unrealized profit (loss)
bénéfice manqué, profit
manqué, (C) bénéfice (perte) non
réalisé(e)
unrecorded deed
acte de cession non enregistré,
acte de transfert non
enregistré
unrecovered cost
valeur nette comptable,
(C) coût non couvert
unsecured debt
créance chirographaire, créance
sans garantie
unskilled
non qualifié, non spécialisé

unwind a trade
dénouer une position,
(C) dénouer une transaction
update
mise à jour, actualisation,
actualiser
up front
à l'avance, franc, direct,
(C) d'avance
upgrading
mettre à niveau, (C) avancement
temporaire, (C) formation
complémentaire, (C) mise à
niveau, (C) amélioration
upkeep
entretien,
(C) impenses
upside potential
potentiel de hausse,
(C) potentiel
upswing
mouvement vers la hausse,
(C) tendance à la hausse
up tick
légère augmentation,
(C) négociation à un cours

supérieur
uptrend
tendance à la hausse
upwardly mobile
qui a la possibilité de s'élever
dans la société, (C) ascendant
urban
urbain
urban renewal
rénovations urbaines
useful life
durée de vie économique,
(C) durée de vie utile
usufructuary right
droit d'usufruit
usury
usure
utility
service public,
utilitaire
utility easement
servitude d'utilité publique,
(C) servitude

V

vacancy rate
taux de vacance
vacant
vacant
vacant land
terrain libre, (C) terrain
vague
vacate
quitter, libérer, annuler,
(C) évacuer,
(C) donner mainlevée de
valid
valide, valable
valuable consideration
à titre lucratif, onéreux,
(C) contrepartie de valeur
valuable papers (records)
insurance
assurance sur les titres et valeurs,
(C) assurance pour documents
précieux
valuation
évalutation, estimation,
expertise
value
valeur
value-added tax
taxe à la valeur
ajoutée
value date
date de valeur
value in exchange
valeur d'échange, contre-
valeur
value line investment survey
le value line investment survey
est un service d'information et de
notation influent et très respecté
dans le domaine du placement
aux États-Unis, (C) analyse des
placements value line
variable
variable

variable annuity
rente variable
variable cost
coût variable, (C) frais variables
variable interest rate
taux d'intérêt
variable
variable life insurance
assurance vie investie
en actions, (C) assurance sur
la vie à capital variable
variable pricing
tarification variable,
(C) détermination de prix
variable
variable-rate mortgage (VRM)
prêt immobilier à taux variable,
(C) prêt hypothécaire
à taux variable
variables sampling
échantillonnage des
variables, (C) sondage de
variables
variance
variance, écart
variety store
grand magasin, (C) magasin
populaire
velocity
vitesse, (C) vélocité
vendee
acquéreur), (C) acheteur
vendor
vendeur,
(C) fournisseur
vendor's lien
privilège du vendeur,
(C) vente suspensive
venture
entreprise
venture capital
capital-risque,
(C) capital de risque

venture team
équipe commando,
(C) équipe responsable de
l'entreprise
verbations
verbalisations, (C) comptes
rendus textuels
vertical analysis
analyse verticale
vertical discount
réduction accordée pour
publicité multiple, (C) remise
verticale
vertical management structure
structure de gestion, (C) structure
de direction verticale verticale
vertical promotion
promotion verticale
vertical specialization
spécialisation verticale
vertical union
confédération syndicale,
(C) syndicat industriel,
(C) syndicat vertical
vested interest
droit acquis, capital investi,
intérêt
vesting
droits,
(C) acquisition
vicarious liability
responsabilité du fait d'autrui,
responsabilité
du cautionnement,
(C) responsabilité du fait
d'autrui
vice-president
vice-président
video conference
visioconférence
video graphics board
carte graphique vidéo
violation
violation, (C) abus
virtual memory
mémoire virtuelle
visual interface
interface visuelle

vocational guidance
orientation
professionnelle
vocational rehabilitation
réhabilitation professionnelle
voice mail
messagerie vocale
voice recognition
reconnaissance vocale
voidable
annulable, (C) résiliable,
(C) nul
volatile
volatil(e)
volume
volume
volume discount
remise sur la quantité,
(C) ristourne
volume merchandise allowance
ristourne accordée sur
les volumes d'achat des
marchandises, (C) indemnité
de mise en valeur
voluntary accumulation plan
plan d'accumulation en FCP avec
versements libres, (C) régime
d'accumulation volontaire
voluntary bankruptcy
faillite volontaire
voluntary conveyance
cession volontaire, (C) transfert
de possession volontaire
voluntary lien
hypothéque volontaire,
(C) privilège volontaire
voting right
droit de vote
voting stock
action donnant droit au vote,
(C) titre comportant droit de
vote
voting trust certificate
certificat de placement en fiducie
portant sur des redevances et
comportant droit de vote,
(C) certificat de placement en
fiducie avec droit de vote

voucher
bon, reçu, récépissé, pièce
comptable, (C) document
commercial, (C) pièce
justificative

voucher register
livre comptable,
registre comptable,
(C) journal des pièces
justificatives

W

wage
salaire, paie
wage assignment
retenue sur salaire,
(C) cession de paie
wage bracket
fourchette de salaire,
(C) fourchette salariale
wage ceiling
salaire plafonné,
(C) salaire limite
wage control
freinage des salaires,
(C) contrôle des salaires
wage floor
plancher des salaires,
(C) salaire minimum
wage freeze
gel des salaires, blocage des
salaires
wage incentive
prime, (C) rémunération
au rendement
wage-push inflation
inflation provoquée
par la hausse des salaires,
(C) inflation des salaires
wage rate
taux des salaires
wage scale
échelle des salaires
wage stabilization
blocage des salaires,
(C) stabilisation des
salaires
waiver
abandon, dérogation,
renonciation,
(C) exonération,
(C) renonciation
walkout
grève (surprise),
(C) débrayage

wallflower
titre délaissé par les investisseurs,
(C) tapisserie
wallpaper
image de fond d'écran
ware
marchandise, article, produit
(C) biens semblables
warehouse
entrepôt, dépôt
warm boot/start
démarrage à chaud
warranty
garantie
warranty deed
acte de transfert avec clause de
garantie, (C) acte translatif de
garantie
warranty of habitability
garantie d'habitabilité
warranty of merchantability
garantie de qualité
marchande
wash sale
transaction fictive, (C) vente
fictive
waste
déchets, gaspillage, perte,
étérioration, dégradation
wasting asset
actif dégradable, (C) bien
consomptive
watch list
liste sous contrôle, (C) liste de
titres sous surveillance
watered stock
titres dilués, (C) actions
diluées
waybill
connaissement,
(C) bordereau
weakest link theory
théorie du maillon faible

weak market
marché en baisse, marché
baissier
wear and tear
usure
wearout factor
facteur d'usure
web browser
navigateur web
web server
serveur web
welfare state
état providence
when issued
titre vendu avant son
émission
whipsawed
qui a fait une spéculation
malheureuse à la bourse,
(C) surenchère
white goods
appareils ménagers,
(C) produits blancs
whlte knight
chevalier blanc
white paper
livre blanc, (C) document de
présentation technique
whole life insurance
assurance décès, (C) assurance
vie entière
whole loan
prêt unique, (C) prêt
partiel
wholesaler
grossiste, marchand en
gros
widget
widget, objet graphique,
(C) gadget
Widow-and-orphan stock
valeur sûre, (C) titre à dividende
élevé
wildcat drilling
forage sauvage (d'exploration,
de reconnaissance, de
recherche), forage
d'exploration

wildcat strike
grève sauvage
will
testament
windfall profit
bénéfice exceptionnel, (C) profit
imprévu
winding up
liquidation, (C) liquidation des
biens
window
créneau, escompte
officiel, vitrine,
fenêtre
windows application
application windows
window dressing
habillage du bilan, toilettage,
maquillage,
trucage, présentation
fardée
wipeout
éliminer, (C) suppression
complète
wire house
maison de commission,
(C) maison de courtage
électronique
withdrawal
retrait
withdrawal plan
plan de retrait
withholding
retenue sur le traitement, retenue
sur le salaire,
(C) rétention, (C) refus
withholding tax
impôt retenu à la source, retenue
fiscale, (C) retenue d'impôt
without recourse
sans recours
wizard
assistant
word processing
traitement de texte
word wrapping
saisie au kilomètre, retour à la
ligne automatique

work force
main-d'oeuvre,
(C) population active
working capital
fonds de roulement
work in progress
travail en cours
workload
travail à effectuer, charge de
travail
work order
bon de commande, (C) bon de
travail, (C) ordre de
fabrication
workout
arrangement,
(C) sauvetage
work permit
permis de travail
worksheet
feuille de travail, tableur,
(C) fiche technique
work simplification
simplification du travail,
(C) rationalisation du travail
work station
poste de travail, station
de travail
work stoppage
cessation du travail,
(C) arrêt de travail
work week
semaine de travail
World Bank
Banque Mondiale

world wide web (www)
le web, la toile
worm
ver
worth
valeur
wraparound mortgage
hypothéque intégrante,
hypothéque complémentaire,
(C) prêt hypothécaire
intégrant
wraparound type
type en bouclage
writ
ordonnance, (C) acte judiciaire,
(C) bref
write error
erreur en écriture
write-protected
protégé en écriture
writer
vendeur, souscripteur
write-up
augmenter,
valoriser
writing naked
option d'achat à
découvert
writ of error
recours pour erreur de droit,
(C) procédure d'appel
written-down value
valeur amortie, (C) méthode de la
valeur comptable

XYZ

x-coordinate
coordonnée x
y-coordinate
coordonnée y
year-end
de fin d'exercice, (C) clôture de
l'exercice
year-end dividend
dividende final, solde
de dividende,
(C) dividence de clôture
year-to-date (YTD)
depuis le début de l'année en
cours, (C) cumul annuel jusqu'à
ce jour
yellow dog contract
contrat de jaune
yellow goods
biens de consommation durables,
(C) biens durables
yellow sheets
« feuilles jaunes », « yellow
sheets », (C) rapports jaunes
yield
rapport, rendement
yield curve
courbe des taux,
(C) courbe de rendement
yield equivalence
équivalence de taux,
(C) rendement équivalent
yield spread
écart de taux, (C) écart de
rendement
yield to average life
taux de rendement à la durée de
vie moyenne, taux de rendement
à l'échéance moyenne,
(C) rendement selon la durée de
vie moyenne
yield to call
taux de rendement à l'échéance
intermédiaire, taux de rendement

en cas de remboursement anticipé
par l'émetteur, (C) rendement à la
date d'appel, (C) rendement à la
date de remboursement par
anticipation
yield-to-mature (YTM)
rendement (n, m) à maturité,
(C) taux de rendement actuariel
yo-yo stock
action volatile, (C) titre yoyo
zero-base budgeting (ZBB)
budget base zéro
zero coupon bond
fonds d'état libres d'intérêt
nominal, (C) obligation coupon
zéro (FELIN)
zero economic growth
croissance zéro, croissance nulle,
(C) croissance économique zéro,
(C) zégisme
zero lot line
limite de terrain zéro, (C) ligne
d'arpentage zéro
zero population growth (ZPG)
accroissement démographique
nul, croissance zéro, croissance
nulle, (C) stagnation de la
population
zero-sum game
jeu à somme nulle
zone of employment
zone d'emploi
zoning
zonage
zoning map
plan de zonage
zoning ordinance
règlement de zonage
zoom function
fonction de zoom
z score
z-score), (C) note z

French (France) into English

A

à but non lucratif
  not for profit
à crédit
  on account
à débattre
  negotiable
à décharge
  exculpatory
à fond perdu
  bleed
à forfait
  nonrecourse
à forte demande en
compétences
  skill intensive
à forte intensité de main
d'oeuvre
  people intensive
à l'infini
  ad infinitum
à la baisse
  bear
à la lettre
  by the book
à l'avance
  up front
à l'échelle
  true to scale
à lots
  lottery
à perpétuité
  in perpetuity
à pourvoir
  vacant
à prix réduits
  off-price
à risque
  at risk
à titre lucratif,
onéreux
  valuable consideration
à valoir sur
  on account

abandon
  waiver, abandonment
abandonner
  abort
abrasage
  lapping
abri fiscal abusif
  abusive tax shelter
abrogation
  rescission
abroger
  abrogate
absence autorisée par
l'employeur
  furlough
absorbé
  absorbed
abus d'influence
  undue influence
accélérateur, principe de
l'accélérateur
  accelerator, accelerator
  principle
accélération
  acceleration, speedup
acceptation
  acceptance
acceptation
commerciale
  trade acceptance
acceptation bancaire
  banker's acceptance
acceptation
d'hypothèque
  mortgage assumption
accès
  access
accès à distance
  remote access
accès direct
  direct access
accession
  accession

accessoires de rémunération des cadres
executive perquisites
accomodation
shakedown
accompte
installment
accord
agreement
accord commercial
trade agreement
accord d'achat et de vente
buy-sell agreement
accord de rachat
buy-back agreement
accord de reprise
buy-back agreement
accord de volonté
meeting of the minds
accord d'élargissement
spreading agreement
accord et satisfaction
accord and satisfaction
accord final
closing agreement
accroissement
accretion, betterment
accroissement démographique nul
zero population growth (ZPG)
accumulation
backlog
accumuler
accrue
accusé
defendant
achat
purchase
achat sur marge
buying on margin
achat à payer en une seule fois
lump-sum purchase
achat central
central buying
achat d'espaces
media buy
achats nets
net purchases

achats réciproques
reciprocal buying
acheter
buy, buy in
acheteur
buyer, shopper, option holder
acheteur de bonne foi
bona fide purchaser
acheteur d'un jour
one-tme buyer
acheteur à la commission
resident buyer
acheteur au comptant
cash buyer
acheteur d'espaces
media buyer
acompte
downpayment
acompte non remboursable
nonrefundable fee or
nonrefundable deposit
aconage
lighterage
acquéreur
vendee
acquis après la date
after-acquired clause
acquisition
acquisition
acquisition partielle d'actifs
bust-up acquisition
acquisition spéciale
special purchase
acquisitions nettes
net purchases
acre
acre
acréage
acreage
acte
deed
acte dommageable
tort
acte de cession non enregistré
unrecorded deed
acte de donation entre vifs
gift deed

acte de fidéicommis
trust deed
acte de transfert avec clause de
garantie
general warranty deed, warranty
deed
acte de transfert non enregistré
unrecorded deed
acte de transfert pour taxes
tax deed
acte de tutelle
guardian deed
acte d'administrateur
administrator's deed
acte d'aliénation
conveyance
acte de caution
surety bond
acte de cautionnement
surety bond
contrat de dépôt
bailment
acte de faillite
act of bankruptcy
acte de garantie spécial
special warranty
deed
acte de malveillance
malicious mischief
acte de renonciation
disclaimer
acte faisant foi de saisie
deed in lieu of
foreclosure
acte fiduciaire
deed of trust
acte résolutoire
defeasance
acteurs
mover and shaker
actif
asset
actif circulant net
net current assets
actif corporel
tangible asset
actif dégradable
wasting asset

actif immobilisé
fixed asset
actif liquide
quick asset
actif net
net assets
actif non exigible
noncurrent asset
actif circulant
current asset
actif réalisable
current asset
action
share, stock
action donnant droit au vote
voting stock
action d'une valeur de moins d'un
dollar
penny stock
action en validation du titre de
propriété
quiet title suit
action inactive
inactive stock or inactive bond
action pétitoire
interpleader
action privilégiée de
participation
participating preferred stock
action privilégiée non
cumulative
noncumulative preferred
stock
action sans valeur nominale
no-par stock
action volatile
yo-yo stock
action à titre de don
donated stock
action classée
classified stock
action cumulative
privilégiée
cumulative preferred stock
action de premier ordre
blue-chip stock
action en justice
litigation

action fermée
closed stock
action oblique de
l'actionnaire
stockholder's derivative
action
action ordinaire
common stock
actionnaire
shareholder,
stockholder
actionnaire principal
principal stock holder
actionnaire enregistré
stockholder of record
actionnaire majoritaire
majority shareholder
actions d'avenir
growth stock
actions de croissance
growth stock
actions privilégiées
de premier rang
prior-preferred stock
actions de priorité
preferred stock
actions high-tech
high-tech stock
actions privilégiées
preferred stock
actions autorisées
shares authorized
actions de base
staple stock
actions non cotees
letter stock
activer
activate, enable,
turn on
activer un fichier
activate a file
activer une macro
activate a macro
activité à prédominance de
recherche
research intensive
activités passives
passive activities

activités bancaires de
oncentration
concentration banking
actuaire
actuary
actualisation
update
actualisation des flux
financiers
discounted cash flow
actualiser
refresh
actuel
current
ad valorem
ad valorem
addenda
addendum
addition
footing
adjoint juridique
paralegal
adjudication
tender offer
adjudication ouverte
open bid
administrateur
administrator, director,
manager
administrateur de
liaison
interlocking directorate
administrateur externe
outside director
administrateur réseau
network administrator
administrateur
judiciaire
receiver
administrateur système
system administrator
administration de la créance
hypothécaire
mortgage servicing
administrer
administer
admission à la cote officielle
listing

adresse IP
internet protocol (IP)
address
adresse e-mail
email address
adultération
debasement
adversaire
adversary
affacturage
factoring
affaire
transaction
affaires
business, trade
affectation
imputation, dedication
affectation collatérale
colatteral assignment
affectation des fonds
application of funds
affecter
allocate, appropriate
affichage
posting
affichage plein
écran
full screen display
affidavit
affidavit
affouage
estovers
affranchissement prépayé
frank
âge normal de départ à la retraite
normal retirement age
âge atteint
attained age
âge de la retraite
retirement age
agence
agency
agence de presse
newspaper syndicate
agence commerciale
mercantile agency
agence pour l'emploi
employment agency

agenda
diary
agent
agent
agent de fabrication
production worker
agent de transfert
transfer agent
agent public
public employee
agent contractant
listing agent, listing
broker
agent d'affaires
lobbyist
agent de change
broker,stockbroker
agent de contrepartie
dealer
agent de vente
selling agent or selling
broker
agent négociateur
bargaining agent
agent spécial
special agent
âges multiples de départ à la
retraite
multiple retirement
ages
agglomération
agglomeration
agiotage
stock jobbing
agréments
amenities
agribusiness
agribusiness
aguiche
teaser ad
aide fiscale
tax credit
aide-comptable
bookkeeper
aire de contrôle
span of control
ajout de dividendes
dividend addition

**ajustement sur exercices
antérieurs**
prior period adjustment
ajustement rétroactif
retroactive adjustment
aliénation
alienation, conveyance
aligné (à gauche/à droite)
flush (left/right)
**alimentation de la
chaîne**
chain feeding
allégation
allegation
alleu
allodial system
allocation
allowance, benefit, grant
allocation de grève
strike pay
allocation de la distribution
distribution allowance
allocation linéaire
retail display allowance
**allocation pour travaux
d'aménagement du locataire
commercial**
tenant finish-out allowance
allocations de grève
strike benefits
allongement
stretchout
amalgame des fonds
commingling of funds
amasser
amass
amélioration excessive
overimprovement
amélioration
betterment
**amélioration apportée par le
locataire**
leasehold improvement
amélioration du capital
capital improvement
**aménagement du
paysage**
land development

aménagement du territoire
land-use regulation
amende
penalty
modifier
amend
amer terrestre
landmark
amorcer
boot
amortir
redeem
amortissement
amortization, redemption,
depreciation, physical
depreciation
**amortissement de la première
année**
first-year depreciation
amortissement négatif
negative amortization
amortissement accéléré
accelerated depreciation
amortissement cumulé
accumulated depreciation
amortissement de la dette
debt retirement
amortissement dégressif
declining-balance method
**amortissement dégressif à taux
double**
double declining balance
analyse
analysis
analyse d'après année de base
base-year analysis
**analyse d'après année de
référence**
base-year analysis
**analyse de l'équilibre
général**
general equilibrium analysis
analyse de l'équilibre partiel
partial-equilibrium analysis
analyse de point mort
break-even analysis
analyse de profession
occupational analysis

analyse de séries chronologiques
time series analysis
analyse des défaillances
failure analysis
analyse factorielle
factor analysis
analyse fondamentale
fundamental analysis
analyse marginaliste
incremental analysis
analyse qualitative
qualitative analysis
analyse quantitative
quantitative analysis
analyse sur graphiques
technical analysis
analyse verticale
vertical analysis
analyse coût-rendement
cost-benefit analysis
analyse d'agrégats
cluster analysis
analyse de (la) variance
analysis of variance (ANOVA)
analyse de marché
markey analysis
analyse de régression
regression analysis
analyse des coûts de distribution
distribution cost analysis
analyse différentielle
differential analysis
analyse économique
economic analysis
analyse en grappes
cluster analysis
analyse horizontale
horizontal analysis
analyse par secteur d'activité
segment reporting
analyse statique
static analysis
analyste spécialisé dans les valeurs aurifères
goldbug

analyste des valeurs
securities analyst
analyste des ventes
sales analyst
analyste en crédit
credit analyst
analyste financier
securities analyst
analystes
analysts
animer
animate
année d'imposition
taxable year
année civile
calendar year
annexe
appurtenant,
rider
annexion
annexation
annonce légale
legal notice
annuellement
annual basis
annuité
annuity
annuité de capitalisation
ordinary annuity
annulable
voidable
annulation
rescission
annuler
vacate, cancel
antidatation
backdating
antislash
backslash
appareils ménagers
white goods
appartement collectif
cooperative apartment
appel
call
appel à la souscription publique
prospectus

appel d'offres
 request for proposal (RFP)
appel de couverture
 margin call
appel de garantie
 margin call
appel de marge
 margin call
appel de masse
 mass appeal
appeler un abonné
 dialup
applet
 applet
application par lots
 batch application
application de coûts
 cost application
appointements
 stipend, stipendiary
apport
 equity, contribution
apport en capital dépassant la
valeur nominale
 capital contributed in excess of
 par value
apprécier
 appreciate
approche des coûts
 cost approach
approvisionnement
 procurment
approvisionnement global
 aggregate supply
approximation
 trial and error
après impôt
 after-tax basis
arbitrage
 arbitrage, arbitration
arbitrage de portefeuille
 switching
arbitrage obligatoire
 compulsory arbitration
arbitrage risqué
 risk arbitrage
arbitre
 arbiter, arbitrator

arbre
 tree diagram
arbre décisionnel
 decision tree
archivage
 archive storage
archives publiques
 public record
argent
 money
argent cher
 tight money
argent de poche
 pin money
argent frais
 new money
argent liquide
 hard cash
argent de poche
 spending money
argent facilement gagné
 easy money
argument sur les industries
émergentes
 infant industry argument
arrangement
 workout
arrêt
 adjudication, shut down
arrêt d'exploitation
 business interruption
arrêt infirmatif de
jugement
 inverse condemnation
arrhes
 earnest money
arriéré
 arrears, delinquency
article
 ware
articles de deuxiéme
qualité
 irregulars
articles de qualité
moyenne
 irregulars
articles interdits
 hot cargo

articles utilisés pour la mise en scène des vitrines
forward stock
assemblage
assemblage
assemblage finale
final assembly
assertion inexacte et frauduleuse
fraudulent misrepresentation
assiette fiscale
tax base
assiette fiscale rectifiée
adjusted basis or adjusted tax basis
assignation
subpoena
assignation à comparaître
summons
assigner
assign
assimilation
assimilation
assistance spécifique
specific subsidy
assistant
help wizard
assistant numérique personnel
personal digital assistant (PDA)
assistant général de gestion
comptroller, controller
assisté par ordinateur
computer-aided
association
association, guild, partnership
association à but non lucratif
nonprofit corporation
association de marque
brand association
association de propriétaires
homeowner's association
association non constituée en société
unincorporated association

association d'animation sociale
community association
association de salariés
employee association
association mutuelle
mutual association
associé
partner, general partner, silent partner
assortiment de produits
product mix
assurabilité
insurability
assurabilité garantie
guaranteed insurability
assurance
insurance
assurance contre les inondations
flood insurance
assurance crédit collective
group credit insurance
assurance de rente familiale
family income policy
assurance de responsabilité du produit
product liability insurance
assurance de titre de propriété
title insurance
assurance du fret
freight insurance
assurance groupe maladies
group health insurance
assurance groupe sur la vie
group life insurance
assurance habitation
homeowner's policy
assurance hypothécaire privée
private mortgage insurance
assurance incendie
fire insurance
assurance invalidité collective
group disability insurance
assurance invalidité de groupe
group disability insurance
assurance responsabilité civile
general liability insurance

assurance responsabilité civile complémentaire et excédentaire
umbrella liability insurance

assurance sur les titres et valeurs
valuable papers (records) insurance

assurance temporaire
term life insurance

assurance vie à capital indexé
indexed life insurance

assurance vie individuelle
individual life insurance

assurance accidents et risques divers
casuality insurance

assurance avec reconduction automatique annuelle
annual renewable term insurance

assurance cargo
cargo insurance

assurance caution
license bond, permit bond

assurance contre la falsification des déposants
depositors forgery insurance

assurance contre la pluie
rain insurance

assurance crédit commercial
commercial credit insurance

assurance de remboursement de capital
leasehold insurance

assurance de responsabilité
liability insurance

assurance de traitement des données
data processing insurance

assurance décès
whole life insurance

assurance envoi de marchandises
consignment insurance

assurance hypothécaire
mortgage insurance

assurance maladie commerciale
commercial health insurance

assurance multirisque
comprehensive insurance, multiple-peril insurance

assurance obligatoire
compulsory insurance

assurance privation de revenus
loss of income insurance

assurance risque nominative
named peril policy

assurance sociale
social insurance

assurance tous risques
hazard insurance

assurance vie investie en actions
variable life insurance

assurance vie universclle
universal life insurance

assurance vie à cotisation limitée
limited payment life insurance

assurance vie à prime unique
single premium life insurance

assurance vie modifiée
modified life insurance

assurance vie transformable
convetible term life insurance

assurance vie variable
adjustable life insurance

assurance-rachat de parts d'associés en cas d'invalidité
disability buy-out insurance

assurance-vie à prime indéterminée
indeterminate premium life insurance

assurance-vie avec participation aux bénéfices
participating insurance

assurance-vie collaborateurs et assurance maladie
key person life and health insurance

assuré
policy holder

assuré(e)
insured

assurer, s'assurer
insure
assureur
underwriter
astérisque
asterisk
asynchrone
asynchronous
atelier (n.m) travaillant a la commande
job shop
atelier clandestin
sweatshop
atelier syndical modifié
modified union shop
attaque des baissiers
bear raid
attaque du découvert
bear raid
atteinte au droit reconnu par la loi
legal wrong
attenant
adjoining
attention
attention
attester
attest
attribution
assignment, remit
attribution collatérale
colatteral assignment
Attrition
attrition
au comptant
cash
au dernier cours
at the close
au noir
off the books
au pair
at par
au premier cours
at the opening
au-dessous de la parité
below par

audience
audience, hearing
audience cible
target audience
audit interne
internal audit
audit opérationnel
operational audit
audit complet
complete audit
audit de conformité
compliance audit
audit de site
site audit
audit en continu
continous audit
audit externe
external audit
audit limitèe
limited audit
augmentation au mérite
merit increase
augmentation de la dette
appreciation
augmenter
write-up
Authentication
authentication
authentifier
notarize
auto-assistance
self-help
auto-assurance
self insurance
autofinancement
internal financing
autorisation de négocier
trading authorization
autorisation utilisateur
user authorization
autorisation d'utilisation conditionnelle
conditional-use permit
autorisation d'absence
leave of absence

autorité déduite
inferred authority
autorité d'origine
originator
autorité fonctionnelle
functional authority
autorité apparente
apparent authority
autorité expresse
express authority
autorité fractionnée
splintered authority
autorité hiérarchique
line authority
avance
advance
avancement rapide
fast tracking
avantage
benefit, sweetener, kicker
avantage absolu
absolute advantage
avantage différentiel
differential advantage
avantage du lieu
place utility
avantage en nature
perquiste (perk)
avantage fiscal
tax incentive, tax shelter
avantages
benefits, fringe
avantages répartis
allocated benefits
avantages salariaux
employee benefits
avec droit à, droits attachés ou
cum dividend, cum rights or cum
warrant
avenant
rider
avenant de couverture
supplémentaire
extended coverage

endorsement
avenant de protection
contre l'inflation
inflation endorsement
avenant d'exclusion salaires
ordinaires
ordinary payroll exclusion
endorsement
avis
notice
avis de congé
notice to quit
avis de défaut
notice of default
avis de grève
strike notice
avis de limite d'exercice
expiration notice
avis juridique
legal opinion
avocat de droit
attorney-in-fact
avocat, avoué
attorney-at-law
avoir fiscal
tax credit
avoir des actionnaires
shareholder's equity,
stockholder's equity
avoir la priorité sur
overrun
avoir recours à
encroach
avoirdupois
avoirdupois
avulsion
avulsion
ayant droit
beneficiary
ayant droit économique
beneficial owner
ayant testé
testate

B

backward-bending
backward-bending supply curve(croissante au début, elle devient décroissante à partir d'un certain niveau de salaire)
bail
lease, leasehold
bail à juste valeur marchande
true lease
bail à titre précaire
tenancy at will
bail de coopérative
proprietary lease
bail d'exploitation
operating lease
bail financier
financial lease
bail hors frais d'entretien
triple-net lease
bail ouvert
open-end lease
bail principal
primary lease
bail à effet de levier
leveraged lease
bail avec option d'achat
lease with option to purchase
bail principal
master lease
bailleur
lessor
bailleur de fonds
silent partner
baisser
markdown
baissier
bear
balance
balance
balance commerciale
balance of trade

balance commerciale défavorable
unfavorable balance of trade
balance commerciale déficitaire
trade deficit
balance commerciale excédentaire
favorable trade balance
balance commerciale favorable
favorable trade balance
balance de vérification après clôture
post closing trial balance
balance des opérations en capital
homeowner's equity account
balance d'inventaire
trial balance
balance compensatrice
compensating balance
balance des paiements
balance of payments
bande
tape
bande publicitaire
package band
bande magnétique
magnetic strip
bande passante
bandwidth
banque
bank
Banque Centrale (des Etats-Unis)
Federal Reserve Board (FRB)
banque de l'emploi
job bank
Banque Internationale pour la Reconstruction et le Développement
International Bank for Reconstruction and

Development
Banque Mondiale
World Bank
banque centrale
central bank
banque commerciale
commercial bank
Banque d'Import-Export
Export-Import Bank
(EXIMBANK)
banque d'affaires
merchant bank
banque d'investissement
merchant bank
**banque membre de la Réserve
Fédérale**
member bank
banquier d'affaires
investment banker
banquier hypothécaire
mortgage banker
baromètre
barometer
barre
bar
**barre de fraction
inverse**
backslash
barre des tâches
task bar
barre des titres
title bar
barre d'outils
tool bar
barre de menu
menu bar
barre des symboles
symbol bar
barre d'espace
space bar
barre d'état
status bar
barrière commerciale
trade barrier
bas
low
bas de laine
nest egg

bas produits
inferior good
base (d'un syndicat)
rank and file
base
basis
base indicielle
index basis
base de données
database
base de données en ligne
on-line data base
base de l'interviewer
interviewer basis
base de tarification
rate base
base des coûts
cost basis
**base des encaissements/
décaissements**
cash basis
base économique
economic base
base verticale
stepped-up basis
bâtiment
facility
batterie
battery
baud
baud
belle endormie
sleeping beauty
bénéfice
benefit, profit
bénéfice brut
gross profit
bénéfice d'exploitation (perte)
operating profit (loss)
bénéfice exceptionnel
windfall profit
**bénéfice manqué,
profit manqué**
unrealized profit (loss)
bénéfice net
net profit
bénéfice non distribué
undivided profit

benefice normal
normal profit
bénéfice par action entièrement
dilué
fully diluted earnings per
(common) share
bénéfice par action
earnings per share
bénéfice réalisé
realized gain
bénéfices
returns
bénéfices non répartis non affectés
unappropriated retained earnings
bénéfices premiers par action
primary earnings per (common)
share
bénéfices réinvestis
plow back
bénéfices de la société
company benefits
bénéfices nets actualisés
discounted cash flow
bénéfices non répartis
retained earnings
bénéfices non répartis appropriés
retained earnings, appropriated
bénéfices non répartis sujets à
restrictions
restricted surplus
bénéficiaire
beneficiary, payee
bénévole
gratuitous
besoin en immobilisations
capital requirement
besoins en dividendes
dividend requirement
bien
estate
bien assurable
insurable title
bien de famille
homestead
bien immatériel
intangible asset
bien incorporel
incorporeal property

bien substitué
estate in reversion
biens de consommation
durables
yellow goods
biens de giffen
inferior good
biens de production
producer goods
biens durables
hard goods
biens et services
goods and services
biens immobiliers
property
biens incorporels
goodwill
biens industriels
industrial goods
biens inférieurs
inferior good
biens intermédiaires
intermediate goods
biens meubles personnels
tangible personal
property
biens personnels
personal property
biens a prix unitaire élevé
big-ticket items
biens acquis après la date
after-acquired property
biens communs
community property
biens d'investissement
capital goods
biens de consommation
consumer goods
biens de consommation
intermédiaires
orange goods
biens de la communauté
community property
biens de même nature
like-kind property
biens immobiliers
amortissables
depreciable real estate

bien libre de toute hypothèque
unencumbered property
biens meubles
chattel
biens non durables
dry goods, soft goods
biens propres
separate property
bilan
balance sheet
bilan intérimaire
interim statement
bilan de liquidation
statement of affairs
billet
note, paper
billet à ordre
promissory note
billet de trésorerie
commercial paper
bimensuel
semimonthly
bisannuel(elle)
biennial
blind trust
blind trust
bloc
block
blocage des salaires
wage freeze
blocage des salaires
wage stabilization
blockbusting
blockbusting
blue laws (lois sur l'observation du repos dominical)
blue laws
board of equalization
board of equalization
boîte à outils
tool box
boîte aux lettres
mailbox
bon
voucher
bon de commande
job order, order form, purchase

order, work order
bon du trésor
tax anticipation bill (TAB)
bon garanti par les recettes fiscales prévues
tax anticipation note (TAN)
bon à vue billet à demande
demand note
bon d'épargne
savings bond
bonne foi
good faith
bonne monnaie
good money
bottom fisher
bottom fisher
boucle
loop
boule de commande
trackball
boule roulante
trackball
boulewarisme
Boulewarism
bourrage (de papier)
paper jam
bourse
stock exchange
Bourse de New York
big board
Bourse Américaine (AMEX)
American Stock Exchange (AMEX)
boutique familiale
mom and pop store
boycott
boycott
boycottage
boycott
boycottage primaire
primary boycott
boycottage secondaire
secondary boycott
brainstorming
brainstorming
brevet
patent

brevet d'invention
  patent of invention
briseur de grève
  scab, strikebreaker
broker
  broker
budget
  budget
budget base zéro
  zero-base budgeting (ZBB)
budget flexible
  flexible budget
budget variable
  flexible budget
budget commercial
  sales budget
budget de caisse
  cash budget
budget de trésorerie
  cash budget
budget des dépenses
  expense budget

budget des investissements
  capital budget
budget des ventes
  sales budget
budget statique
  static budget
budgétisation
de programme
  program budgeting
bulletin
  bulletin
bureau
  bureau, desk
bureau des achats à la
commission
  resident buying office
bureaucrate
  bureaucrat
business
  business

C

câblé
hardwired
cachet
seal
cadastre
plat book, cadastre
cadre
executive
cadres
line management
cadres moyens
middle management
caisse
cash, till
caisse de retraite
pension fund
caisse d'épargne
thrift institution
caisse générale
general fund
caisse d'amortissement
sinking fund
caisse de retraite
retirement fund
caisse enregistreuse
cash register
caissier
cashier
calcul
reckoning
calculateur de prêt
hypothécaire
principal, interest, taxes,
and insurance payment
(PITI)
calculer au prorata
prorate
calendrier de déchéance
lapsing schedule
calme
slack
calomnier
slander

camembert
pie chart, pie chart/graph
camion citerne
tank car
camionnage
cartage, motor freight
campagne de rappel
recall campaign
campagne de société
corporate campaign
candidat
nominee
capacité
capacity
capacité de production inutilisée
idle capacity
capacité idéale
ideal capacity
capacité optimale
optimum capacity
capacité pratique
practical capacity
capacité à payer
ability to pay
capacité maximale
maximum capacity
capital
capital, principal
capital-actions en
circulation
outstanding capital stock
capital assuré
face amount
capital autorisé
authorized shares or
authorized stock
capital d'apport
additional paid-in
capital
capital-décès
death benefit
capital de départ
front money

capital improductif
dead stock, idle capacity
capital initial
front money, seed money
capital investi
capital inestment, vested
interest
capital libéré
paid-in capital
capital versé
additional paid-in capital,
paid-in capital
capitalisation
funding
capitalisation totale
total capitalization
capitaliser
capitalize
capitalisme
capitalism
capitalisme pur
pure capitalism
capitalistique
capital intensive
capital-risque
venture capital
capitaux propres
shareholder's equity,
stockholder's equity
caractère
typeface, character
caractère saisonnier
seasonality
cargo
cargo
carnet de quittances
receipt book
carte de jeu
game card
carte graphique
graphics card
carte de crédit
credit card
carte d'imposition foncière
tax map
carte magnétique
magnetic card

carte tarif
rate card
cartel
cartel
cartel international
international cartel
cartel de marchandise
commodity cartel
carte-réponse d'affaires
business reply card
cartouche de titre
masthead
case postale
lock box
case postale à serrure
lock box
cash flow
cash flow
cash flow avant impôts
before-tax cash flow
cash-flow marginal
incremental cash flow
casse
shrinkage
catastrophe naturelle
cas fortuit
act of god
catégorie
class
catégorie de tarif supersaver
supersaver fare
cause efficiente
procurring cause
cause politique
tokenism
cause de l'action
cause of action
caution
guaranty, security
caution de bonne exécution de mandat
fiduciary bond
cautionnement
security
cautionnement en garantie d'exécution
bail bond

cautionnement énumératif du personnel
name position bond, name schedule bond

cautionnement vis à vis des tiers
payment bond

cautionnement d'appel
appeal bond

cautionnement d'arbitrage
arbitrage bond

cédant
assignor, trustor

cédule
debt security

cellule vide
blank cell

cellule active
active cell

censure
censure

centralisation
centralizaion

centre bâti
inner city

centre de profit
profit center

centre d'affaires
central business district (CBD)

cercle
guild

certificat
evidence of title

certificat à long terme
term certificate

certificat de dépôt négociable
negotiable certificate of deposit

certificat de participation
participation certificate

certificat de placement en fiducie
trust certificate

certificat de titre
opinion of title

certificat de très grand depot
jumbo certificate of deposit

certificat d'utilisation
certificate of use

certificat de dépôt
certificate of deposit (CD)

certificat de préclusion
estoppel certificate

certificat de réduction
reduction certificate

certificat de titre
certificate of title

certificat d'enregistrement de société
certificate of incorporation

certificat d'occupation
certificate of occupancy

certificat du vérificateur
auditor's certificate

certificat garanti par des créances hypothécaires
mortgage-backed certificate

certification
authentication, certification

certifier
notarize

cessation du travail
work stoppage

cession
grant

cession volontaire
voluntary conveyance

cession de bail
assignment of lease

cession de revenus
assignment of income

cession-bail
sale and leaseback

cessionnaire
assignee

chaîne affiliée
affiliated chain

chaîne agroalimentaire
agribusiness

chaîne de montage
assembly line

chambre de compensation
clearinghouse

chambre du conseil
boardroom

champ de tableau
table field

chancellerie
chancery
change
exchange
changement de la structure
financière
recapitalization
changement de méthode
comptable
accounting change
changer
change
charge
cost
charge constatée
d'avance
prepaid expense
charge de travail
workload
charge hypothècaire
encumbrance
charge opérationnelle
overhead
charge utile
payload
charge à payer
accrued liabilities
chargement
lading, load
charges diverses [produit divers)
nonoperating expense
(revenue)
charges différées
deferred charge
charte
charter
chartiste
chartist
chasseur de tête
headhunter
chats et chiens
cats and dogs
chef
leader
chef de famille
head of household
chef informel
informal leader

chef d'équipe
straw boss
chemin
path
chèque
check
chèque de paie
paycheck
chèque certifié
certified check
chèque de banque
cashier's check
chèque de caisse
cashier's check
chèque en relief
raised check
cher
pricey
cheval de troie
Trojan horse
chevalier blanc
white knight
chiffre d'affaires
turnover
chiffre de contrôle
check digit
chiffrer
cipher
chiffres effacés
digits deleted
chineur
bargain hunter
choisir en action
chose in action
chômage
unemployment
chômage de mobilité
frictional unemployment
chômage frictionnel
frictional unemployment
chômage involontaire
involuntary
unemployment
chômage technique
technological
unemployment
chômage conjoncturel
cyclical unemployment

chômage structurel
structural unemployment
ciblage d'un terrain
spot zoning
circonférence
girth
circonstances atténuantes
extenuating circumstances
circuit
circuit
circuit intégré
integrated circuit
circuit imprimé
circuit board
circuits de distribution
channel of distribution
circuits de vente
channel of sales
circulaire de sollicitation de procurations
proxy statement
citation
subpoena
citation à comparaître
summons
clair
clear
clandestin
under the counter
classe
class
classement chronologique des comptes clients
aging of accounts receivable or aging schedule
classer
file
classeur
binder
classification
classification
classification des emplois
job classification
clause
clause
clause d'arrêt des versements
tax stop

clause d'avis de résiliation
notice of cancellation clause
clause de désignation (du bénéficiaire)
habendum
clause de non responsabilité
hold harmless clause
clause de paix sociale
no-strike clause
clause de pluralité d'assurance
other insurance clause
clause de rachat
call feature
clause de remboursement anticipé
call
clause de remboursement par anticipation
prepayment clause
clause des droits acquis
grandfather clause
clause d'explosion inhérente
inherent explosion clause
clause d'incontestabilité
incontestable clause, noncontestability clause
clause d'insolvabilité
insolvency clause
clause de paisible jouissance
quiet enjoyment
clause accélératrice
acceleration clause
clause contestable
contestable clause
clause couvrant les dommages dus à la fumée
smoke clause
clause d'abandon
abandonment clause
clause d'annulation
cancellation clause
clause d'arrêt
stop clause
clause de disposition d'annulation
cancellation provision clause
clause de garantie éventuelle
escalator clause

clause de paiement à la vente
  due-on-sale clause
clause de remboursement de prêt
hypothécaire
  release clause
clause de réouverture
  reopener clause
clause de révision
  escalator clause
clause de suicide
  suicide clause
clause de valeur boursière
  market value clause
clause de valeur marchande
  market value clause
clause d'échelle mobile des
salaires
  escalator clause
clause désastre ou clause de survie
  common disaster clause or
  survivorship clause
clause relative aux biens
  after-acquired clause
clause restrictive d'un contrat de
prêt
  restrictive covenant
clavier
  keyboard
clé en main
  turnkey
client
  client, customer
client éventuel
  prospect
cliquer deux fois
  double click
clôture
  close out
club d'actionnaires
  investment club
club d'investissement
  investment club
club philantropique
  service club
coassurance
  coinsurance
codage
  encoding

codage des comptes
  coding of accounts
code
  code
code barres
  universal product code
  (UPC)
code de la construction
  building code
code de l'habitation
  housing code
code de suivi
  package code
code du bâtiment
  building code
code barre
  bar code
code de déontologie
  code of ethics
codébiteur hypothécaire
  co-mortgagor
codicille
  codicil
coefficient bêta
  beta coefficient
coefficient beta de portefeuille
  portfolio beta score
coefficient d'exploitation
  operating ratio
coefficient d'imputation des coûts
indirects
  absorption rate
coefficient de corrélation
  correlationcoefficient
coefficient de détermination
  coefficient of determination
coentreprise
  joint venture
cohérence
  consistency
coin fiscal
  tax wedge
col bleu
  blue collar
coler
  paste
colis
  package, parcel

collatéral
collateral
collecte de fonds
fund-raising
collecte des données
data collection
collègue
colleague
collusion
collusion
colonne de tableau
table column
combinaison d'entreprise
business combination
combinaisons
combinations
comité des prêts
loan committee
comité exécutif
executive committee
commandé
on order
commande à seuil
threshold-point
ordering
commande ferme
firm order
commande initiale
original order
commande
command
commande de fabrication
manufacturing order
commanditaire
limited or special partner, silent
partner
commerçant
trader
commerce
trade
commercial
business, commercial, mercantile,
salespersn
commercialisation
marketing,
merchandising
commettant
principal

commissaire aux comptes
auditor
commission
commission, fee
commission de démarcheur
finder's fee
commission d'entrée
front-end load
commission indirecte
override
**Commission américaine des
opérations de bourse**
Securities and Exchange
Commission (SEC)
commission de securité
safety commission
commission d'entrée
sales charge
commission fractionnée
split commission
commission partagée
split commission
**Communauté Economique
Européenne (CEE)**
European Economic
Community (EEC)
communication collective
generic appeal
communication de masse
mass communication
communications par satellite
satellite communication
communiqué
statement
**communiqué d'information
annonçant une opa immédiate**
bear hug
communisme
communism
commutation téléphonique
telephone switching
**compagnie d'assurance
(assureur)**
insurance company (insurer)
compagnie de fiducie dépositaire
depository trust company (DTC)
compagnie financière
bank holding company

compagnon
  journeyman
comparable
  comparables
compensation
  compensation, offset
compensation intangible
  intangible reward
compensation juste
  just compensation
compenser
  indemnify
compétences manuelles
  manual skill
compilateur
  compiler
compilation
  compilation
complet
  perfected
complexe militaire-industriel
  military-industrial complex
comportement affectif
  affective behavior
comportement de l'acheteur
  buyer behavior
comportement des
consommateurs
  consumer behavior
composition
  composition
composition aléatoire
  random-digit dialing
compresser
  compress
compression des bénéfices
  profit squeeze
compression du plan de retraite
  curtailment in pension plan
compromis
  trade-off
comptabilité
  accountancy
comptabilité des organismes à but non lucratif
  nonprofit accounting
comptabilité d'inflation
  inflation accounting

comptabilité financière
  financial accounting
comptabilité de caisse modifiée
  modified accrual
comptabilité de gestion
  managerial accounting
comptabilité des coûts de remplacement
  replacement cost accounting
comptabilité en partie double
  double-entry accounting
comptabilité en partie simple
  single-entry bookkeeping
comptabilité-matière
  stock record
comptable
  accountant
compte
  account, reckoning
compte à vue rémunéré
  negotiable order of withdrawal (now)
compte assuré
  insured account
compte capital
  homeowner's equity account
compte capitaux
  homeowner's equity account
compte courant
  open account
compte de résultat
  profit and loss statemnt (P&L)
compte d'exploitation générale
  nominal account
compte en fidéicommis
  trust account
compte en T
  T-account
compte gelé
  frozen account
compte maison
  house account
compte ouvert
  open account
compte saisi
  impound account

188

compte d'exploitation
income statement
compte joint
joint account
compte à vue rémunéré
super now account
compte bloquè
escrow
compte clôturé
closed account
compte collectif
control account
compte d'achats à crédit renouvelable
revolving charge account
compte d'actif de contre-partie
contra-asset account
compte de capital
capital account
compte de dépenses
expense account
compte de frais
expense account
compte de garde
custodial account
compte de tirage
drawing account
compte de valeurs
real account
compte d'ordre
suspense account
compte général
control account
compte géré
managed account
compte reporté
deferred account
compte sur marge
compte de couverture
margin account
compte-chèques rémunéré
negotiable order of withdrawl (NOW)
compte-rendu
statement
comptes de produits
income accounts

comptes clients
accounts receivable
comptes fournisseurs
accounts payable
concédant
grantor
concentration
bunching
concentration horizontale
horizontal combination
concept de marketing
marketing concept
concession
concession
concessionnaire
grantee
conciliateur
conciliator
conciliation
conciliation
conclusion
closing statement
concurrence
competition
concurrence déloyale
unfair competition
concurrence entre les industries
interindustry competition
concurrence parfaite
perfect competition
concurrence pure
pure competition
concurrent
competitor
concussion
graft
condamnation
condemnation
condition
proviso
condition résolutive/résolutoire
condition subsequent
condition suspensive
condition precedent
conditionnement
package design
conditions
terms

189

conditions commerciales
business conditions
conditions d'admission à la
cote
listing requirements
conditions de crédit
credit rating
confédération syndicale
vertical union
confidentiel
confidential
confirmation
confirmation
confirmation positive
positive confirmation
confisquer
impound
conflit d'intérêts
conflict of interest
conflit du travail
labor dispute
conforme
compliant
confusion
confusion
congé
furlough
congé autorisé
leave of absence
congédiement
dismissal
conglomérat
conglomerate
congruence des objectifs
goal congruence
conjointement et
solidairement
jointly and severally
connaissance présumée
constructive notice
connaissance
bill of lading, waybill
connaissance à l'ordre
order bill of lading
connaissance avec réserve
foul bill of landing
connaissance abrégé
short form

connaissement nominatif
straight bill of lading
connexion d'alimentation
power connection
connexion parallele
parallel connection
connexion en guirlande
daisy chain
avocat consultant
counsel
conseil en placement
investment advisory
service
conseil d'administration
board of directors
conseiller
consultant
conseiller en placement
investment counsel
conseiller en gestion
management consultant
conservatisme,
conservateur
conservatism,
conservative
considération
consideration
console/panneau
console
consommateur
consumer
consommateur d'echantillons
sample buyer
consortium
consortium
constant
constant
constante hypothécaire
mortgage constant
constante hypothécaire
annuelle
annual mortgage constant
constituant
component part
constituer
constituer
constitution
incorporation

constitution d'un fonds
funding
constructeur
maker
consultant
consultant
consumérisme
consumerism
contact bilatéral
bilateral contact
contingent d'importation
import quota
continuité
continuity
contraction
contraction
contradiction
discrepancy
contrainte
duress
contraste
contrast
contrat
agreement, contract, cost-plus
contract
contrat à terme
forward contract, futures contract
contrat d'assurance
insurance contract
contrat de courtage
open listing
contrat de jaune
yellow dog contract
contrat de louage inconditionnel
net lease
contrat de mariage
prenuptial agreement
contrat de prêt immobilier
building loan agreement
contrat de revenu garanti
guaranteed income contract (GIC)
contrat global
package
contrat implicite dans les faits
implied in fact contract
contrat oral
oral contract

contrat tacite
implied contract
contrat unilatéral
unilateral contract
contrat à terme sur devises
currency futures
contrat aléatoire
aleatory contract
contrat au comptant
spot commodity
contrat avec inscription au service inter-agences
multiple listing
contrat complémentaire
supplemental agreement
contrat conditionnel
conditional contract
contrat d'adhésion
adhesion contract
contrat d'assurance
adhesion insurance contract
contrat d'indemnisation
contract of indemnity
contrat de couverture
blanket contract
contrat de location financement
direct financing lease
contrat de location-acquisition
capital lease
contrat de location-vente
sales type lease
contrat de service résidentiel
residential service contract
contrat de travail
employment contract
contrat de vente
agreement of sale, sales contract
contrat d'occupation limité
limited occupancy agreement
contrat exécuté
executed contract
contrat express
express contract
contrat financier à terme sur evises
currency futures
contrat financier à terme sur indice boursier
stock index future

contrat foncier
land contract
contrats de non responsabilité
hold-harmless agreements
contrats à termes de
marchandises
commodities futures
contrefaçon
counterfeit, forgery
contrefaire
counterfeit
contre-grève
lockout
contremander
countermand
contre-passation d'une
opération
discharge
contre-valeur
value in exchange
contrevenant
delinquent
contribuable
taxpayer
contribution
contribution
contribution nette
net contribution
contrôle
check, control
contrôle de qualité
quality control
contrôle des prix
price-fixing
contrôle des stocks
inventory contol, inventory
planning
contrôle intermédiaire des
comptes
interim audit
contrôle interne
internal check
contrôle interne
internal control
contrôle opérationnel
operational control
contrôle par parité
parity check

contrôle de gestion
management audit
contrôle des changes
exchange control
contrôle des loyers
rent control
contrôle des marchandises
merchandise control
contrôle des stocks de réserve
reserve-stock control
contrôle direct
controlling interest
contrôle externe
external audit
contrôle légal des comptes
statutory audit
contrôle par sondage
spot check
contrôle ponctuel
spot check
contrôle sélectif du crédit
selective credit control
contrôler
check
convention
agreement
convention de rachat de
parts
buy-and-sell agreement
convention collective
labor agreement
conversation multiple
conference call
conversion
conversion
conversion forcée
involuntary conversion
coopérative
co-op, cooperative
coopérative de
production
producer cooperative
coopérative de crédit
credit union
coordonnée x
x-coordinate
coordonnée y
y-coordinate

copie recto-verso (impression)
duplex copying (printing)
copropriété
co-tenancy
copyright
copyright
corbeille
trading post
corbeille de recyclage
recycle bin
corporation
guild
corporel
corporeal
corpus
corpus
correcteur orthographique
spell checker
correction
correction
**correction des variations
saisonnières**
seasonal adjustment
corrélation inverse
negative correlation
corrélation négative
negative correlation
correspondant
correspondent
correspondant hypothécaire
mortgage correspondent
corrompu
corrupted
**corruption de
fonctionnaires**
graft
co-signer
cosign
cotation à la criée
open outcry
cotation de l'obligation
bond rating
cotation de l'or
gold fixing
cotation réservée
suspended trading
cote de crédit
credit rating

cotisation
contribution
cotisations salariales
employee contributions
coupon à long terme
long coupon
coupon détaché
strip
coupure
strip
coupure de courant
power down
cour d'appel
appellate court (appeals court)
courbe de phillip
phillip's curve
courbe de possibilité de production
production-possibility curve
courbe de rendement ascendante
positive yield curve
courbe de rendement inversée
inverted yield curve
courbe de rendement positive
positive yield curve
courbe des taux
yield curve
courbe d'offre de travail
backward-bending supply curve
courbe d'offre de travail coudée
backward-bending supply curve
courbe en J
J-curve
courbe de la demande
demand curve, demand schedule
courbe des coûts marginaux
marginal cost curve
courrier réponse d'affaires
business reply mail
cours
quotation, market price
cours du marché libre
open-market rates
cours normal des négociations
ordinary course of business
cours officiel
official exchange rate
cours d'achat et de vente
bid and asked

cours de clôture ou cotation finale
closing price or closing quote
cours du jour
current market value
cours légal
legal tender
course aux procurations
proxy fight
course à vide
deadhead
court terme
short term
courtage
brokerage
courtier
broker
courtier d'échange
prize broker
courtier en obligation/valeur
bond broker
courtier traditionnel
full-service broker
courtier à commission
commission broker
courtier commercial
commercial broker
courtier d'escompte
discount broker
courtier en prêts hypothécaires
mortgage broker
courtier immobilier
realtor
courtier résidentiel
residential broker
courtoisie
curtesy
coût
cost
coût constant
fixed cost
coût de détention
holding fee
coût de maintien négatif
negative carry
coût de période
period expense, period cost

coût de renoncement
opportunity cost
coût d'opportunité
opportunity cost
coût externe
off-site cost
coût fixe
fixed cost
coût historique
historical cost
coût implicite
imputed cost
coût imputé
imputed cost
coût incorporable total
joint product cost
coût initial
original cost
coût privé
private cost
coût restant à couvrir
unexpired cost
coût unitaire de travail
unit-labor cost
coût variable
variable cost
coût amorti
depreciated cost
coût assurance fret (CAF)
CIF
coût courant
current cost
coût d'achat
acquisition cost
coût de détention des capitaux
carrying charge
coût de fabrication
manufacturing cost
coût de l'investissement
cost of capital
coût de la conversion
conversion cost
coût de portage
cost of carry
coût de reconstitution
reproduction cost

194

coût de remplacement
replacement cost, severance
damages
coût de rupture
stockout cost
coût de rupture de stock
stockout cost
coût des biens manufacturés
cost of goods manufactured
coût des biens vendus
cost of goods sold
coût direct
direct cost
coût discrétionnaire
discretionary cost
coût et fret (C et F)
C&F
coût final
closing cost
coût marginal
marginal cost
coût moyen
average cost
coût standard
standard cost
coûts indirects sous imputés
underapplied overhead
coûts contrôlables
controllable costs
coûts indirects imputés
applied overhead
coûts semi-variables
semivariable costs
couverture
hedge
couverture de dividende prefcrentiel
preferred dividend coverage
couverture de dividende prioritaire
preferred dividend coverage
couverture de dividende privilegie
preferred dividend coverage
couverture des frais fixes
fixed-charge coverage
couverture totale
full coverage

couverture de position
short covering
couverture des personnes à charge
dependent coverage
couverture élargie
extended coverage
couverture suffisante
adequacy of coverage
couverture-assurance
insurance coverage
couvrir
cover
covariance
covariance
créance chirographaire
unsecured debt
créance hypothécaire garantie
guaranteed mortgage
créance prioritaire
underlying debt
créance sans garantie
unsecured debt
créance garantie
secured debt
créances douteuses
bad debt
créances irrécouvrables
bad debt
créancier
creditor
créancier autorisé
judgment creditor
créancier en vertu d'un jugement
judgment creditor
créancier hypothécaire
mortgagee
création d'un esprit d'équipe
team building
creative black book
creative black book
crédit
credit
crédit commercial
trade credit
crédit de restructuration
new money
crédit fournisseur
trade credit

crédit à la consommation
retail credit
crédit auto-amortissable
self-mortizing mortgage
crédit de la taxe sur l'énergie
energy tax credit
crédit foncier
land banking
crédit immobilier
mortgage
crédit pour enfants et personnes dépendantes
child and dependent care credit
crédit pour l'énergie résidentielle
residential energy credit
crédit renouvelable
revolving credit
crédit reporté
deferred credit
crédit reporté de retraite
deferred retirement credit
crédit-bail mobilier
equipment leasing
créneau
niche, window
creux
trough
crise
slump
critères d'admissibilité
eligibility requirements
croiser
cross
croissance déséquilibrée
unbalanced growth
croissance nulle
no-growth, zero economic growth

croissance zéro
zero economic growth, zero population growth (ZPG)
croissance économique
economic growth
cryptage
encryption
cumul
double-dipping
cumul d'emplois
moonlighting
curateur
guardian
curseur
cursor
cyberespace
cyberspace
cycle de vie d'investissement
investment life cycle
cycle de vie du produit
product life cycle
cycle de vie familial
family life cycle
cycle d'exploitation
operating cycle
cycle économique
business cycle
cycle comptable
accounting cycle
cycle de facturation
billing cycle
cycle de gestion
management cycle
cycle de kondratieff
long-wave cycle
cycle de vie
life cycle
cycle long
long-wave cycle

D

d'autofinancement
cash flow

d'entreprise
business

d'exploitation
business

dans chaque sens
each way

datation
dating

datation EOM
EOMdating

date de la
transaction
trade date

date de mise sur le marché
offering date

date de paiement
payment date

date de parution
on-sale date

date de retrait de la vente
off-sale date

date de valeur
value date

date d'ouverture
open dating

date d'émission
date of issue

date d'expiration
deadline

date de l'ex-dividende
ex-dividend date

date de livraison
delivery date

date de prise d'effet
effective date

date de règlement
settlement date

date d'échéance
maturity date

date du coupon détaché
ex-dividend date

date du registre
date of record

date finale
closing date

date limite
closing date, deadline,
expiration

date-limite de minuit
midnight deadline

de bonne foi
bona fide

de bonne livraison
good delivery

de commerce équitable
fair trade

de détail
less than carload (L/C)

de fin d'exercice
year-end

de fond
bottom

de signature
testimonium

dealer
dealer

débit
debit

débit (en bauds)
baud rate

débiteur
debtor, obligor

débiteur d'une créance
exécutoire
judgment debtor

débiteur en vertu d'un
jugement
judgment debtor

débiteur hypothécaire
mortgagor

débloquer
unfreeze

déboguer
debug

débouché
market area
déboursement
disbursement
déboursés
cash disbursement
début de la couverture
commencement of coverage
décaissement
disbursement
décaler
indent
décentralisation
decentralization
décharge
discharge
déchargement
unloading
déchéance
forfeiture, lapse
déchets
waste
déclaration
declaration
déclaration commune
joint return
déclaration de revenu
tax return, income tax
return
déclaration d'inventaire
inventory certificate
déclaration financière
financial statement
déclaration a priori
a priori statement
déclaration d'immatriculation
registration statement
déclaration d'impôts unifiée
consolidated tax return
déclaration d'âge érronée
misstatement of age
déclaration de fiducie
declaration of trust
déclaration de revenus estimés
declaration of estimated tax
**déclaration de revenus
modifiée**
amended tax return

déclaration finale
closing statement
déclarer
declare
décompte des frais
cost accounting
décote de l'obligation
bond discount
découverte
discovery
décrêt
ordinance
décret extraordinaire
interlocutory decree
décryptage
decryption
dédommagement
offset
dédommager
indemnify
déductible des impôts
tax deductible
déduction retenue
deduction
déduction fiscale
tax deduction
déduction sur le salaire
payroll deduction
déduction sur le traitement
payroll deduction
**déduction basée sur la situation
matrimoniale**
marital deduction
déduction standard
standard deduction
**déduction supplémentaire
d'amortissement**
additional first-year depreciation
(tax)
**déductions fiscales accordées aux
particuliers**
itemized deductions
déduire
setoff, takeoff
défaillance
default, defeasance
défaut de livraison
fail to deliver

défaut de titre
title defect
défaut d'exéction
nonperformance
défaut latent/caché
latent defect
défectueux
defective
défendeur
defendant
defense de la terre brulée
scorched-earth defense
défense lors d'un procès à l'encontre de l'assuré
defense of suit against insured
déficience unique
unique impairment
déficit
deficit
déficit budgétaire
federal deficit
déficit public
federal deficit
déficit sur loccupation d'agrément
hobby loss
déficit reportable
loss carryforward
défilement vers le bas
page down
défilement vers le haut
page up
définition des objectifs
goal setting
définition d'image
image definition
définition de cellule
cell definition
déflateur
deflator
déflation
deflation
dégradation
waste
dégraissage
shakeout
degré de sécurité
security rating

degré de solvabilité estimée
credit rating
dégression
degression
délai
deadline
délai de paiement (en cas de renouvellement)
grace period
délai d'exécution
turnaround time
délai de démarrage
lead time
délai de mise en marche
lead time
délai de mise en route
lead time
délai de réflexion
délai de renonciation
délai de renonciation
délai de renonciation
délai préjudiciable
laches
déléguer
delegate
délit
misdemeanor
demande
demand, requisition, petition
demandé
asked
demande de brevet déposée
patent pending
demande primaire
primary dcmand
demande conjoncturelle
cyclical demand
demande de prêt
loan application
demande de révision
deficiency letter
demande dérivée
derived demand
demande du marché
market demand
demande globale
aggregate demand

demande reconventionnelle
counterclaim
démantèlement
divestiture
démarcheur
lobbyist
demarketing
demarketing
démembrement
divestiture
demeure
house
demi-vie
half-life
démographie
demographics
démolition
demolition
démonétisation
demonetization
démoraliser
demoralize
dénomination
denomination
dénouer une position
unwind a trade
densité
density
déontologie commerciale
business etiquette
dépannage
troubleshooting
département de contrôle
back office
dépassement de capacité
overflow
dépassement des coûts
cost overrun
dépense
expense
dépense nationale brute
gross national expenditure
dépense affectée
appropriated expenditure
dépense d'investissement
capital expenditure
dépense de règlement des sinistres
loss adjustment expense

dépenses incrémentielle
incremental spending
déplacement vers le bas
scroll down
déplacement vers le haut
scroll up
déposer
file
dépositaire
bailee, custodian
dépositaire légal
escrow agent
déposition
deposition
déposséder
dispossess
dépossession
divestiture
dépôt
custody, deposit,
stockpile, warehouse
dépôt à terme
time deposit
dépôt de garantie
earnest money
**dépôt non
remboursable**
nonrefundable fee or
nonrefundable deposit
dépôt à vue
demand deposit
dépôt de garantie
security deposit
dépôt en circulation
deposit in transit
dépréciation
depreciation, physical
depreciation
dépréciation curable
curable depreciation
dépréciation de vétusté
guideline lives
dépréciation incurable
incurable
depreciation
**dépréciation des
matériaux composites**
composite depreciation

dépréciation économique
economic depreciation
déprécier
depreciate
dépression conjoncture défavorable
depression
depuis le début de l'année en cours
year-to-date (YTD)
déréglementation
deregulation
dérégulation
deregulation
dernier entré premier sorti
last in, first out (LIFO)
dernier entré premier sorti avec indexation
dollar value LIFO
dernière vente
last sale
dérogation
override, waiver
désactiver
turn off
descendance en ligne directe
issue
description
description
description de l'emploi
job specification
description de poste
job description
déséconomies
diseconomies
déséconomies agglomérées
agglomeration diseconomies
désengagement
divestiture
déshérence
escheat
désignation
description
désindustrialisation
deindustrialization
désinflation
disinflation
désintermédiation
disintermediation

dessous-de-table
kickback
destinataire
consignee
destinataire de l'offre
offeree
détaillant affilié
affiliated retailer
détaillant spécialisé
specialty retailer
détecteur de requin
shark watcher
détenteur à la date de clôture
holder of record
détenteur d'option
option holder
détérioration
waste
détermination des objectifs
goal setting
détermination du moment propice
market timing
déterminer
settle
détournement des biens
peculation
détournement de fonds
defalcation, embezzlement
dette
debt
dette consolidée
funded debt
dette flottante
floating debt
dette nationale brute
gross national debt
dette obligataire
bonded debt
dette par tête
per-capita debt
dette à court terme
short-term debt or short-term liability
dette à long terme
long-term debt or long-term liability
dette amortie
liquidated debt

dette hypothécaire
mortgage debt
dette senior
senior debt
dette subordonnée
subordinate debt
dettes effectives
effective debt
dévalorisation curable
curable depreciation
dévaloriser
depreciate
dévaluation
devaluation
devanture
frontage
développement
development, betterment
développement de marque
brand development
développement des organisations
organization development
développeur
developer
déversement
spillover
déviation standard
standard deviation
devis
estimate, firm quote, quotation
devise contrôlée
managed currency
devise dirigée
managed currency
devises étrangères
foreign exchange
devise faible
soft currency
devise fonctionnelle
functional currency
devise forte
hard currency
devises en circulation
currency in circulation
diagramme a colonnes cumulées
stacked column chart
diagramme de dispersion
scatter diagram

diffamer
slander
différence
discrepancy, spread
diffusion multiple
multicasting
dilution
dilution
diminuer (le salaire)
docking
diminution
abatement
diplomatie
diplomacy
direct
up front
directeur
director, executive, manager
directeur d'agence
branch office manager
directeur des études de marché
marketing director
directeur du marchandisage
merchandising director
directeur du marketing
marketing director
directeur général d'exploitation
chief operating officer
directeur général des finances
chief financial officer
direction
management
direction de la production
production control
direction participative
participative leadership
direction par exceptions
management by exception
directorat
directorate
discompte
discount
discompter
discount
discrétion
discretion
discrimination
discrimination

discrimination fondée sur l'âge
age discrimination
disposant
settlor
disposer par testament
devise
dispositif d'alimentation
sheet feeder
disposition de temporisation
sunset provision
disposition habilitante
enabling clause
disque
disk
disque dur
hard disk
dissimulation
concealment
dissolution
breakup, dissolution
distinction
honor
distributeur
distributor
distribution
distribution
distribution ouverte
open distribution
distribution primaire
primary distribution
distribution équitable
equitable distribution
distribution secondaire
secondary distribution
distribution sélective
selective distribution
district résidentiel
residential district
diversification
diversification
dividende
dividend
dividende final
year-end dividend
dividende illégal
illegal dividend
dividende non versé
unpaid dividend

dividende omis
omitted dividend
dividende preferentiel
preferred dividend
dividende prioritaire
preferred dividend
dividende privilegie
preferred dividend
dividende cumulatif
cumulative dividend
dividende cumulé
accumulated dividend
dividende en action
stock dividend
dividende en espèces
cash dividend
dividende supplémentaire
extra dividend
dividendes à payer
dividends payable
dividendes extraordinaires
extraordinary dividends
division
split
division du travail
division of labor
divulgation
disclosure
document probant
documentary evidence
documentation
documentation
documents externes
external documents
dollars sonnants et trébuchants
hard dollars
dollars constants
constant dollars
dollars courants
current dollars
domaine en possession individuelle
estate in severalty
domaine public
public domain
domaine éminent
eminent domain
domicile
domicile

domicile-domicile
house to house
dommage
tort
dommage corporel
personal injury
dommages accessoires
incidental damages
dommages et intérêts
damages
dommages-intérêts symboliques
nominal damages
dommages-intérêts punitifs
punitive damages
dommages-intérêts compensatoires
actual damages
don
gift
donateur
donor, grantor
donation
gift
données
data
données historique des transactions
ticker
données par séries de temps
time series data
données brutes
raw data
donner par testament
bequeath
donneur d'ordre
originator
dossier
record
dossier de presse
press kit
dossier décisionnel
decision package
dot
dowry
dotation
endowment
douaire
dower

douanes
customs
double (triple) des dommages et intérêts
double (treble) damages
double contrat
dual contract
double du temps
double time
double imposition
double taxation
double précision
double precision
double-cliquer
double click
douze douzaines
gross
drainage du dollar
dollar drain
droit acquis
vested interest
droit de circulation
trackage
droit de douane
tariff
droit de mutation à titre gratuit
gift tax
droit de rétention
tax lien
droit de vote
voting right
droit d'entrée
front-end load
droit d'usufruit
usufructuary right
droit fixe
fixed fee
droit international
international law
droit sur les donations
gift tax
droit à la déduction des cotisations salariales
deductibility of employee contributions
droit à titre bénéficiaire
beneficial interest

droit administratif
administrative law
droit bénéficiaire (loc. m)
beneficial interest
droit civil
civil law
droit commercial
commercial law, mercantile law
droit commun
common law
droit d'accès
access right
droit d'auteur
copyright
droit de commutation
commutation right
droit de participation
bénéficiaire
beneficial interest
droit de passage
right-of-way
droit de préférence
right of first refusal
droit de rachat
equity of redemption, right of
redemption
droit de reproduction
copyright
droit de résolution
right of rescission
droit de rétention du
transporteur
carrier's lien
droit de retour
right of return
droit de souscription
subscription right
droit du survivant
survivorship
droit hypothécaire de
rachat
equity of redemption
droit judicataire
adjective law
droit réversif
reversionary interest

droite de régression
regression line
droits
fee, vesting
droits de propriété
property rights
droits de succession
inheritance tax, transfer tax
droits de tirage spéciaux
paper gold
droits futurs
future interest
droits préférentiels de souscription
preemptive rights
droits aériens
air rights
droits d'évaluation
appraisal rights
droits de tirage spéciaux
special drawing rights (SDR)
droits d'entrée
sales charge
droits des squatters
squatter's rights
droits miniers
mineral rights
droiture
clean hands
dû
outstanding
du bas
bottom
dumping
dumping
duplication des prestations
duplication of benefits
durée
terms
durée de crédit initiale
original maturity
durée de détention
holding period
durée de vie économique
useful life
durée , amortissement
term, amortization

E

écart
  spread, gap, variance
écart de prix
  trading range
écart de taux
  yield spread
écart fiscal
  tax wedge
écart inflationniste
  inflationary gap
écart permanent
  permanent difference
écart sur stock
  inventory shortage (shrinkage)
échange
  exchange
échange exempt d'impôt
  tax-free exchange
échange de marchandise
  barter
échanger
  redeem
échanges de valeurs mobilières et
de biens
  securities and commodities
  exchanges
échantillon discrétionnaire
  judgment sample
échantillon aléatoire
  random sample
échantillon de population par
groupes homogènes
  quota sample
echantillonnage
  sampling
échantillonnage attributif
  attribute sampling
échantillonnage des variables
  variables sampling
échantillonnage par bloc
  block sampling
échantillonnage statistique
  testcheck

échantillonnage aléatoire stratifié
  stratified random sampling
échantillonnage de la découverte
  discovery sampling
échantillonnage en grappes
  cluster sampling
échantillonnage pour acceptation
  acceptance sampling
échantillonnage statistique
  statistical sampling
échantillonnage systématique
  systematic sampling
échantillons en grappes
  cluster sample
échéance
  callable
échéance initiale
  original maturity
échelle
  scale
échelle de gris
  gray scale
échelle des salaires
  wage scale
échelle nominale
  nominal scale
échelle ordinale
  ordinal scale
échelle par intervalles
  interval scale
échelle principale
  nominal scale
échelle uniforme
  flat scale
échelle de rapports
  ratio scale
échelle de variations
relatives
  ratio scale
économétrie
  econometrics
économie
  economics, economy

économie néoclassique
 neoclassical economics
économie normative
 normative economics
économie ouverte
 open economy
économie planifiée
 planned economy
économie pure de marché
 pure-market economy
économie souterraine
 underground economy
économie traditionnelle
 traditional economy
économie appliquée
 applied economics
économle conjoncturelle
 cyclical industry
économie de l'offre
 suppl-side economics
économie de marché
 market economy
économie dirigée
 controlled economy, managed economy
économie dirigiste
 command economy
économie en pleine maturité
 mature economy
économie fermée
 closed economy
économie mixte
 mixed economy
économies d'échelles
 economies of scale
économique
 economic
economiseur d'ecran
 screen saver
économiste
 economist
écran d'aide
 help screen
écran de titre
 title screen
écran tactile
 touch screen

écran à cristaux liquides
 liquid crystal display (lcd)
ecran de demarrage
 start-up screen
écraser
 overwrite
écrémage
 milking
écriture
 posting
écriture comptable
 posting, journal entry
écriture de journal
 original entry
écriture complexe
 compound journal entry
écriture de contrepassation
jugement renversé
 reversal
écriture de contrepassation
 reversing entry
écriture de fermeture
 closing entry
écriture de régularisation
 adjusting entry
éditer
 edit
édition de texte
 text editing
effacer
 clear, erase
effectifs
 labor force
effet
 draft
effet à ordre
 order paper, promissory note
effet à payer
 note payable
effet à recevoir
 note receivable
effet à taux flottant
 floating-rate note
effet de halo
 halo effect
effet de levier financier positif
 positive leverage

effet de revenu
  income effect
effet boule de neige
  snowballing
effet de change
  bill of exchange
effet de complaisance
  accommodation paper
effet de levier
  leverage
effet de levier inverse
  reverse leverage
effet de substitution
  substitution effect
effet hypothécaire alternatif
  alternative mortgage instrument
  (AMI)
efficacité
  efficiency
efficacité marginale
  marginal efficiency of capital
effondrement
  slump
effort personnel
  self-help
éjecter
  eject
élaboration d'un plan de secours
  contingency planning
élan
  momentum
élasticité des prix
  price elasticity
élasticité égale à l'unité
  unitary elasticity
élasticité unitaire
  unitary elasticity
élasticité de l'offre et de la
demande
  elasticity of supply and demand
élection décalée
  staggered election
élément indirect du coût de revient
  indirect cost
élément non monétaire
  nonmonetary item
élément d'épargne
  savings element

éléments communs
  common elements
éléments ordinaires
  common elements
éliminer
  purge, wipeout
élire
  elect
émancipation
  emanicipation
emballage primaire
  primary package
emballage trompeur/trompe l'œil
  deceptive packaging
emballage-bulle
  blister packaging
emballement de l'activité d'une
entreprise
  overtrading
embargo
  embargo
embarquement
  lading
embellissement
  improvement
emblavage
  emblement
émetteur
  issuer
emettre
  float
émis et en circulation
  issued and outstanding
émission
  issue
émission d'actions très
côtées
  hot issue
émission d'actions vedettes
  hot issue
émission de deuxième rang
  junior issue
émission obligataire
  debenture
emplacement à cent pour cent
  one-hundred-percent location
emploi
  job, occupation

emploi du temps
timetable
**emploi sans possibilité
d'avancement**
dead-end job
employeur
employer
emprunt
loan
emprunt à terme
term loan
emprunt de collectivité locale
general obligation bond
**emprunt immobilier à échéances
variables**
flexible-payment mortgage(FPM)
emprunt indexé
indexed loan
emprunt non productif
nonproductive loan
en amont
downstream
en bas
bottom
en circulation
outstanding
en connaissance de cause
scienter
en cours
current, outstanding
en cours de commande
on order
en dedans
in the money
en dehors
out of the money
en dessous du pair
below par
en l'état
as is
en ligne
on-line
en puissance
inchoate
en souffrance
outstanding
en suspens
outstanding

encaissable
collectible
encaissement
collection
enchères
auction or auction sale
enchérir sur
outbid
enclavé
landlocked
encombrement
glut
endossement
endorsement or indorsement
endosseur par complaisance
accommodation endorser, maker
or party
endroit faible
soft spot
enfant du baby boom
baby boomers
enfermé à l'intérieur
locked in
engagement
commitment
engagement signé par la caution
bail bond
engagement contractuel
indenture
engagement de vente
transmittal letter
engagement à ne pas concurrencer
covenany not to compete
**engagement conditionnel
(responsabilité du cautionnement)**
contingent liability (vicarious
liability)
**engagement de retraite
minimum**
minimum pension liability
engagement formel
covenant
enjoindre à
enjoin
enquête
survey
enquête de satisfaction
satisfaction piece

enregistrement
recording, registration, posting

enregistrement d'initialisation
boot record

enregistrement des coûts
cost records

enregistrement d'initialisation principal
master boot record

enregistrer de lourdes pertes
take a bath, take a beating

ensemble
package

entamer
encroach

en-tête
header

entité
entity

entrée
input

entrée de commande
order entry

entrées et sorties
ingress and egress

entrepôt
stockroom, warehouse

entrepreneur
entreprenuer

entreprise
company, enterprise, firm, venture

entreprise commune
joint venture

entreprise de transport
forwarding company

entreprise générale
entrepreneur général
general contractor

entreprise individuelle
proprietorship

entreprise non consolidée
unconsolidated subsidiary

entreprise non membre
nonmember firm

entreprise ,
business

entreprise au stade de éveloppement
development stage enterprise

entreprise équitable en matière d'emploi
equal opportunity employer

entreprise individuelle
sole proprietorship

entreprise multinationale
société multinationale
multinational corporation (MNC)

entretien
interview, maintenance, servicing, upkeep

entretien non structuré
interview, unstructured

entretien structuré
interview, structured

entretien de fin d'emploi
exit interview

entretien en profondeur
depth interview

enveloppe-réponse d'affaires
business reply envelope

envoi
consingment

envoi d'échantillons a domicile
house-to-house sampling

envoi en exprès
special delivery

épargne forcée
forced saving

épreuve
test

épuisement
burnout, depletion

equalization board
equalization board

équation comptable
accounting equation

équilibre
equilibrium

équilibre budgétaire
fair rate of return

équilibre du marché
market equilibrium

équipe
shift

équipe commando
venture team
équipe de nuit
graveyard shift
équipe qui travaille de 16 heures à minuit
swing shift
équipe tournante
rotating shift
équipement
equipment
équitable
equitable
équité
equity
équivalant à de l'action ordinaire
common stock equilavent
équivalence de taux
yield equivalence
équivalence en espèces
cash equivalence
erreur
error, mistake
erreur fatale
fatal error
erreur bilatérale
bilateral mistake
erreur compensatrice
compensating error
erreur comptable
accounting error
erreur d'écriture
clerical error
erreur de droit
mistake of law
escompte comptabilisé d'avance
unearned discount
escompte de caisse
cash dicount
escompte officiel
discount window
escompte sur hypothèque
mortgage discount
escroquerie
fraud
espace libre
open space

espacement
pitch
espacement des lignes
line pitch
espèces
cash, specie
espèces sonnantes et trébuchantes
hard cash
espérance de vie
life expectancy
espérance mathématique
expected value
espionnage
espionage
essai d'observation
observation test
essai et erreur
trial and error
estimateur
appraiser, estimator
estimateur sans biais
unbiased estimator
estimation
appraisal, valuation
estimer
appraise, assess
établir l'inventaire
taking inventory
établissement de crédit
institutional lender
établissement des objectifs
goal setting
établissement financier
financial insitution
étalement des échéances
staggering maturities
étalon argent
silver standard
étalon monétaire
monetary standard
étalon-or
gold standard
état
position
état de revenus fixes
fixed income statement

état des paiements
paid status
état du titre
title report
état financier
financial statement
état pro forma des résultats
projected (pro forma) financial
statement
etat providence
welfare state
état des bénéfices non répartis
retained earnings statement
état des frais de déplacement
expense report
état du capital des partenaires
statement of partners' capital
état financier certifié
certified finical statement
état/bilan financier comparatif
comparative finacial
statements
états comptables
accounting records
étendue
range
étendue du poste
job depth, scope of
employment
éthique commerciale
business ethics
éthique, code de déontologie
ethical, ethics
étiquette à code barre
bar code label
être rattaché au bien-fonds
run with the land
étude
survey
étude de faisabilité
feasibility study
étude de marché
market research
étude de mémorisation
recall study
étude des
micromouvements
micromotion study

étude des mouvements
motion study
études qualitatives
qualitative research
études quantitatives
quantitative research
euro
euro
évaluateur
appraiser
évaluation
appraisal, assessment
evaluation des tâches
job evaluation
evaluation des secteurs clés
key-area evaluation
évaluation à la valeur de marché
mark to the market
évaluation de l'insuffisance
assessment of deficiency
évaluation des sources
source evaluation
évaluer
appraise, assess
évalutation
valuation
évasion fiscale
tax evasion
evenement ultérieur
subsequent event
événements disjoints
disjoint events
éventail
range
éviction
crowding out, eviction
éviction, constructive
eviction, constructive
éviction, effective
eviction, actual
éviction, partielle
eviction, partial
évolution conjoncturelle
cyclic variation
examen
test
examen de curriculum vitae
background investigation

examen physique
physical examination
examen analytique
analytical review
examen médical
medical examination
examen professionnel
licensing examination
excédent
overage, overrun, surplus
excédent agricole
farm surplus
excédent à titre de don
donated surplus
excédent de capital
capital surplus
exception pralable
demurrer
**excercice conclu sans
payer de dividende**
passed dividend
exclusion
exclusion
**exclusion des risques de
l'entreprise**
business risk eclusion
exclusion de couverture
exclusion of coverage
exclusion de dividendes
dividend exclusion
exclusions
exclusions
exécuté(e)
executed
exécuter
execute, run
**exécuter sinon annuler
immédiat**
fill or kill (FOK)
exécuteur
executor
exécutif
executive
exécution
execution, fulfillment,
performance
exécutoire
executory

exemplaire obligatoire
mandatory copy
exemption
exemption
exerçant des activités telles que
doing business as
(DBA)
exercer
exercise
exercice
exercise
exercice cyclique
natural business year
**exercice de l'option
de vente**
put to seller
exercice civil
calendar year
exercice financier
accounting period
exigence en immobilisation
capital requirement
exigences de crédit
crdit requirements
exiger
enjoin
ex-légal
ex-legal
exonération
exemption
exonération d'impôts
tax abatement
exonération fiscale
tax abatement
**exonération pour la
résidence principale**
homestead tax
exemption
exonération positive
affirmative relief
expansion
expansion
expansion horizontale
horizontal expansion
expansion interne
internal expansion
expansion diagonale
diangonal expansion

expéditeur
consignor, originator
expédition
consingment
expert
assessor, surveyor,
troubleshooter
expert libre
independent adjuster
expert-comptable
accountant
expertise
survey, valuation
expertise comptable
public accounting
exploitation
business, exploitation
exploitation interrompue
discontinued operation
export
export
exporter
export
exposé
statement
exposé-sondage
exposure draft

exposition aux risques
exposure
exposition professionnelle
trade show
express(e)
express
expulsion
ejectment, eviction
expulsion de représailles
retaliatory eviction
extensible
expandable
extension de fichier
file extension
extension de la marque
brand extension
extension de ligne
line extension
externalisation
outsourcing
extrait
abstract of record
extrapolation
extrapolation

F

fabricant
  maker
fabrication
  manufacture
fac-similé
  facsimile
facteur d'annuité Inwood
  Inwood annuity factor
facteur de récupération du capital
  Inwood annuity factor
facteur d'usure
  wearout factor
facteur contraignant (limitant)
  constraining (limiting) factor
facteur d'actualisation
  annuity factor
facteur réversible
  reversionary factor
facteurs humains
  human factors
factice
  dummy
factorielle
  factorial
facturation brute
  gross billing
facturation périodique
  cycle billing
facturation reportée
  deferred billing
facture
  bill, invoice
facture à payer
  due bill
facturer
  charge
facturer l'acheteur
  charge buyer
factures à payer
  payables
faible résolution
  low resolution

faillite
  bankruptcy
faillite volontaire
  voluntary bankruptcy
faire deposer au greffe
  impound
faire du
  file
faire payer trop cher
  overcharge
faire pratiquer une saisie-arrêt
  garnish
faire suivre
  forward
fait d'avoir des arriérés
  arrearage
fait de réduire la taille d'un terrain
  downzoning
fait matériel
  material fact
falsification
  forgery
famille de fonds
  family of funds
fardeau de la preuve
  burden of proof
fascisme
  fascism
fatigue industrielle
  industrial fatigue
faute professionnelle
  malpractice
faux en écriture
  forgery
faux malade
  malingerer
faux témoignage
  perjury
fed wire
  fed wire
fenêtre d'application
  application window

fermer
close
fermer une session
sign off
fermeture
closing, shutdown
fermeture de session
log off
ferro
blueprint
feuille de présence
time card
feuille de travail
worksheet
feuille d'impôt
tax return
feuille de calcul
spread sheet
feuille de travail source
source worksheet
feuilles jaunes
yellow sheets
fiabilité
reliability
fibre optique
optical fiber
fiche de coût de revient
job cost sheet
fiche de renseignements
personnels
personal data sheet
fiche de travail
job ticket
fiche de commande
order card
fichier
file
fichier batch
batch file
fichier cible
target file
fichier cible (réseau)
destination file
(network)
fichier de sauvegarde
backup file
fichier protégé
protected file

fichier public
public file
fichier auxiliaire
auxiliary file
fidélité à la marque
brand loyalty
fiducie discrétionnaire
trust, discretionary
fiducie familiale
bypass trust
fiducie irrévocable
irrevocable trust
fiducie judiciaire
involuntary trust
fiducie non discrétionnaire
nondiscretionary trust
fiducie par détermination de la loi
involuntary trust
fiducie par interprétation
involuntary trust
fiducie QTIP
qualified terminable interest
property (Q-TIP) trust
fiducie sans droit de regard
blind trust
fiducie testamentaire
testamentary trust
fiducie à participation protégée
spendthrift trust
fiducie de redevance
royalty trust
fiducie entre vifs
living trust
fiducie foncière
land trust
fiducie non testamentaire
living trust
fiducie révocable
revocable trust
filiale
subsidiary, subsidiary
company
films à gros budget
megabucks
filtre d'écran
screen filter
fin de mois
end of month

financement
financing, funding
financement permanent
permanent financing
financement provisoire
interim financing
financement sur stocks
inventory financing
financement des comptes clients
accounts receivable financing
financement novateur
creative financing
financement par émission d'action
equity financing
financement par le déficit
deficit financing
financement par l'emprunt
deficit spending
FISC
Internal Revenue Service (IRS)
fiscal
fiscal
fiscaliste
fiscalist
fixation
fixation
fixation de budget de publicité
advertising appropriation
fixe
flat
fixer
appreciate, settle, peg
flâner
goldbrick
flottant
float, floating supply
fluctuation
fluctuation
flux de revenus
income stream
flux de trésorerie négatif
negative cash flow
flux d'informations
information flow
flux financier
flow of funds
flux de trésorerie
cash flow

flux de trésorerie avant impôts
before-tax cash flow
flux monétaire après impôt
after-tax cash flow
fonction de zoom
zoom function
fonction des observations
test statistic
fonction de la consommation
consumption function
fonction hiérarchique
line function
fond de petite caisse
petty cash fund
fond commun de placement
mutual fund
fonds communt de placement (FCP)
growth fund
fonds à gestion indicielle
index fund
fonds de caisse a montant fixe, comptabilité de prévision
imprest fund, imprest system
fonds de commerce
goodwill
fonds de roulement
working capital
fonds de roulement déficitaire
negative working capital
fonds de roulement négatif
negative working capital
fonds d'investissement
investment trust
fonds en fidéicommis
trust fund
fonds hautement spéculatif
performance fund
fonds indiciel
index fund
Fonds Monétaire International (FMI)
International Monetary Fund (IMF)
fonds sans frais d'acquisition
no-load fund

fonds en transit
float
fonds fédéraux
federal funds
fonds non encaissés
uncollected funds
fonds non perçus
uncollected funds
fonds d'état libres d'intérêt nominal (FELIN)
zero coupon bond
fonds commun de placement
money market fund
fonds commun de placement à droit d'entrée
load fund
fonds commun de placement équilibré
balanced mutual fund
fonds d'actions ordinaires
common stock fund
fonds d'amortissement
sinking fund
fonds de liquidation
cleanup fund
fonds de placement fermé
closed-end mutual fund
fonds de réserve
contingencey fund, reserve fund
fonds de réserves spéciales
excess reserves
fonds dominant
dominant tenement
fonds dotal
dowry
fonds externe
external funds
fonds liquide
liquid asset
fonds propres
shareholder's equity, stockholder's equity
fonds qui n'est pas noté
not rated (NR)
fonds recouvrés
recovery fund

fonds renouvelable
revolving fund
forage sauvage
wildcat drilling
force d'impulsion
momentum
force vive
momentum
forclusion
estoppel, foreclosure
formalités administratives
red tape
format
format
format à la française
upright format
format de fichier
file format
format de la page
page format
format d'image
picture format
format en hauteur
upright format
format normal
upright format
format de cellule
cell format
format RTF
rich text format (RTF)
formation sur le tas
on-the-job training (OJT)
formation continue
continuing education
formation de capital
capital formation
formation psychosociale
sensitivity training
forme marchande
commercial forms
formulaire des bénéfices et commissions
profit and commissions form
formule forfaitaire de placement
formula investing
forum aux questions
FAQ (frequently asked questions)

forum de discussion
  chat forum
foule
  crowd
fourchette de cotation
  trading range
fourchette de salaire
  wage bracket
fourchette d'imposition
  tax bracket
fourchette d'amortissement de
l'actif
  asset depreciation range
  (ADR)
fournir
  supply
fournisseur
  supplier
fournisseur d'accès à
internet
  internet service provider
fournisseur du matériel
  material man
fraction d'action
  fractional share
fractionnement
  split
fractionnement du revenu
  income splitting
frais
  charge, cost
frais de bourse
  transaction cost
frais de constitution
  organization cost, origination
  fee
frais d'émission
  flotation (floatation) cost
frais d'exploitation
  operating expense
frais extraordinaire
  nonrecurring charge
frais financier
  finance charge
frais général
  general expense
frais général de fabrication
  factory overhead

frais professionnel ordinaire et
nécessaire
  ordinary and necessary business
  expense
frais fixes
  fixed charge
frais généraux
  overhead
frais généraux indirects
  indirect overhead
frais d'administration
  administrative expense
frais d'allège
  lighterage
frais de gestion
  administrative expense,
  management fee
frais de maintenance
  maintenance fee
frais de mise en attente
  standby fee
frais fixes directs
  direct overhead
frais fixes moyens
  average fixed cost
frais généraux imputés
  applied overhead
franc
  allodial, up front
franchise
  franchise
franco à bord
  free on board (FOB)
franco à quai
  free alongside ship
  (FAS)
frappe (de monnaie)
  mintage
fraude
  fraud
fraude fiscale
  tax evasion
fraude postale
  mail fraud
freinage des salaires
  wage control
fréquence
  frequency

fréquence de trame
  frame rate
fret aérien
  airfreight
front-office
  front office
fuite imputable sur le capital
  capital nature flight

fusion
  merger, pooling of interests
fusion horizontale
  horizontal merger
fusion en vertu d'une loi
  statutory merger
fusionner
  merge

G

gage
  pledge
gage hypothécaire
  mortgage lien
gager
  collateralize
gagnée rapidement
  killing
gain net
  take-home pay
gain (perte) à long terme
  long-term gain (loss)
gain (perte) de capital à court terme
  short-term capital gain (loss)
gain de survie
  right of survivorship
gain en capital
  capital gain (loss)
gains avant impôt
  pretax earnings
galerie marchande
  mall
gamme
  range
garant
  guarantor, security
garantie
  security, collateral, guarantee, guaranty, warranty
garantie à tous endroits
  floater
garantie de bonne fin
  performance bond
garantie de bonne foi
  good-faith deposit
garantie de jouissance paisible
  nondisturbance clause
garantie de qualité marchande
  warranty of merchantability

garantie d'habitabilité
  warranty of habitability
garantie de maintenance
  maintenance bond
garantie de parfait achèvement
  completion bond
garantie de soumission
  bid bond
garantie des revenus d'invalidité
  disability income insurance
garantie implicite
  implied warranty
garantie pour améliorations locatives
  improvements and betterments insurance
garantie subséquente
  discovery
garde
  safekeeping, custody
gaspillage
  waste
gel des salaires
  wage freeze
général
  across the board
généraliste
  generalist
générateur de nombres aléatoires
  random-number generator
gentrification
  gentrification
géodémographie
  geodemography
gérance d'immeuble
  property management
gérant
  manager
gérer
  manage

gestion
management
gestion budgétaire participative
participative budgeting
gestion des ressources humaines
human resource accouting,
human resources management
(HRM)
gestion des tâches
task management
gestion du temps de travail
time management
gestion fiscale
tax planning
gestion rigoureuse
tight ship
gestion de base de données
database management
gestion de lignes
line control
gestion d'équipe
team management
gestion des dossiers
records management
gestion des matières
materials management
gestion des registres
records management
gestion des risques
risk management
gestion du patrimoine
estate planning
gestion par évaluation des problèmes
management by crisis
gestion par objectifs
management by objective
(MBO)
gestion sur le terrain
management by walking around
(MBWA)
gestionnaire
manager
gestionnaire de portefeuille
portfolio manger
gestionnaire des tâches
task manager

grand livre
general ledger
grand livre des comptes clients
accounts receivable
ledger
grand livre des comptes fournisseurs
accounts payable
ledger
grand magasin
chain store, variety
store
grande dépression
great depression
grande surface
chain store, superstore
grand-livre
ledger
grand-livre auxiliaire
subsidiary ledger
graphique
chart, graph
graphique à secteurs
pie chart
graphique de tendance
trend chart
graphique d'évolution
flowchart
graphique en colonnes
column chart/graph
graphique en toile d'araignee
spider chart
gratification
gratuity
gratis
gratis
gratuit
gratis, gratuitous
graveur de CD
CD-writer/cd-burner
greenmail
greenmail
greffier
clerk
grève
strike

grève
 walkout
grève générale
 general strike
grève sauvage
 wildcat strike
grève de solidarité
 sympathetic strike
grève patronale
 lockout
grève perlée
 slowdown
grève sur le tas
 sit-down strike
grille de gestion
 managerial grid
gros ordinateur
 mainframe
grosse
 gross
grosse somme d'argent
 killing
grossiste
 wholesaler
groupe de travail
 task group

groupe d'intérêt
 interest group
groupe d'intervention
 task force
groupe professionnel
 occupational group
groupement
 bunching, pool, syndicate
groupement négociateur
 bargaining unit
groupeur
 consolidator
guerre des brevets
 patent warfare
guerre des prix
 price war
guerre des tarifs
 tariff war
guerre tarifaire
 tariff war
guide d'utilisateur
 user manual
guide de gestion
 management guide
guirlande de marguerites
 daisy chain

H

habitation
house
hachurer
hatch
hacker
hacker
hausse différée des salaires
deferred wage increase
haute résolution
high resolution
haute vitesse
high-speed
hauts
highs
hectare
hectare
hérédité
descent
héritage
inheritance
hériter de
inherit
héritiers
heirs
héritiers et ayants
droit
heirs and assigns
hétèrogène
heterogeneous
heure homme
man-hour
heures supplémentaires
overtime
heuristique
heuristic
hiérarchie
hierarchy
HMO (health maintenance
organization) (centre de santé)
health maintenance organization
(HMO)
holding
holding company

holding personnelle
personal holding company (PHC)
holding
holding
homogène
homogeneous
homologuer
probate
honneur
honor
honoraires
fee, honorarium
honoraires conditionnels
contingent fee
horaire
timetable
horaires à la carte
flextime
horaires flexibles
flextime
hors bilan
off the balance sheet
hors cote
over the counter (OTC)
hors ligne
off-line
hyperinflation
hyperinflation
hypermarché
superstore
hypertexte
hypertext,
hypothèque
mortgage, subject to mortgage
hypothèque à capital
croissant
growing-equity mortgage
(GEM)
hypothéque complémentaire
wraparound mortgage
hypothèque garantissant le prix
d'achat
purchase money mortgage

hypothèque générale
  blanket mortgage
hypothéque intégrante
  wraparound mortgage
hypothèque non volontaire
  involuntary lien
hypothèque prioritaire
  underlying debt
hypothèque sous-jacente
  underlying mortgage
hypothéque volontaire
  voluntary lien
hypothèque à paiements échelonnés
  graduated payment motgage
  (GPM)
hypothèque close
  closed-end mortgage

hypothèque de réduction directe
  direct-reduction mortgage
hypothèque mobilière
  chattel mortgage
hypothèque secondaire
  second lien or second mortgage
hypothèque sur tenure libre
  leasehold mortgage
hypothèque traditionnelle
  conventional mortgage
hypothéquer
  hypothecate
hypothèse
  hypothesis
hypothèse alternative
  alternative hypothesis

I

icône
icon
ID de login
login identification
(login ID)
identifiant
login identification (login ID)
identification spécifique
specific identification
ignorance de la loi
mitigation of damages
iindemnité de licenciement
severance pay
illusion monétaire
money illusion
image
image
image de marque
brand image
image pixel
pixel image
immatriculation
registration
immeuble par destination
fixture
immobilier
real estate
immobilier de rapport
income property
immobilier non exclusif
open listing
immobilisations
capital assets
immobilisé
illiquid
impasse
impasse
imperialisme
imperialism
implicite
implied
importer
import

imposition
imposition
imposition différée
tax deferred
imposition, intérêts sur les dividendes
taxation, interest on dividends
impôt
tax
impôt à taux uniforme
flat tax
impôt de franchise
franchise tax
impôt déguisé
hidden tax
impôt foncier
property tax
impôt négatif (sur le revenu)
negative income tax
impôt progressif
progressive tax
impôt retenu à la source
withholding tax
impôt sur la masse salariale
payroll tax
impôt sur le revenu
income tax
impôt sur les donations
gift tax
impôt unifié sur les droits de succession et les donations
unified estate and gift tax
impôt vexatoire
nuisance
impôt sur le revenu fractionné
kiddic tax
impôt dégressif
regressive tax
impôt minimum de remplacement
alternative minimum tax
impôt sur la fortune
estate tax

impôt sur les bénéfices cumulés,
réserves
  accumulated earnings tax,
  accumulated profits
impôt sur les bénéfices
exceptionnels
  excess profits tax
impôt sur les bénéfices
extraordinaires
  excess profits tax
impôts courus
  accrued taxes
impôts estimés
  estimated tax
impression
  printout
imprimante
  printer
imprimante ligne à ligne
  line printer
improductif
  nonproductive
imprudence concurrente
  contributory
  negligence
imputation
  imputation
inamovibilité
  tenure
incapacité
  incapacity
inchangé
  flat
incidence de l'impôt
  tax incidence
incitation fiscale
  tax incentive, tax incidence,
  tax impact
incompatible
  incompatible
incompétent
  incompetent
incomplet
  inchoate
incorporation
  incorporation
incorporer
  incorporate

inculpé
  defendant
indemnisation
  indemnity
indemnisation/compensation
différée
  deferred compensation
indemniser
  indemnify
indemnité
  indemnity
indemnlté de courtage
  brokerage allowance
indemnité de départ
  golden handshake
indemnité de remboursement par
anticipation
  prepayment penalty
indemnité globale
  aggregate indemnity (aggregate
  limit)
indemnités de grève
  strike benefits
indépendance
  independence
indépendant qui travaille à son
compte
  self employed
index de l'aide
  help index
index de prix à la consommation
(IPC)
  consumer price index (CPI)
indexation
  indexation, indexing
indicateur
précurseur
  bellwether
indicateur de pression des
médias
  gross rating point (GRP)
indicateur retardé
  lagging indicator
indicateurs de la
psychologie
  sentiment indicators
indicateurs économiques
  economic indicators

indice
index, subscript
indice des groupes cibles
target group index (TGI)
indice des prix
price index
indice du développement de la
marque
brand development index (BDI)
indice du potentiel de la marque
brand potential index (BPI)
indice de développement du marché
market development index
indice du marché
market index
indice inférieur
subscript
indice supérieur
superscript
indisponibilité
downtime
induction statistique
statistical inference
industrie
industry
industrie de première nécéssité
essential industry
industrie incontournable
essential industry
industrie lourde
heavy industry
industrie agricole
agribusiness
industrie artisanale
cottage industry
industrie de transformation en
produits de base
smokestack industry
industrie déclinante
sunset industry
industrie minière
extractive industry
industrie réglementée
regulated industry
industriel
industrial, industrialist
inefficacité sur le marché
inefficiency in the market

inemployable
unemployable
inférence statistique
statistical inference
inflation galopante
galloping inflation
inflation
inflation
inflation à deux chiffres
double-digit inflation
inflation larvée
hidden inflation
inflation masquée
hidden inflation
inflation par la demande
demand-pull inflaion
inflation par les coûts
cost-push inflation
inflation rampante
creeping inflation
inflation structurelle
structural inflation
influence personnelle
personal influence
information privilégiée
inside information
informations non publiques
nonpublic information
infrastructure
infrastructure
ingénieur en organisation
industrial engineer
ingénieur industriel
industrial engineer
ingrat
menial
inhabitation
unoccupancy
initialisation
boot
initialiser
boot
initiative
initiative
initié
insider
injonction
injuction, injuction bond

innovation
innovation
inquiétude
concern
inscription
posting
insolvabilité
insolvency
inspecteur
adjuster
inspection
inspection
installation
facility, installation
instigateur de syndicat
d'investisseurs
syndicator
instrument
instrument
instrument financier à
terme
financial future
instrument négociable
negotiable instrument
instrument non
négociable
nonnegotiable instrument
instrument de dette
debt instrument
instrumentalité
instrumentality
instrumentalités
de transport
instrumentalities of
transportation
insuffisance
deficiency
insuffisance de fonds en
depot
NSF
insurgé
insurgent
intégration descendante
forward integration
intégration en amont
integration, backward
intégration en aval
forward integration

intégration horizontale
horizontal channel integration,
horizontal combination
intégration verticale
integration, vertical
intégration en amont
backward vertical integration
intégration verticale
backward vertical integration
intégrer
embed
intégrité
integrity
intelligence artificielle
artificial intelligence (AI)
intensité de l'utilisation
des sols
land-use intensity
intenter
file
intéractif
interactive
interdit de copie
copy-protected
intérêt
interest, vested interest
intérêt assurable
insurable interest
intérêt implicite
imputed interest
intérêt indivis
undivided interest
intérêt ordinaire
ordinary interest
intérêt patrimonial
proprietary interest
intérêt payé d'avance
prepaid-interest
intérêt payé de
placement
investment interest
expense
intérêt perçu d'avance
unearned interest
intérêt composé
compound interest
intérêt exact
exact interest

intérêt simple
    simple interest
intérêts courus
    accrued interest
intérêts échus
    accrued interest
interface
    interface
intermédiaire
    intermediary
intermédiaire financier
    financial intermediary
intermédiaire
    go-between, nominee
intermédiation
    intermediation
interne
    in-house
internet
    internet
interpolation
    interpolation
interprète
    interpreter
intervalle de confiance
    confidence interval
intervention de l'employeur
    employer interference
intestat
    intestate
introduction en bourse
    initial public offering (IPO)
intrusion
    trespass
inventaire
    inventory
inventaire
    tally

inventaire permanent
    perpetual inventory
inventaire physique
    physical inventory
inventaire de fabrication
    manufacturing inventory
investir
    invest
investissement à l'étranger
    foreign investment
investissement décevant
    turkey
investissement direct à l'étranger
    foreign direct investment
investissement direct
    direct investment
investisseur institutionnel
    instiutional investor
investisseur passif
    passive investor
investisseur à contre courant
    contrarian
investisseur accrédité
    accredited investor
investisseur responsable
    socially conscious investor
iota
    iota
irréccupérable
    uncollectible, irretrievable
irrécouvrable
    uncollectible
irrémédiable
    unrecoverable
irrévocable
    irrevocable
itération
    iteration

J

jargonnerie
buzz words
jaune
scab
jeu à somme nulle
zero-sum game
jeu d'argent
gaming
jeu de chèques
check-kiting
jeu de confiance
confidence game
jeune associe(e)
junior partner
jobber
jobber
job-hopper
job jumper
job-zappeur
job jumper
joint venture
joint venture
jouissance
possession
jour d'accueil
open house
jour de la transaction
trade date
jour de paie
payday
jour ouvrable
business day

journal
diary, journal
journal des achats
purchase journal
journal général
general journal
journal professionnel
trade magazine
journal de vente
sales journal
journaliser
journalize
journaliste à l'affut des scandales
muckraker
jugement
adjudication, judgment
jugement de mise en demeure
default judgment
Jugement du ministère du revenu
revenue ruling
jugement pour déficit
deficiency judgment
juridiction
jurisdiction
jurisprudence
jurisprudence
jury
jury
juste prix
justified price
justifiable
justifable

K

krash
  crash

kudos (sorte de points de
récompense)
  kudos

L

la carotte et le bâton
  carrot and stick
label de qualité
  seal of approval
LAN (réseau local d'entreprise,
  RLE)
  LAN (local area network)
lancer
  float
langage de programmation
  programming language
langage de modélisation
  modeling language
laps
  lapse
l'argent des autres
  other people's money
largeur de bande
  bandwidth
largeur
  girth
latitude
  latitude
le manager minute
  one-minute manager
le temps est une condition
essentielle
  time is of the essence
leader
  leader
lèche-vitrines
comparatifs
  comparison shopping
lecteur
  drive, disk drive
lecteur multimédia
  media player
lecteur partage
  shared drive
lecture de la bande
  reading the tape
lecture seule
  read-only

légalisation de signature
  guarantee of signature
légataire
  legatee
légataires
  heirs
légère augmentation
  up tick
légère diminution
  down tick
legs
  bequest, devise
legs de biens réels
  devise
léguer
  bequeath, devise
les chômeurs
  unemployed labor force
les joyaux de la couronne
  crown jewels
les sans-emplois
  unemployed labor
  force
lettre de change
  third-party check
lettre de garantie
  guaranteed letter
lettre de nuit
  night letter
lettre de relance
  follow-up letter
lettre administrative de
classement
  comfort letter
lettre certifiée
  certified mail
lettre commerciale
  market letter
lettre de change
  bill of exchange
lettre de transport
aérien
  air bill

lettre de vente
sales letter
lettre d'entente
mortgage commitment
lettre d'intention
letter of intent
levée
exercise
levée d'une saisie
replevin
lever
exercise
libération
release
libération partielle
partial release
libérer
vacate, release
liberté économique
economic freedom
libre de toute sûreté
free and clear
libre entreprise
free enterprise
licence
license
licenciement
dismissal
licencier
lay off
lien ·
link
lien hypertexte
hyperlink
lieux
premises
lieux loués
demised premises
ligne
line
ligne de crédit
bank line, line of credit
ligne de découvert
bank line
ligne de produits
product line
ligne de tendance
trend line

ligne séparative
property line
ligne d'attention
attention line
ligne d'arpentage
lot line
ligne dédiée
dedicated line
lignes secondaires
feeder lines
limitation de la gamme des prix
price lining
limite
expiration
limite de construction
building line
limite de fluctuation
fluctuation limit
limite de terrain zéro
zero lot line
limite
property line
limite de fluctuation quotidienne
daily trading limit
limite de transactions
quotidiennes
daily trading limit
limite supérieure, limite inférieure
limit up, limit down
limites de base de la responsabilité
basic limits of liability
liquidation
blowout, close out, liquidation,
sell-off, winding up
liquider
liquidate
liquidité
cash, liquidity
liquidités nettes
net quick assets
lissage exponentiel
exponential smoothing
liste
hit list, list
liste de colisage
packing list
liste des malfaçons apparentes
punch list

liste des tâches
task list
liste du personnel
payroll
liste sous contrôle
watch list
liste approuvée
approved list
liste d'actionnaires
stock ledger
liste de diffusion
mailing list
liste de publlpostage
mailing list
liste noire
black list
livraison
delivery
livraison partielle
partial delivery
livre
book
livre blanc
white paper
livre comptable
voucher register
livre de compte
journal
livre des achats
purchase journal
livre de vente
sales journal
locataire (à bail)
lessee
locataire
tenant
locataire principal
prime tenant
location
lease, tenancy
location en années
tenancy for years
location mois par mois
month-to-month tenancy
location-gérance
management agreement
locaux
premises

lock-out
lockout
locomotive
anchor tenant
log in
log in (log on)
logiciel d'application
application software
logiciel de comptabilité
accounting software
logiciel en libre essai
shareware
logiciel licatif
application software
logo
logo
loi
law, statute
loi de poisson
poisson distribution
loi « statute of frauds »
statute of frauds
loi codifiée
statutory notice
loi de la hausse des coûts
law of increasing costs
loi de l'offre et de la demande
law of supply and demand
loi de substitution
substitution law
loi des grands nombres
law of large numbers
loi du rendement decroissant
law of diminishing returns
loi du rendement non-proportionnel
law of diminishing returns
loi morale
moral law
loi sur les professions avec licence
license law
lois sur le respect de la vie privée
privacy laws
lois antitrust
antitrust acts

lois antitrust
  antitrust laws
lois sur l'étiquettage
  labeling laws
longueur de la façade
  front foot
lopin de terre
  plot
lot de taille normale
  broken lot
lot de traitement
  batch file
lot dépareillé
  odd lot
lot et bloc
  lot and block
lot régulier
  round lot
lotissement
  plat

lotteries promotionnelles
  sweepstakes
loyer
  rent
loyer brut
  gross lease
loyer de base
  base rent
loyer imputé
  imputed income
loyer indexé
  index lease
loyer contractuel
  contract rent
loyer économique
  economic rent
loyer selon le marché
  market rent
luminosité
  brightness

M

macro
macro
macroéconomie
macroeconomics
macroenvironnement
macroenvironment
magasin
shop, stockroom, store
magasin de proximité
neighborhood store
magasin de quartier
neighborhood store
magasin indépendant
independent store
magasin à secteurs multiples
multiple shop
magasin à succursales multiples
chain store
magasin de détail
retail outlet
magasin spécialisé
specialty shop
magnat de l'industrie
tycoon
main d'œuvre directe
direct labor
main d'oeuvre
labor, labor pool
main levée
mortgage relief
main-d'oeuvre
work force
mainlevée du privilège
discharge in lien
maintenance
maintenance
maintenance des données
data maintenance
maintenance préventive
preventive maintenance
maison
house

maison de commission
wire house
maison mère
parent company
maîtrise
first-line management
maîtrise des coûts
cost containment
majoration
markup, surcharge
majoration de moitié
time-and-a-half
majoration du coût de la vie
cost-of-living adjustment
(COLA)
majorité
majority
majuscule
upper case letter
majuscules
caps
maladie professionelle
occupational disease
mandant
principal
mandat
agency, mandate
mandat d'urgence
agency by necessity
mandataire
agent, fiduciary
mandataire
proxy
manifeste
manifest
manipulation
manipulation
manipulation des matières
materials handling
manoeuvres frauduleuses
misrepresentation
manque
shortfall, scarcity, scarcity value

manquement
breach
manuel
manual
manuel d'utilisation
user manual
MAP (technique de simulation de gestion)
MAP
marchand
merchantable, trader
marchand en gros
wholesaler
marchand de titres
dealer
marchandage sur les salaires
individual bargaining
marchandisage
merchandising
marchandise
ware
marchandises
goods, merchandise
marchandises conditionnées
packaged goods
marchandises emballées
packaged goods
marchandises en douane
bonded goods
marchandises entreposées
bonded goods
marchandises physiques
physical commodity
marchandises réglementées
regulated commodities
marché
market, market area
marché baissier
bear market
marché à prix ferme
fixed-price contract
marché à terme
futures market
marché aux enchères
outcry market
marché baissier
weak market

marché cible
target market
marché étroit
thin market, tight market, weak market
marché financier
financial market
marché générique
generic market
marché haussier
bull market
marché hors bourse
third market
marché imparfait
imperfect market
marché libre
free and open market, free market
marché monétaire international
international monetary market
marché mort
graveyard market
marché primaire
primary market
marché principal
primary market area
marché serré
thin market, tight market
marché témoin
test market
marché test
test market
marché à la hausse
seller's market
marché actif
active market
marché au comptant
cash market, spot market
marché boursier
stock market
Marché Commun Européen
European Common Market
marché des acheteurs
buyer's market
marché des capitaux
capital market

marché efficace
efficient market
marché faible
soft market
marché financier
money market
marché hypothécaire secondaire
secondary mortgage market
marché immobilier
real estate market
marché monétaire
money market
marché noir
black market
marché secondaire
after market, secondary market
marché sensible
sensitive market
marchéage
marketing mix
marge
margin
marge bénéficiaire
profit margin
marge commerciale nette
net profit margin
marge ajustable
adjustable margin
marge brute
cash flow
marge d'isolement
curtilage
marge de profit
margin of profit
marge de securité
margin of safety, safety
margin
marge sectorielle
segment margin
marge supplémentaire sur coût d'achat
additional mark-on
marges
margins
marketing
marketing
marketing direct
direct marketing

marketing mix
marketing mix
marque
brand, trademark
marque commerciale
marque commerciale
marque défensive
flanker brand
marque de magasin
store brand
marxisme
Marxism
masque
mask
masque de saisie
input mask
mass médias
mass media
masse monétaire
money supply
matérialité
materiality
matériel
hardware, material, plant
usine
plant
matériel
equipment
matériel roulant
rolling stock
matière première
direct material
matières premières
raw material
matrice
matrix, array
maturité
maturity
mauvais payeur
deadbeat
mauvaise gestion
mismanagement
maximum
peak
M-CATS
M-CATS
mécanisation
mechanization

média
  above the line
médiaplaneur
  media planner
médias
  media
médiateur
  troubleshooter
médiateur de la république
  ombudsman
médiation
  mediation
médium
  medium
meilleure tarification
  best's rating
meilleurs tarifs
  best's rating
mélange
  mix
mémoire
  memory
mémoire flash
  flash memory
mémoire interne
  internal memory
mémoire cache
  cache
mémoire morte
  ROM (read-only memory)
mémoire vive
  random access memory
  (RAM)
mémorandum
  memorandum
meneur
  pacesetter
menu déroulant
  drop-down (pull-down) menu,
  pull-down menu
menu principal
  main menu
mercantilisme
  mercantilism
mercatique
  marketing
message d'erreur
  error message

message électronique (e-mail)
  electronic mail (email)
message publicitaire
  commercial
mesure
  affirmative action
mesure de relance
  pump priming
mesures anti-OPA
  shark repellent
métayer
  sharecropper
méthode de détermination du revenu
  income approach
méthode de paiement
  payment method
méthode des dépenses générales
  overall expenses method
méthode des unités de production
  units-of-production method
méthode d'estimation fondée sur le pourcentage du chiffre d'affaires
  percentage-of-sales method
méthode d'inventaire périodique
  periodic inventory method
méthode du bénéfice brut
  gross profit method
méthode du point de commande
  order-point system
méthode du pourcentage d'achèvement
  percentage-of-completion method
méthode itérative
  iteration
méthode abc
  abc method
méthode comptable
  accounting method
méthode CPM
  critical path method (CPM)
méthode d'étude de cas
  case-study method
méthode d'amortissement linéaire
  straight-line method of depreciation
méthode de croissance continue
  steady-growth method

méthode de l'amortissement dégressif
  diminishing-balance method
méthode de l'inventaire au prix de détail
  retail inventory method
méthode de la mise en équivalence
  equity method
méthode de la partie concurrentielle
  competitive party method
méthode de l'achèvement des travaux
  completed contract method
méthode de maintenance
  maintenance method
méthode de passation directe par pertes et profits
  direct charge-off method
méthode des coûts
  cost method
méthode des coûts variables
  direct costing
méthode d'exercice
  accrual method
méthode du bilan actualisé
  current value accounting
méthode du chemin critique
  critical path method (CPM)
méthode du coût de revient complet
  absorption costing
méthode MTM
  methods-time measurement (MTM)
méthodes des ratios
  ratio analysis
métier
  occupation
métré
  meter rate
métrication
  metrication
mettre à niveau
  upgrading, upgrade

mettre en chômage technique
  lay off
mettre en retrait
  indent
mettre en surbrillance
  highlight
mettre en valeur
  redevelop
mettre sous tension
  power up
microéconomie
  microeconomics
migrer
  migrate
millionaire
  millionaire
millionnaire sur le papier
  millionaire on paper
mineur
  minor
mini-obligation
  baby bond
minuscule
  lower case character/letter
minute
  blueprint
minutes
  minutes
mise à jour
  update
mise en attente
  parking
mise en réseau
  networking
mise à bord
  lading
mise a niveau du processeur
  processor upgrade
mise à niveau logicielle
  upgrade software
mise au banc d'essai
  benchmark
mise en demeure
  default
mission spéciale
  special assignment
mix des communications
  promotion mix

mobilier
equipment
mobilisation
liquidation
mobiliser
liquidate
mobilité de la main d'oeuvre
labor mobility
mode
mode
mode de fonctionnement
operation mode
mode plan
outline view
mode point
bit map
mode portrait
upright format
mode de gestion
management style
modèle
template
modèle a forte participation des consommateurs
high-involvement model
modèle d'implication réduite
lower-involvement model
modèle décisionnel
decision model
modélisation
modeling
modem interne
internal modem
modification comptable
accounting change
modification de la disposition sur le bénéficiaire
change of beneficiary provision
modifier
edit
module
module
module de base
basic module
module simm
SIMM (single in-line memory module)

moins-value
allowance
moins-value de capitaux
perte en capital
capital loss
mois de livraison
immédiate
spot delivery
month
momentum
momentum
monétaire
monetary
monétariste
monetarist
monnaie
money
monnaie forte
hard money
monnaie inconvertible
inconvertible money
monnaie de présentation des états financiers
reporting currency
monnaie faible
soft currency
monnaie légale
legal tender
monnayage
mintage
monopole
monopoly
monopole naturel
natural monopoly
monopole parfait
perfect (pure) monopoly
monopole sur un brevet
patent monopoly
monopole légal
legal monopoly
monopoleur
monopolist
monopsone
monopsony
montage
assemblage

montant brut
gross amount
montant de la garantie
face amount
montant principal
principal amount
montée en puissance
power surge
monument
monument
moral
morale
moratoire
moratorium
mot de passe
password
moteur de recherche
search engine
motif de précaution
precautionary motive
motivation
motivation
motivation par le profit
profit motive
mots non coupés
text wrap
mouchard
stool pigeon
mouvement
movement
mouvement de fonds
flow of funds
mouvement syndical
organized labor
mouvement vers la hausse
upswing
mouvement des stocks
stock turnover
moyen de communication
moyen de communication
moyen de transport
conveyance
moyen d'échange
medium of exchange

moyen terme
intermediate term
moyen, arithmétique
mean, arithmetric
moyen, géométrique
mean, goemetric
moyenne
average
moyenne du revenu
income averaging
moyenne inférieure
average down
moyenne mobile
moving average
moyenner une position
dollar cost averaging
moyens de paiment en cours
float
moyens de règlement facultatifs
optional modes of settlement
multi-acheteur
multibuyer
multicollinéarité
multicollinearity
multi-fonctions
multifunction
multimédia
multimedia
multiple
multiple
multiplicateur
multiplier
multiplicateur de loyer brut
gross rent multiplier (GRM)
multiplication des opérations
churning
multi-utilisateurs
multiuser
muter
relocate
mutuelle de société
mutual insurance company

N

nantissement
 security
nantissement de second rang
 junior lien
nantissement du budget
 budget mortgage
nantissement en vertu d'un
jugement
 judgment lien
nantissement de biens meubles
 chattel mortgage, chattle paper
nationalisation
 going public, nationalization
navigateur
 browser
navigation
 navigation
navigation sur le net
 net surfing
navire de charge libre
 tramp
navire hors conférence
 tramp
navire porte-conteneurs
 container ship
négligence
 negligence
négligence comparative
 comparative negligence
négligence concurrente
 contributory negligence
négociable
 negotiable
négociant
 dealer, trader
négociation à un cours
supérieur
 plus tick
négociation collective
 collective bargaining
négociations multi-
employeurs
 multiemployer bargaining

négotiation
 negotiation
népotisme
 nepotism
net
 clean, net
net d'impôts
 after-tax basis
niche
 niche
niveau
 standard
niveau d'indifférence
 break-even point
niveau d'occupation
 occupancy level
niveau de confiance
 confidence level
niveau de support
 support level
niveau de vie
 standard of living
noeud
 node
nom de marque
 brand name
nom du courtier
 street name
nom légal
 legal name
nombre à virgule fixe
 fixed-point number
nombre à virgule flottante
 floating-point number
nombre de logement mis en
chantier
 housing starts
nominé
 nominee
non actualisè
 undiscounted
non commandé
 on speculation (on spec)

non disponible
   illiquid
non éblouissant
   nonglare
non formatté
   nonformatted
non liquide
   illiquid
non qualifié
   incompetent, unskilled
non réparable
   unrecoverable
non spécialisé
   unskilled
non-remboursable
   nonrefundable
norme
   norm, standard
norme de fait
   industry standard
normes comptables principes
comptables
   accounting principles, accounting
   standards
normes de vérification
   auditing standards
notation
   rating
notation du personnel
   merit rating
note de bas de page
   footnote

note de débit
   debit memorandum
note descriptives
   descriptive memorandum
notebook
   notebook computer
notice d'impact sur
l'environnement
   environmental impact
   satement (EIS)
notification
   notice
nouveaux quartiers
   new town
nouvelle émission
   new issue
nouvelle utilisation d'un terrain
   land-use succession
novation
   novation
nuage de points
   point chart
nul et non avenu
   null and void
numéraire
   hard cash
numéro de commande
   order number
numéro de compte
   account number
numéroter
   dialup

O

objectif
goal, objective

objectif des coûts
cost objective

objet fixé en vue de l'exploitation
d'un commerce
trade fixture

objet graphique
widget

objet lié
linked object

obligataire
bond, obligee

obligation
bond, duty, obligation bond

obligation de faible montant
baby bond

obligation « high grade »
high-grade bond

obligation a haut
junk bond

obligation à intérêt
conditionnel
income bond

obligation à long terme
long bond

obligation à longue échéance
long bond

obligation à lot
premium bond

obligation au titre des prestations
rejetées
projected benefit obligation

obligation de paix sociale
no-strike clause

obligation émise au pair
par bond

obligation garantie
guaranteed bond

obligation générique
generic bond

obligation immobilière
housing bond

obligation judiciaire
judicial bond

obligation à coupons
coupon bond

obligation à courte échéance
short bond

obligation à intérêt conditionnel
revenue bond

obligation à intérêt différé
deferred interest bond

obligation à moyen terme
medium-term bond

obligation à terme
super sinker bond

obligation au porteur
bearer bond

obligation cautionnée
secured bond

obligation de collectivité locale
municipal bond

obligation de fiducie pour l'achat
de matériel
equipment trust bond

obligation de garantie
surety bond

obligation de nantissement avec
garantie
collateralized mortgage
obligation (CMO)

obligation de société
corporate bond

obligation échéant en série
serial bond

obligation émise à décote
deep discoun bond

obligation en série
series bond

obligation générale commerciale
commercial blanket bond

obligation hypothécaire
mortgage bond

obligation morale
moral obligation bond

obligation municipale
municipal revenue bond
obligation nominative
registered bond
obligation vendue à perte
discount bond
obsolescence
obsolescence
obsolescence fonctionnelle
vétusté fonctionnelle
functional obsolescence
obsolescence des compétences
skill obsolescence
obstructionnisme
stonewalling
occupation
tenure
occupation individuelle
tenancy in severalty
occupation tolérée
tenancy at sufferance
occupation , occupant
occupancy, occupant
occupation sans titre
appropriation par occupation
adverse possession
oeil de caractère
typeface
office de paiement
paying agent
officier de l'état civil
registrar
officine douteuse
bucket shop
offre
offer, tender
offre de livraison
tender of delivery
offre d'essai
trial offer
offre et acceptation
offer and acceptance
offre ferme
firm offer
offre non compétitive
noncompetitive bid
offre par adjudication
tender offer

offre à la hausse
bidding up
offre compétitive
competitive bid
offre concurrentielle
competitive bid
offshore
offshore
oligopole
oligopoly
oligopole homogène
homogeneous oligopoly
oligopole collusoire
collusive oligopoly
open housing
open housing
(accès égalitaire au logement)
opérande
operand
opérateur
operator, trader
opération
transaction
opération en commun
joint venture
opération de prise en pension
repurchase agreement (REPO; RP)
opération de réméré
repurchase agreement (REPO; RP)
opération entre deux personnes
apparentées
related party transaction
opération horizontale
cross-footing
opération spécifique de
manutention
special handling
opérations à découvert
short interest
opérations achevées
completed operations
insurance
opinion
opinion
opinion avec réserve
"except for" opinion
opinion avec réserves
qualified opinion

opinion de l'expert-comptable
accountant 's opinion
opinion défavorable
adverse opinion
opposition
stop payment
optimiser
maximize
option
option
option d'achat à découvert
writing naked
option d'achat d'actions
incentive stock option (iso)
option d'achat vendue à découvert
naked option
option de repli
fallback option
option de vente
put option
option couverte
covered option
option d'achat
call option
option d'achat d'action des salariés
employee stock option
option d'achat privilégiée
lock-up option
option de média
media option
option de renouvellement
renewal option
option négociable
listed options
option sur titre
stock option
options sur indice
index options
options d'action compensatrice
compensatory stock options
ordinateur
computer
ordinateur (portable) format calculette
palmtop
ordinateur de poche
pocket computer

ordinateur embarqué
onboard computer
ordinateur hôte
host computer
ordonnance
ordinance, statute, writ
ordonner
command
ordre
order, rdinance
ordre à révocation
open order
ordre d'achat
buy order, purchase order
ordre de placement automatique
formula investing
ordre du jour caché
hidden agenda
ordre GTC
good-till-canceled order (GTC)
ordre ouvert
open order
ordre au comptant
csh order
ordre au mieux
market order
ordre de crédit
credit order
ordre echelonne
scale order
ordre lié
straddle
ordre limite
limit order
ordre stop
stop order
organigramme
flowchart, organizaational chart
organisation
organization
organisation axée sur la roduction
production-oriented organization
organisation des bureaux
office management
organisation fonctionnelle
functional organization
organisation horizontale
functional organization

organisation matricielle
matrix organization
organiser
constituer
organisme
agency, organization
organisme de gestion
administrative
administrative management
society
organisme de réglementation
regulatory agency
orientation
orientation
orientation professionnelle
vocational guidance
orienté
in the tank
ou mieux
or better

outil de dessin
draw tool
ouvert
open, open-end
ouverture
opening
ouverture de session
log in (log on)
ouvrages annexes
appurtenant structures
ouvrier
blue collar
ouvriers
labor
ouvrir
open
ouvrir une session
sign on

P

page d'accueil
home page

page d'informations
information page

page impaire
odd page

pagination
pagination

paie
pay, wage

paiement
payout

paiement à l'avance
prepayment

paiement dans les délais
impartis
payment in due course

paiement de transfert
transfer payment

paiement du capital et
des intérêts
principal and interest payment
(P&I)

paiement proportionnel (à
l'avancement des travaux)
progress payments

paiement à la livraison
cash on delivery (COD)

paiements reportés
deferred payments

pair
par

pallier de milieu de carrière
midcareer plateau

panier de la ménagère
market basket

panne
crash

papier
paper

papier commercial de la plus haute
qualité
prime paper

papier escomptable
eligible paper

papier-monnaie
paper money

paquet
package, parcel

par défaut
default

par inadvertance
inadvertently

par personne
per capita

par poste
ad item

par tête
per capita

par trimestre
quarterly

paragraphe passe-
partout
boilerplate

paramètre
parameter

parasurtenseur
surge protector

parcelle de terrain
plot, plot plan

parité
parity

parité de conversion
conversion parity

parjure
perjury

parquet
trading post

part
share, stake

part de marché
market share

part de scpi
equity reit

partage de la marque
brand share

partage de poste
  job sharing
partage de temps
  time-sharing
partage des recettes fiscales générales
  general revenue sharing
partenaire
  partner
partenariat
  partnership
participation
  stake
participation de contrôle
  controlling interest
participation différée aux bénéfices
  deferred profit-sharing
participation minoritaire
  minority interest or minority investment
partie
  litigant
partie compétente
  competent party
partie concurrentielle
  competitive party
partition
  partition
parts du recours collectif b
  class action b shares
pas
  pitch
passager-mille
  passenger mile
passeport
  passport
passer outre à
  override
passif à court terme
  current liabilities
passif couru
  accrued liabilities
passif éventuel
  contingent liability
paternalisme
  paternalism
patrimoine
  estate

pause
  break
pauvreté
  poverty
payé par avance
  paid in advance
payeur
  payer
payout ratio
  payout ratio
paysage (format)
  landscape (format)
péage
  toll
pécule
  nest egg
pécuniaire
  pecuniary
peine civile
  civil penalty
pénalité pour retraite anticipée
  early withdrawal penalty
pendant les heures creuses
  off peak
pénétration du marché
  market penetration
pension alimentaire
  alimony
pension de retraite
  retirement income
pente de substitution
  substitution slope
penurie
  scarcity, scarcity value
peon
  peon
per diem
  per diem
perdu
  nonrefundable
perfectionné
  perfected
performance
  performance
performance spécifique
  specific performance
période
  period

période de paie
pay period
période de pointe
peak period
période de remboursement
payback period
période de repos
off time
période d'immobilisation
off time
période d'attente anticipée
anticipated holding period
période de base
base period
période de gratuité
rent-free period
période de référence
base period
période de remboursement
redemption period
péripherique
peripheral device
périssable
perishable
permis
permit
permis de construire
building permit
permis de travail
work permit
permis à usage spécialisé
special-use permit
permutations
permutations
perpetuel
in perpetuity
personne
person
personne indigente
pauper
personne nommée
nominee
personne qui fait une offre
offerer
personne à charge
dependent
personne dépendante
dependent

personne morale
legal entity
personne raisonnable
reasonable person
personnel
personnel
personnel de terrain
field staff
personnel d'exécution
field staff
personnel de service
service worker
perspective
prospect
persuasion morale
jawboning, moral
suasion
perte
loss
perte d'exploitation
operating loss
perte fortuite
fortuitous loss
perte nette
net loss
perte ordinaire
ordinary loss
perte totale
total loss
perte
waste
perte économique
economic loss
perte éventuelle
loss contingency
pertes
shrinkage
pertes d'exploitation nettes
net operating loss (NOL)
pertinence
relevance
petit magasin familial
mom and pop store
petit porteur
small investor
petite entreprise
small business

petite série
  job lot
peu élevé
  low
peu enclin vers le risque
  risk averse
phare
  benchmark
photocopie conforme
  conformed copy
pièce comptable
  voucher
pièce jointe
  attachment
pièce justificative
  journal voucher
pierre tombale
  tombstone ad
pilule empoisonnée
  poison pill, shark repellent
pinceau
  paintbrush
pipeline
  pipeline
piquetage
  picketing
pirate
  cracker
piratage de main d'oeuvre
  labor piracy
pirate informatique
  hacker
pixel
  pixel/picture lement
placement
  investment, job placement
placement privé
  private offering or private
  placement
placement légal
  legal investment
**plafond des prêts en
cours**
  high credit
plafonnement
  topping out
plaidant
  pleading

plaignant
  plaintiff
**plan de retraite basé sur
l'allocation**
  benefit-based pension plan
plan
  floor plan, plan
**plan d'accumulation en fcp avec
versements libres**
  voluntary accumulation plan
plan de participation aux bénéfices
  profit-sharing plan
plan de prime au rendement
  incentive wage plan
plan de retrait
  withdrawal plan
plan de retraite par capitalisation
  funded pension plan
plan de zonage
  zoning map
plan d'épargne retraite personnel
  individual retirement account
  (IRA)
plan d'épargne salariale
  qualified plan or qualified trust
plan d'option
  incentive stock option (ISO)
plan pilote
  pilot plan
plan de retraite « keogh »
  keogh plan
plan 401 (k)
  401(k) plan
plan B
  plan B
plan comptable
  chart of accounts
plan d'amortissement
  amortization schedule
plan d'indemnisation différé
  deferred compensation
  plan
plan d'achat croisé
  cross purchase plan
plan de cotisation différé
  deferred contribution plan
plan de direction multiple
  multiple-management plan

plan de dispersion
  scatter plan
plan de gestion des dépôts
  deposit administration plan
plan de réemploi des dividendes
  dividend rollover plan
plan de société fermée à peu
d'actionnaires
  close corporation plan
plan d'épargne retraite auto-
géré
  self-directed IRA
plan d'investissement mensuel
  monthly investment plan
plan directeur
  master plan
plan marketing
  marketing plan
plan média
  media plan
plancher des salaires
  wage floor
planification
  scheduling
planification de l'organisation
  organization planning
planification à long terme
  long-range planning
planification centrale
  central planning
planification stratégique
  strategic planning
planification stratégique de
l'entreprise
  corporate strategic planning
planning
  schedule
plein temps
  straight time
plus-value
  gain, plottage value, sweat equity,
  unearned increment
plus-value de capitaux
  capital gain (loss)
poids brut
  gross weight
poids des médias
  media weight

point
  point
point de vente
  outlet store
point en litige
  issue
point mort
  break-even point
point d'enregistrement
  recorder point
point de base
  basis point
point de repère
  landmark
point décimal
  basis point
pointage
  tally
points d'escompte
  discount points
police
  font
police entièrement payée
  fully paid policy
police multirisque
  block policy
police catastrophe
  catastrophe policy
police d'assurance
hypothécaire
  mortgage insurance
  policy
police de base
  master policy
police globale
  blanket insurance
police tarifiée
  rated policy
polices sensibles à l'intérêt
  interest sensitive policies
politique avec participation
  participating policy
politique budgétaire
  fiscal policy
politique de la porte ouverte
  open-door policy
politique contrecyclique
  countercyical policy

politique de contrefaçon commerciale
commercial forgery policy
politique de propriété commerciale
commercial property policy
politique des écarts
deviation policy
politique discrétionnaire
discretionary policy
pollution
pollution
ponte
tycoon
pool
pool
population active
labor force
port franc
free port
port d'entrée
port of entry
port série
serial port
portefeuille
portfolio
portefeuille des ventes
sales portfolio
portefeuille efficace
efficient portfolio
porte-parole
spokesperson
portes ouvertes
open house
porteur
payee
porteur de bonne foi
holder in due course
porteur légitime
holder in due course
portrait (format)
portrait (format)
position
position, status
position financière
financial position
position non couverte
naked position

position ouverte
open interest
position courte
short position
position de la trésorerie
cash position
position d'équilibre
flat
position libre
run of paper (ROP)
position longue
long position
positionnement
positioning
possession
possession, tenure
possession individuelle
severalty
possibilité de commercialisation
marketablility
poste
shift
poste de travail
work station
poste extraordinaire
extraordinary item
poste à valeur vénale fixe
monetary item
poste de premier niveau
entry-level job
poste fractionné
split shift
post-marché
back office
pot-de-vin
kickback
potentiel de hausse
upside potential
pour cent, pourcentage
percent, percentage
pour information
for you information (FYI)
pour votre information
for you information (FYI)
pourboire
gratuity, tip
pourcentage annuel
annual percentage rate (APR)

pouvoir d'emprunt des valeurs
borrowing power of securities
pouvoir d'achat
purchasing power
pouvoir de police
police power
pouvoir de vendre
power of sale
pouvoir de vente
power of sale
pouvoir fonctionnel
functional authority
pouvoir de dépense discrétionnaire
discretionary spending power
pouvoir de l'expert
expert power
pouvoir hiérarchique
line authority
pouvoir pour le transfert et la vente
d'actions
stock power
pratique courante
industry standard
précalculer
precompute
preclôture
preclosing
préclusion
estoppel
précoce
thrifty
préconisateur
opinion leader
prédiction
prediction
préfabriqué
prefabricated
préfacturer
pre-bill
préférence pour la liquidité
liquidity preference
préjudice
tort
préjudice irréparable
irreparable harm, irreparable
damage
prélèvement
levy

prélèvement de l'impôt à la source
pay as you go
prélèvement automatique
automatic withdrawal
prélocation
prelease
premier entré premier sorti
first in, first out (fifo)
première hypothèque
first mortgage
prendre
take
prendre une position courte
going short
prendre une position longue
going long
prendre livraison
taking delivery
prendre sa retraite
retire
prendre une position
take a position
prépayé
prepaid
prérogative
prerogative
prérogative de gestion
management preogative
prescription
prescription, statute of
limitations
présentation
presentation
présentation des données en
fonction du sexe
gender analysis
présentation fardée
window dressing
présenter fidèlement
present fairly
président
president
président directeur général
chief executive officer
président du conseil
chairman of the board
presse-papier
clipboard

presser
 dun
prestation
 benefit, fee
prestation de services rendus
 past service benefit
prestation fixe
 fixed benefits
prestation de services
 service fee
prestations de pré-retraite
 termination benefits
prestations d'invalidité
 diability benefit
prestations de retraite anticipée
 early retirement benefits
prêt
 advance, loan
prêt complémentaire
 gap loan
prêt hypothécaire à capital variable
 open-end mortgage
prêt hypothécaire avec participation
 participation loan
prêt hypothécaire non amorti
 interest-only loan
prêt immobilier à taux variable
 variable-rate mortgage (VRM)
prêt minimum
 floor loan
prêt multiple
 package mortgage, piggyback loan
prêt postconstruction, financement postconstruction
 take-out loan, take-out financing
prêt sur contrat d'assurance
 policy loan
prêt sur hypothèque de rang subséquent
 junior mortgage
prêt unique
 whole loan
prêt à mensualités constantes
 level-payment mortgage

prêt à paicments constants
 constant-payment loan
prêt à taux fixe
 fixed-rate loan
prêt à vue
 demand loan
prêt avec clause de recours
 recourse loan
prêt bonifié
 seasoned loan
prêt commercial
 commercial loan
prêt conditionnel
 standby loan
prêt construction
 constuction loan
prêt crown
 crown loan
prêt de consolidation
 consolidation loan
prêt de titres
 securities loan
prêt hypothécaire à rente viagère inversée
 reverse annuity mortgage (RAM)
prêt hypothécaire à taux renégocié
 renegotiated rate mortgage (RRM)
prêt hypothécaire à taux variable
 adjustable-rate mortgage (ARM)
prêt hypothécaire avec participation à la plus-value
 shared-appreciation mortgage (SAM)
prêt hypothécaire avec participation à la plus-value
 shared-equity mortgage
prêt hypothécaire secondaire
 second mortgage lending
prêt hypothécaire variable
 adjustable mortgage loan (AML)
prêt immobilier
 mortgage
prêt renouvelable
 rollover loan
prête-nom
 nominee, straw man

prêteur
lender
prêt-relais
bridge loan
preuve du dommage
proof of loss
pré-vente
presale
prévision
forecasting, projection
prévisions sur le taux de réponses
response projection
prime
option, premium, wage incentive
prime au vendeur
push money (pm)
prime de licenciement
golden parachute
prime de remboursement
call premium
prime de rendement
incentive pay
prime d'émission
original issue discount (OID),
underwriting spread
prime d'incitation
incentive fee
prime forfaitaire
fixed premium
prime non-acquise
unearned premium
prime pour titre de cautionnement
bond premium
prime constante
level premium
prime d'ancienneté
longevity pay
prime d'équipe
shift differential
prime de recrutement
recruitment bonus
prime nivelée
level premium
primes
golden handcuffs
primes d'émission d'actions
paid-in surplus

principal
principal
principaux indicateurs économiques
leading indicators
principe des avantages
benefit principle
principe du moindre effort
least-effort principle
principe du rapprochement
matching principle
principe minimax
minimax principle
principes comptables généralement employés
generally accepted
accounting principles
prise
taking
prise de bénéfices
profit taking
prise de participation
takeover
prise ferme
firm commitment
prise partielle
partial taking
prise en charge de prêt hypothécaire
assumption of mortgage
priser
appraise
privatisation
going private,
privatization
privilège
lien, security interest
privilège de premier rang
first lien
privilège de prépaiement
prepayment priviledge
privilège de second rang
junior lien
privilège du vendeur
vendor's lien
privilège général
general lien

privilège de réinvestissement
reinvestment privilege
privîlège de souscription
subscription privilege
privilège du constructeur
mechanic's lien
privilège immobilier spécial
mechanic's lien
prix de base
one-time rate
prix de bout en bout
through rate
prix de journée
per diem
prix de marché négocié
negotiated market price
prix de prestige
prestige pricing
prix de rachat
call price
prix de revient
net cost
prix de transfert
transfer price
prix d'équilibre
target price
prix d'offre
offering price
prix du silence
hush money
prix magique
odd-value pricing
prix mensonger
bait and switch pricing
prix négocier
negotiated price
prix normal
normal price
prix à parité
p parity price arity price
prix à vue
demand price
prix administré
administered price
prix au comptant
spot price
prix contractuel
contract price (tax)

prix courant
list price
prix coûtant ou prix
du marché
lower of cost or market
prix d'équilibre
equilibrium price
prix d'achat
actual cost
prix de catalogue
list price
prix de conversion
conversion price
prix de départ
asking price
prix de l'offre
supply price
prix de monopole
monopoly price
prix de revient
actual cost
prix de soumission
sealed bid
prix de souscription
subscription price
prix de vente conseillé
suggested retail price
prix demandé
asking price
prix d'exercice
strike price
prix du marché
market price
prix fixé par le procureur
administered price
prix usuel
list price
prix-gachette
trigger point, trigger price
problème aigu
hot issue
problème controversé
hot issue
procédure des appels
d'offres
tender offer
procédure parlementaires
parliament procedure

procédure comptable
accounting procedure
procédure de dépossession
dispossess proceedings
procédure en continu
continous process
processeur central
mainframe
processus itératif
iteration
processus analytique
analytic process
procuration
power of attorney
producteur marginal
marginal producer
production
production
production indirecte
indirect production
production industrielle
industrial production
production de masse
mass production
production directe
direct production
production en continu
continuous production
production linéaire
straight-line production
production planifiee
scheduled production
productivité
productivity
produit
product, ware
produit brut
gross income
produit de revente
proceeds from resale
produit divers
other income
produit national brut (PBN)
gross national product (GNP)
produit national net
net national product
produit net
net income

produit net
net proceeds
produit d'appel
loss leader
produit de la revente
resale proceeds
produit dérivé
spin-off
produits
produce
produits finis
finished goods
produits périssables
nondurable goods
produits spécialisés
specialty goods
profession
profession
professionnel
business
profil du client
custom profile
profit
profit
profit éventuel
gain contingency
profit fictif
paper profit (loss)
profiteur
profiteer
progiciel
suite
programmation
scheduling
programmation des objectifs
goal programming
programme
schedule
programme utilitaire
utility program
programme applicatif
application program
programme d'actionnariat
employee stock ownership plan (ESOP)
programme d'application
application program

programme d'audit
  audit program
programme de capitalisation des dividendes
  dividend reinvestment plan
programme de forage développemental
  developmental dilling program
programme de services au détaillant
  retailer's service program
programmeur
  programmer
projection
  projection
projection horizontale
  metes and bounds
projet
  draft, plan
projet aussi futile que coûteux
  boondoggle
projet à emplacements multiples
  multiple locations forms
prolétariat
  salariat
prolongation
  extension
promotion collective
  tie-in promotion
promotion excessive
  overkill
promotion verticale
  vertical promotion
promotion des ventes
  sales promotion
propension marginale à consommer
  marginal propensity to consume (MPC)
propension marginale à économiser
  marginal propensity to save (MPS)
propension marginale à investir
  marginal propensity to invest
proposition
  tender

propre
  clean
propriétaire réel
  beneficial owner
propriétaire exploitant
  owner-operator
propriétaire foncier
  landlord
propriétaire non gérant
  absentee owner
propriétaire viager
  life tenant
propriété
  estate, ownership, ownership form, property
propriété conjointe
  tenancy by the entirety
propriété en commun
  tenancy in common
propriété en indivision
  tenancy by the entirety
propriété foncière perpétuelle et libre
  freehold (estate)
propriété inconditionnelle
  fee, fee simple or fee simple absolute
propriété indivise
  tenancy by the entirety
propriété libre de toute hypothèque
  unencumbered property
propriété industrielle
  industrial property
propriété commerciale
  commercial property
propriété en difficulté
  distressed property
propriété exempte d'impôts
  tax-exempt property
propriété familiale
  homestead
propriété immobilière
  real property
propriété marginale
  marginal property
prospect
  prospect

prospectus préliminaire
preliminary prospectus
protection des chèques
check protector
protection des consommateurs
consumer protection
protection égale devant la loi
equal protection of the laws
protectionisme
protectionism
protocole
protocol
protocole d'achat et de vente
buy-sell agreement
protocole de transfert de fichiers (FTP)
file transfer protocol (FTP)
protocole FTP
file transfer protocol (FTP)
provision
allowance, store
provision pour créances douteuses
bad debt reserve
provision pour le bilan
balance sheet reserve
provision pour consommation du capital
capital consumption allowance
provision pour dépréciation
allowance for depreciation
provision pour épuisement
accumulated depletion
prudence
prudence
psychologie industrielle
industrial psychology
publication assistée par ordinateur (PAO)
desktop publishing

publicitaire
huckster
publicité
advertising, disclosure
publicité appât
bait and switch advertising
publicité business to business
business-to-business
adverting
publicité de prestige
image advertising, prestige advertising
publicité financière
financial advertising
publicité industrielle
industrial advertising
publicité institutionnelle
image advertising
publicité interentreprises
business-to-business
adverting
publicité mensongère
false advertising
publicité professionnelle
trade advertising
publicité à action directe
direct-action advertising
publicité à réponse directe
direct response advertising
publicité collective
cooperative advertising
publicité mensongère
deceptive advertising
publicité par objet
specialty advertising
publicité subliminale
subliminal advertising
pyramide financière
financial pyramid

Q

quai à domicile
pier to house
qualité
quality
qualité inférieure
low-grade
quantité d'équilibre
equilibrium quantity
quartier insalubre
blighted area
quart-monde
underclass
quasi-contrat
impaired capital, quasi contract
quasi-monnaie
near money
quatrième marché
fourth market
question brûlante
hot issue

questions échangées entre les parties
interrogatories
questions fréquemment posées
FAQ (frequently asked questions)
qui ne peut pas être amorti(e) par anticipation
noncallable
quitter
vacate
quo warranto
quo warranto
quorum
quorum
quota
quota
quota d'importation
import quota
quotité
trading unit

R

rabais
  rebate, discount
rabais sur achats en grande
quantité
  quantity discount
rabattre
  takeoff
rachat
  buyout, redemption, purchase,
  surrender
rachat de taux
  buy down
rachat d'assurance vie
  surrneder, life insurance
rachat d'entreprise financé
par l'endettement
  leveraged buyout (LBO)
racket
  racket
rafraîchier
  refresh
raider
  raider
raisonnement inductif
  inductive reasoning
raisonnement par déduction
  deductive reasoning
rajustement
  readjustment
ralentissement
  downturn
rapatriement
  repatriation
rappel
  recall
rappel de salaire
  back pay
rappeler
  recall
rapport
  yield
rapport de propriété
  property report

rapport juridique
  privity
rapport annuel
  annual report
rapport annuel financier complet
  comprehensive annual finacial
  report (CAFR)
rapport coût-efficacite
  cost-effectiveness
rapport de conversion
  conversion ratio
rapport des frais généraux aux
primes
  expense ratio
rapport des gains
  earnings report
rapport du commissaire aux
comptes
  auditor's certificate, opinion or
  report
rapport du vérificateur
  auditor's certificate
rapport externe
  external report
rapport sinistres-primes
  loss ratio
rapprochement
  reconciliation
ratification
  ratification
ratio de bénéfice
brut
  gross profit ratio
ratio cadres/salariés
  management ratio
ratio capitaux
  debt-to-equity ratio
ratio d'évaluation
  assessment ratio
ratio de gestion
  management ratio
ratio de levier
  leverage

ratio de liquidité immédiate
acid test ratio
ratio de rotation des comptes
clients
receivables turnover
ratio d'endettement
leverage
ration de liquidité
liquidity ratio
ration de trésorerie
cash ratio
rationnement
rationing
rationnement du capital
capital rationing
réaliser
redeem
réassurance
reinsurance
réassurance de portefeuille
portfolio reinsurance
réassurance de vente stop
stop-loss reinsurance
recapitalisation
recapitalization
réception
desk, front desk
réception en suspens
fail to receive
réceptionniste
receiving clerk
récession
recession
recette
proceeds, revenue
recette brute
gross earnings
recette de prime
premium income
recettes diverses
other income
recettes fiscales
générales
general revenue
recherche
research
recherche de titres
title search

recherche appliquée
applied research
recherche commerciale
marketing research
recherche en consommation
consumer research
recherche et développement
research and development (R&D)
recherches opérationnelles
operations research (OR)
réciprocité
reciprocity
réciprocité de contrat
mutuality of contract
réclamations
claim
recommandation générale
blanket recommendation
récompense
recompense
reconduction
rollover
reconnaissance
acknowledgment, recognition
reconnaissance des caractères
optiques
optical character recognition
(OCR)
reconnaissance de dette
debenture
reconnaissance vocale
speech recognition
recours
recourse
recours pour erreur de droit
writ of error
recours à
encroachment
recouvrement
collection, over-and-short, over
(short), recovery
recouvrement des créances
douteuses
bad debt recovery
recrutement
recruitment
rectification d'un zonage
rezoning

reçu
  receipt
reçu de paiement
  cash acknowledgement
recuperabilite
  salvage value
récupération
  recoup, recoupment, recovery
récupération des données
  data retrieval
récupération de coût
  recovery of basis
récupérer
  recover
recyclage
  recycling
redémarrer
  restart
redevance
  fee, royalty
redevance d'entrée
  sales charge
redevance minière
  mineral rights
redevance-marchandises
  merchandise allowance
redistribution des revenus
  income redistribution
redressement
  recovery
réduction
  abatement, discount
réduction des frais de manutention
  handling allowance
réduction de la production
  downscale
réduire
  minimize
réduire les réserves
  draining reserves
réduire volontairement l'offre d'un produit
  cornering the market
réel
  real
réemploi préférentiel
  preferential rehiring

réescompte
  rediscount
réévaluation
  reassessment, revaluation
réexamen
  reassessment
réexpédition
  reconsign
référant
  referee
référence
  quotation, referral
refinancer
  refinance
refonte d'un prêt
  recasting a debt
reformation
  reformation
refuser de payer
  dishonor
régime de retraite basé sur les avantages
  benefit-based pension plan
régime à seuil défini
  floor plan insurance
régime à la carte
  cafeteria benefit plan
régime au choix
  cafeteria benefit plan
régime de fonctionnement discontinu
  intermittent production
régime général
  general scheme
régime de retraite
  retirement plan
régime de retraite contributif
  contributory pension plan
régime de retraite financé par anticipation
  advanced funded pension plan
régime d'épargne automatique
  payroll savings plan
région critique
  critical region
registre
  book, record

registre comptable
 voucher register
registre des visites
 call report
registre de contrôle
 check register
registre de réception
 receiving record
registre des actes
 registry of deeds
registre des paiements en espèce
 cash payment journal
**registre/livre des encaissements/
décaissements**
 cashbook
règle des deux pour cent
 two percent rule
règle de la connaissance du client
 know-your-customer rule
règle de la base sécurisée
 safe harbor rule
règle de la sphère de sécurité
 safe harbor rule
régle de la vente à découvert
 short-sale rule
règle maître-serviteur
 master-servant rule
règlement final
 balloon payment
règlement
 bylaws, payout, regulation,
 settlement
réglement d'assurance
 insurance settlement
règlement de zonage
 zoning ordinance
règlement sur l'ordre
 order regulation
**règlement dans les délais prévus
par la bourse**
 regular-way delivery (and
 settlement)
règlement judiciaire
 receivership
réglementation des changes
 exchange control
régler
 settle

réglette
 template
régression multiple
 multiple regression
regroupement
 cluster housing
regroupement d'actions
 reverse split
regroupement de marché
 market aggregation
regroupement des propriétés
 real estate owned (REO)
regroupement mensuel des intérêts
 monthly compounding of interest
réhabilitation
 discharge in bankruptcy,
 rehabilitation
réhabilitation professionnelle
 vocational rehabilitation
réindustrialisation
 reindustrialization
réinitialisation
 reboot
réinitialiser
 reboot, reset
réintégration
 reinstatement
réinvestissement automatique
 automatic reinvestment
relation hierarchisee
 scale relationship
relations humaines
 human relations
relations publiques
 public relations (PR)
relevé
 rundown
**relevé chronologique d'un titre de
propriété**
 abstract of title
relevé de compte
 account statement
relevé des conditions
 statement of condition
reliquat
 hangout
remaniement
 shakeup

rembourrage
padding
remboursable avant
callable
remboursable sur demande
révocable
callable
remboursement
redemption, refunding
remboursement du capital
return of capital
remboursement senior
senior refunding
remboursement statistique
experience refund
rembourser
redeem, refund
remise promotionnelle
promotional allowance
remise sur la quantité
volume discount
remise à neuf de biens
reconditioning property
remise pour caution de freinte
scalage
remonétisation
remonetization
remplacement de revenu
income replacement
remplacer
replace
remplir
file
remplissage
padding
remue-méninges
brainstorming
rémunération
remuneration
rémunéré
stipend, stipendiary
rendement
yield, return
rapport
return
rendement à maturité
yield-to-mature (YTM)

rendement historique
historical yield
rendement net
net yield
rendement actualisé
current yield
rendement attendu
mean return
rendement de l'actif du régime de retraite
return on pension plan assets
rendement de l'escompte
discount yield
rendement équivalent à celui de la société
corporate equivalent yield
rendement imposable équivalent
equivalent taxable yield
rendement mais a haut risque
junk bond
junk bond
rendement réel après impôt
after-tax real rate of return
rendement simple
simple yield
rêne laché
loose rein
renégocier
renegociate
renoncer
disaffirm
renonciation
disclaimer, waiver
rénovations urbaines
urban renewal
rentabilité
profitability
rentabilité du capital
capital turnover
rente
annuity
rente fixe
fixed annuity
rente foncière
ground rent
rente mixte
hybrid annuity

rente perpétuelle
perpeuity
rente sur deux têtes réversible
joint and survivor annuity
rente variable
variable annuity
rente avec paiement reporté
deferred-payment annuity
rente collective différée
deferred group annuity
rente payable d'avance
annuity due
rentier viager
annuitant
réorganisation
reorganization
réparation
remedy, restitution
réparation/maintenance différée
deferred maintenance
réparations
repairs
répartiteur
dispatcher
répartition
apportionment, distribution
répartition des ressources
allocation of resources
repli
setback
répondant
respondent
réponse
answer, response
report en arrière des déficits
fiscaux
tax loss carryback
(carryforward)
report déficitaire sur les exercices
précédents
loss carryback
report déficitaire sur les exercices
ultérieurs
loss carryforward
report du résultat
carryover
report en arrière
carryback

représentant
agent, detail person, salesperson
représentant fiscal
fiscal agent
représentant agréé
registered representative
reprise
rally, twisting
reprise boursière
technique
technical rally
reprise de dépréciation
depreciation recapture
répudiation
repudiation
réputation
reputation
requis
on demand
réseau
network
réseau de
communication
communications network
réserve
backlog, reserve, store
réserve pour créances
douteuses
bad debt reserve
réserve empruntée
borrowed reserve
réserve latente
hidden asset
réserve pour mémoire
hidden asset
réserve de remplacement
replacement reserve
réserve en espèces
cash reserve
réserve monétaire
monetary reserve
réserve obligatoire
reserve requirement
réserve pour provision
d'amortissement
depreciation reserve
réserves
stockpile

résidence principale
pricipal residence
résidentiel
residential
résiliation
rescission
résistance
staying power
résolution
resolution
responsabilité
liability
responsabilité conjointe
joint liability
responsabilité conjointe et solidaire
joint and several liability
responsabilité du fait d'autrui
vicarious liability
responsabilité du produit
product liability
responsabilité personnelle
personal liability
responsabilité solidaire et indivise
joint and several liability
responsabilité absolue
absolute liability
responsabilité civile
civil liability
responsabilité criminelle
liability, criminal
responsabilité cumulative
cumulative liability
responsabilité de droit commun
liability, legal
responsabilité directe
direct liability
responsabilité limité
limited liability
responsabilité professionnelle
liability, professional
responsabilité sociale
social responsibility
responsabilité sur l'exposition financière
liability, business exposures

responsable du développement de la marque
brand manager
responsable de budget
account executive
responsable du service clientèle
customer service representative
responsible
liable
resserrement
squeeze
ressource
resource
ressource en immobilisation
capital resource
ressources humaines
human resources
ressources naturelles
natural resources
ressources non renouvelables
nonrenewable natural resources
ressources naturelles renouvelables
renewable natural resource
reste
remainder
restitution
reversion
restriction
restriction
restriction de concurrence
restraint of trade
restriction de l'acte
deed restriction
restriction du droit d'aliénation
restraint on alienation
restructuration
shakeup
restructuration de la dette
troubled debt restructuring
résultat financier
bottom line
résultats
performance
rétablissement
reinstatement
retard
backlog

retenue
  holdback, retaining
retenue à la source
  back up withholding
retenue d'impôt
  back up withholding
retenue fiscale
  withholding tax
retenue sur salaire
  holdback pay, wage assignment
retenue sur le salaire
  withholding
retenue sur le traitement
  withholding
retenue obligatoire
  automatic checkoff
retombée
  spin-off
retour a charge
  back haul
retour chariot
  hard return
retour d'informations
  information return
retour sur vente
  return on sales
retrait
  retirement, withdrawal
retrait de marques de catalogue
  delisting
retrait simultané de fonds
  run
retraite anticipée
  early retirement
retraite obligatoire
  compulsory retirement
retraite reportée
  deferred retirement
rétroactif
  retroactive
rétrocession
  reconveyance
réunion annuelle
  annual meeting
révélation totale d'une information
  full disclosure
revenir sur
  disaffirm

revenu de source étrangère
  foreign income
revenu brut
  gross revenue
revenu de portefeuille
  portfolio income
revenu fixe
  fixed income
revenu imposable
  taxable income
revenu imputé
  imputed income, imputed value
revenu net
  net income
revenu net d'exploitation
  net operating income
revenu net par action ordinaire
  net income per share of common
  stock
revenu ordinaire
  ordinary gain or ordinary income
revenu passif
  passive income (loss)
revenu personnel
  personal income
revenu psychique
  psychic income
revenu
  income
revenu annuel
  annual earnings
revenu brut rectifié
  adjusted gross income
revenu des ventes
  sales revenue
revenu discrétionnaire
  discretionary income
revenu disponible
  disposable income
revenu financier
  money income
revenu imposable
  recognized gain
revenu marginal
  contribution profit,
  margin, marginal revenue
revenu perçu/touché
  earned income

revenu réel
real earnings, real income
revenus
revenue
revenus non professionnels
(rentes)
unearned income (revenue)
revenus relatifs au défunt
income in respect of a decedent
revenus actifs
active income
revenus avant impôt
earnings before tax
revenus constants
level-payment income stream
revenus et bénéfices
earnings and profits
revenus totalisés
aggregate income
revenus/gains en espèces
cash earnings
révision
review
révision du loyer
reappraisal lease
révocation
dismissal, revocation
révolution industrielle
industrial revolution
revue professionnelle
trade magazine
riche
rich
richesse nationale
national wealth
risque
interest, risk
risque du métier
occupational hazard
risque à la baisse
downside risk
risque couvert indépendamment
des autres
injury independent of all other
means
risque d'insolvabilité de l'état
emprunteur
sovereign risk

risque lié au crédit
credit risk
risque moral
moral hazard
risque spéculatif
speculative risk
risque statique
static risk
risque systématique
systematic risk
risques de catastrophe
catastrophe hazard
risques mixtes
mixed perils
ristourne
rebate
ristourne accordée sur les volumes
d'achat des marchandises
volume merchandise allowance
ristourne et rabais
patronage dividend and
rebate
ristournes et remises sur vente
sales returns and allowances
rodage
lapping
rognage
crop
rôle des contributions
tax roll
rôle d'impôt
tax roll
rôle d'évaluation
assessment role
rotation
turnover
rotation des postes
job rotation
rotation des stocks
inventory turnover,
stock turnover
rotonde
roundhouse
roulement des postes
rotating shift
ruée vers les titres de
qualité
flight to quality

rupture
  breach
rupture de contrat
  breach of contract
rupture de garantie
  breach of warranty

rupture anticipée
  anticipatory breach
rural
  rural
rurbain
  rurban

S

sabotage
 sabotage
saboteur de réseaux
 cracker
saisie
 recapture
saisie fiscale
 tax foreclosure
saisie judiciaire ou vente
judiciaire
 judicial foreclosure or judicial
 sale
saisie-arrêt
 garnishment
saisie-revendication
 replevin
saisine
 seisin
saisir
 impound, remuneration, salary,
 pay
salaire à la pièce
 piece rate
salaire à la tâche
 piece rate
salaire annuel garanti
 guaranteed annual wage
 (GAW)
salaire applicable aux heures
totales de presence
 portal-to-portal pay
salaire évolutif
 gratuated wage
salaire horaire majoré de moitié
 time-and-a-half
salaire majoré
 premium pay
salaire net
 take-home pay
salaire nominal
 nominal wage
salaire plafonné
 wage ceiling

salaire progressif
 gratuated wage
salaire annuel
 annual wage
salaire minimum
 minimum wage
salaire réel
 real wages
salaire standard
 standard wage rate
salarié
 employee
salarié à l'essai
 probationary employee
salle de réunion
 boardroom
salle du conseil
 boardroom
salon
 trade show
salon professionnel
 trade show
sanctions économiques
 economic sanctions
sans droit de vote
 nonvoting stock
sans engagement
 commitment free
sans hypothèque
 free and clear
sans intérêt
 flat
sans intérêts courrus
 flat
sans littoral
 landlocked
sans position
 flat
sans recours
 nonrecourse, without
 recourse
sans risque
 investment grade

satisfaction des besoins
need satisfaction
satisfaction professionnelle
job satisfaction
satisfaction des créances
satisfaction of a debt
saut de page
page break
saut de page forcé
forced page break
sauvegarde de fichier
file backup
sauvegarder
back up
savoir-faire
know-how
scanner
scanner
sceau
seal
schéma de circulation des commandes
order flow pattern
schéma directeur
blueprint
schéma décisionnel
decision tree
sciemment
scienter
science actuariale, science des actuaires
actuarial science
science de la gestion
management science
scission
breakup
score normalisé
t statistic
scrutin
ballot
se libérer
redeem
se mettre en grève
hit the bricks
se répercuter
filtering down
se rétracter
disaffirm

se stabiliser
level out
seconde action privilégiée
second-preferred stock
secret commercial
trade secret
secret des affaires
trade secret
secteur
sector
secteur locatif
rentable area
section auxiliaire
service department
section des frais
cost center
securit d'emploi
job security
sécurité
security
sécurité sociale
social insurance
segmentation du marché
market segmentation
ségrégation résidentielle ethnique
steering
selectionner
select
semaine de travail
work week
semestriel
semiannual
semi-annuel
biannual
semi-conducteur
semiconductor
semi-duplex
half duplex
séparation des pouvoirs
segregation of duties
s'équilibrer
level out
série
range
serveur
server
serveur télématique
bulletin board system (BBS)

service
  department, service
service du personnel
  personnel department
service public
  utility
service des relations avec les
investisseurs
  investor relations department
service à la clientèle
  customer service
service annuel de la dette
  annual debt service
service bancaire de gestion
financière
  bank trust department
service d'achat
  shopping service
service de la dette
  debt service
service de la dette à niveau égal
  level debt service
service de recherche
  research department
service du marchandisage
  merchandising service
services administratifs
  back office
services administratifs
seulement
  administrative services only
  (ASO)
servitude
  easement, scenic easement
servitude d'utilité publique
  utility easement
servitude implicite
  implied easement
servitudes
  encumbrance
seuil de rentabilité
  break-even point
seuil de reclassement
  cutoff point
short squeeze
  short squeeze
siège
  seat

signaux mixtes
  mixed signals
signet
  bookmark
significatif
  statistically significant
significatif statistiquement
  statistically significant
simple fiducie
  simple trust
simplification du travail
  work simplification
simulation
  malingering, simulation
simulation de geston
  management game
sinistre total
  total loss
situation
  position
situation financière
  financial position
situation financière personnelle
  personal financial statement
situation financière consolidée
  consolidated financial
  statement
situation spéciale
  special situation
socialisme
  socialism
société
  company, firm
société à responsabilité limitée
  private limited partnership
société civile
  nonstock corporation
société commune
  joint venture
societe d'acquisitions
immobilieres
  title company
société de droit civil
  nonstock corporation
société de gestion
  trust company
société de gestion ouverte
  open-end management company

société de portefeuille
holding company
société d'epargne et de crédit
federal savings and loan
association
société en participation
joint venture
société établie dans un autre état
foreign corporation
société financière
finance company
société par actions
joint stock company
société à responsabilité limitée
limited company
société affiliée
affiliated company
société anonyme
corporation
société constituante
constituent company
société d'assurance par actions
stock insurance company
société de bourse
stockbroker
société de fait
de facto corporation
société de placement enregistrée
registered investment company
société de placement immobilier
real estate investment trust
(REIT)
société de placement réglementée
regulated investment
company
société de renseignements commerciaux
credit bureau
société de services
service bureau, service
economy
société d'investissement
investment company
société dissoute
defunct company
société diversifiée
diversified company

société dominée
controlled company
société en commandite
limited partnership
société en commandite principale
master limited partnership
société endettée
leveraged coompany
société étrangère
alien corporation
société fermée à peu d'actionnaires
closely held corporation
société fictive
shell corporation
société financière (de financement) captive
captive finance company
société inscrite au registre du commerce
registered company
société membre
member firm or member
corporation
sociéte mutuelle
mutual company
société nationale
domestic corporation
société qui s'effondre
collapsible corporation
solde
balance, remainder, sell-off
solde à découvert
outstanding balance
solde de dividende
year-end dividend
solde final
bottom line
solde créditeur
credit balance
solde moyen quotidien
average (daily) balance
sollicitation au hasard
cold canvass
sollicité
on demand
solvabilité
ability to pay, solvency

somme principale
principal sum
somme forfaitaire
lump sum
sondage
testcheck
sortie sur imprimante
printout
souche de chèque
check stub
souligner
underline
soumission
tender
source
source
sources de fonds
sources of funds
souris
mouse
sous-assuré
underinsured
sous-capitalisation
undercapitaliztion
souscripteur
underwriter, writer
souscripteur d'essai
trial subscriber
souscription
subscription
souscription intégrale
firm commitment
sous-diviseur
subdivider
sous-division
subdividing, subdivision
sous-employé
underemployed
sous-évalué
undervalued
sous-locataire
subtenant
sous-location
sublease, sublet
sous-loyer
sandwich lease
sous-marginal
submarginal

sous-optimiser
suboptimize
sous-produit
by-product
sous-programme
subroutine
sous-prolétariat
underclass
sous-rémunération
underpay
sous-répertoire
subdirectory
sous-total
subtotal
sous-traitant
subcontractor
soutien de famille
breadwinner
soutien des prix
price support
spécialisation horizontale
horizontal specialization
spécialisation verticale
vertical specialization
spécialiste
specialist
spéculateur à la journée
scalper
spéculer
take a flier
spirale inflationniste
inflationary spiral
sponsor
sponsor
stabilisateur intégré/incorporé
built-in stabilizer
stabilisateurs fiscaux
automatic (fiscal) stabilizers
stabilisation
stabilization
stabilisation des prix
price stabilization
stabiliser
peg
stagnation
stagnation
standard
standard

start-up
  start-up
station d'accueil
  docking station
statistique
  statistic, statistics
statistique inférentielle
  inferential statistics
statistiques
  statistics
statistiques non paramétriques
  nonparametric statistics
statistiques descriptives
  despriptive statistics
statistisque _F_
  _F_ statistic
statut
  status
statuts
  articles of incorporation, bylaws
stellage
  tax straddle
stimulant de vente
  sales incentive
stipulation
  sipulantion, proviso, specification
stochastique
  stochastic
stock
  stock
stock comptable
  book inventory
stock disponible
  open stock
stock conjoncturel
  cyclical stock
stock de capital
  capital stock
stock final
  closing inventory
stock-option
  stock option
stock stratégique
  perpetual inventory
straddle
  tax straddle
stratégie
  strategy

stratégie d'investissement
  investment strategy
stratégie concurrentielle
  competitive strategy
stratégie de différentiation
  differentiation strategy
stratégie de segmentation
  segmentation strategy
stratégie d'écrémage
  milking strategy
structure
  structure, organization structure
structure de gestion verticale
  vertical management structure
structure de l'entreprise
  organization structure
structure du capital
  financial structure
structure financière
  financial structure
structure historique
  historical structure
structure organique
  organization structure
structure de l'entreprise
  corporate structure
structure du capital
  capital structure
structure du capital complet
  comple capital structure
structure hiérarchique
  line organization
structure mixte
  line and staff organization
subalterne
  menial
subdivision
  subdivision
submarginal
  submarginal
subordination
  subordination
subordonné
  subordinated
subrogation
  subogation
subsistance
  subsistence

substituabilité
trade-off
substitution
substitution
subvention
grant, subsidy
subventionnement excessif
featherbedding
succession brute
gross estate
succession héréditaire
descent
suite
suite
superfund (fond d'indemnisation)
superfund
superintendant
superintendent
supermarché
supermarket
supermarché de la finance
financial supermarket
superproduction
blockbuster
supplément
surcharge
supplément d'équipe
shift differential
suppression du plan
discontinuance of plan
supprimer
delete
sur demande
on demand
surabondance
glut
suracheté
overbought
surcharge
stretchout
surchauffe
overheating
surémission
overissue
surenchère
counterroffer
surestaries
demurrage

surestimé
overvalued
surévalué
overbought, overvalued
surface commerciale utile
gross leaseable area
surface locative nette
net leasable area
surligner
highlight
surplomb
overhang
surplus
overage, surplus
surproduction
overproduction
surréservé
overbooked
surtaxe
surcharge, surtax
suspendre
abort
suspension
disciplinary layoff,
suspension
swaper
swap
symbole de téléscripteur
stock symbol
symbole social
status symbol
syndic
trustee
syndic de faillite
trustee in bankruptcy
syndicat
labor union, syndicate, trade
union
syndicat de corps de métier
horizontal union
syndicat d'industrie
industrial union
syndicat indépendant
independent union
syndicat ouvert
open union
syndicat d'entreprise
company union

syndicat de métier
craft union
syndication
syndication
synergie
synergy
système
system
système de bénéfice
profit system
système de gestion de base des entrées sorties bios
basic input-output system (BIOS)
systéme de prix
price system
Système de Réserve Fédérale
Federal Reserve System (FED)
système d'exploitation
operating system
système d'exploitation de base
basic operating system
système interactif
interactive system
système pyramidal de distribution
pyramiding
système autonome
stand-alone system
système comptable
accounting system
système de classification type des industries
standard industrial classification (SIC) system

système de direction
management system
système de marché
market system
système de nom de domaine
domain name system
système de récupération accélérée des coûts
accelerated cost recovery system (ACRS)
système de retraite par capitalisation
defined contribution pension plan
système de retraite par répartition
defined-benefit pension plan
système de suggestions
suggestion system
système d'information marketing
marketing information system
système d'informations de gestion
management information system (MIS)
système économique
economic system
système légal d'élection
statutory voting
système métrique
metric system
systèmes interactifs d'aide à la décision (SIAD)
decision support system (DSS)

T

table de contingence
contingency table
table de mortalité
mortality table
tableau
array
tableau à multiples entrées
cross tabulation
tableau combinatoire
cross tabulation
tactique
tactic
tapis de souris
mouse pad
tarif
rate
tarif (barème) par wagon
carload rate
tarif commun
joint fare, joint rate
tarif direct
through rate
tarif douanier
tariff
tarif fixe
flat rate
tarif contractuel
contract rate
tarif publicitaire pour les
détaillants
retail rate
tarifiable
ratable
tarification
rate setting
tarification à terme
forward pricing
tarification inférieure au marché
pricing below market
tarification inférieure au marché
pricing below market
tarification prospective
prospective rating

tarification prospective
prospective rating
tarification variable
variable pricing
tarification ajustable
experience rating
tarifs et classifications
rates and classifications
tassement
setback
taux
rate
taux amorce
teaser rate
taux commercial
trade rate
taux de change flottant
floating currency exchange
rate, floating exchange rate
taux de croissance
growth rate
taux de fonds fédéraux
federal funds rate
taux de liquidité
quick ratio
taux de prêt aux
courtiers
broker loan rate
taux de prime
premium rate
taux de production
production rate
taux de rendement à la durée
de vie moyenne
yield to average life
taux de rendement à l'échéance
moyenne
yield to average life
taux de rendement
avant impôt
pretax rate of return
taux de rendement minimal
hurdle rate

taux de rentabilité de la gestion financière
financial management rate of return (FMRR)
taux de rentabilité interne
internal rate of return (IRR)
taux de retour
overall rate of return
taux de salaire de base
base rate pay
taux de salaire majoré
premium rate
taux de vacance
vacancy rate
taux d'erreurs sur les bits
bit error rate
taux des salaires
wage rate
taux d'escompte bancaire préférentiel
prime rate
taux d'imposition
tax rate
taux d'intérêt
interest rate
taux d'intérêt facial
face interest rate
taux d'intérêt nominal
nominal interest rate
taux d'intérêt variable
variable interest rate
taux net
net rate
taux nominal
nominal yield
taux uniforme de l'impôt
flat tax
taux d'inflation
inflation rate
taux annualisé
annualized rate
taux d'absentéisme
absence rate, absenteeism
taux d'actions ordinaire
common stock ratio
taux d'actualisation
capitalization rate

taux d'actualisation à risques pondérés
risk-adjusted discount rate
taux d'escompte
discount rate
taux d'imposition effectif
effective tax rate
taux d'imposition moyen
average tax rate
taux d'intérêt majoré
add-on interest
taux d'intérêt réel
real interest rate
taux de change
exchange rate
taux de couverture de la dette
debt coverage ratio
taux de croissance composée
compound growth rate
taux de croissance économique
economic growth rate
taux de liquidité
current ratio
taux de location
rental rate
taux de paiement d'un dividende
dividend payout ratio
taux de recouvrement
collection ratio
taux de réduction
discount rate
taux de réescompte
rediscount rate
taux de réinvestissement
reinvestment rate
taux de remise
remit rate
taux de rendement comptable
accounting rate of return
taux de rendement des capitaux propres
return on equity
taux de rendement du capital investi
return on invested capital
taux de rendement exigé
required rate of return

taux de rendement réel
real rate of return
taux de reprise
recapture rate
taux d'epargne
savings rate
taux effectif
effective rate
taux marginal d'imposition
marginal tax rate
taux mixte
blended rate
taux réduit
reduced rate
taxe
tax
taxe à la valeur ajoutée
value-added tax
taxe foncière
property tax
taxe d'accise
excise tax
taxe répressive
repressive tax
taxe sur les produits de luxe
luxury tax
taxe sur les ventes
sales tax
taxes sur les résidences secondaires
commuter tax
teaser
teaser ad
technique de gestion de la qualité
quality engineering
technique des données du marché
market comparison approach
techniques d'actualisation
discounted cash flow
techniques traditionnelles
low-tech
technologie
technology
technologie de pointe
high technology
télécharger
upload
télécommunications
telecommunications

télémarketing
telemarketing
témoignage
testimonial
temps partagé
time-sharing
temps partiel
part-time
temps alloué
allowed time
temps compensatoire
compensatory time
temps d'accès
access time
temps de référence
standard time
temps mort
dead time
tendance
trend
tendance à la hausse
uptrend
tendance commune
joint tendency
tendance à long terme
long-term trend
tendance centrale
central tendency
teneur en drilles
rag content
tenure foncière
tenure in land
terme(s)
term, terms
terrain
site, tract
terrain intérieur
inside lot
terrain libre
vacant land
terrain non bâti
unimproved property
terrain viabilisé
improved land
terrain nu
raw land
terre
land

terre allodiale
allodial system
test d'une hypothèse
hypothesis testing
test
test
test bilatéral
two-tailed test
test d'ajustement statistique
goodness-of-fit test
test d'hypothèse
hypothesis testing
test d'orientation
placement test
test statistique bilatéral
two-tailed test
test d'évaluation
benchmark
test de concept
concept test
test de marché
market test
test de percolation
percolation test
test d'efficacité des ventes
sales effectiveness test
test du chi carré
chi-square test
testament
testament, will
testateur
testator
tête-et-epaules
head and shoulders
texte en clair
plain text
théorie de la motivation
field theory of motivation
théorie de la propriété
title theory
théorie du maillon faible
weakest link theory
théorie du portefeuille
portfolio theory
théorie de dow
dow theory
théorie du cheminement aléatoire
random walk

théorie du portcfeuille
modern portfolio theory (MPT)
théorie sur « l'ensemble des droits »
bundle-of-rights theory
tiers
third party
tiers saisi
garnishee
timbre
trading stamp
tirage a découvert
kiting
tirage en l'air
kiting
tiré
drawee
tirer
draw
tireur
drawer, payer
titre
evidence of title, muniments of title, share, stock certificate, title
titre à intérêt non imposable
tax-exempt security
titre de propriété non équivoque
good title
titre de rang inférieur
junior mortgage
titre de second rang
junior mortgage
titre garanti
guaranteed security
titre garanti par des créances hypothécaires
pass-through security
titre garanti par des créances hypothécaires
pass-through security
titre inactif
inactive stock or inactive bond
titre non encore émis
unissued stock
titre prévendu
presold issue

titre prévendu
  presold issue
titre sous-jacent
  underlying security
titre acclimaté
  seasoned issue
titre contesté
  cloud on title
titre d'emprunt
  debt security
titre de liquidateur judiciaire
  receiver's certificate
titre de propriété bénéficiaire
  land trust
titre défectueux
  defective title
titre dormant
  sleeper
**titre garanti par des créances
hypothécaires**
  mortgage-backed security
titre incontesté
  clear title
titre invalide
  defective title
titre négociable
  marketable title
titre nominatif
  registered security
titre non valide
  bad title
titre prioritaire
  senior security
titre provisoire
  scrip
titre suspect
  cloud on title
titre/valeur exonérée
  exempt securities
titres
  securities
titres à revenu variable
  floating securities
titres dilués
  watered stock
**titres financiers
informatisés**
  book-entry securities

titres relevés
  book-entry securities
titres convertibles
  convertibles
titres/valeurs de placement
  defensive securities
titulaire du droit réversible
  remainderman
titulaire d'une licence
  licensee
tokenisme
  tokenism
tomber en déshérence
  escheat
toner
  toner cartridge
tonne anglaise
  gross ton
tonne washington
  gross ton
total de contrôle
  hash total
total mêlé
  hash total
total versé
  total paid
touche
  key
touche de basculement
  toggle key
touche de fonction
  function key
**touche de rappel
arrière**
  backspace key
touche de tabulation
  tab key
touche verr. maj.
  num lock key
touche « majuscules »
  shift key
touche alt
  alternate coding key
  (alt key)
touche contrôle (ctrl)
  control key (ctrl)
touche début
  home key

touche double fonction
alternate coding key
(alt key)
touche échap
escape key
touche supprimer (suppr)
delete key (del)
touche vérr. maj.
capslock key
tour de scrutin
ballot
tous risques
all risk/all peril
**tous risques flottants
sur biens personnels**
personal property floater
trace , traceur
trace, tracer
trace d'audit
audit trail
traceur
plotter
traduire
translate
trahison
treason
traite
draft
traite à terme
time draft
traite à vue
sight draft
traite bancaire
registered check
traitement
stipend, stipendiary,
turnaround
traitement de texte
text processing
**traitement en
parallèle**
parallel processing
traitement par lots
batch processing
tranche de revenus
income group
tranche de salaires
income group

tranche d'imposition
tax bracket
transaction amiable
friendly suit
**transaction déclenchée par
ordinateur**
program trade
transaction fictive
wash sale
transaction nette
net transaction
**transaction dans les
conditions normales de la
concurrence**
arm's length transaction
transaction garantie
secured transaction
transaction sécurisée
secured transaction
transférer
relocate
**transfert des droits
d'aménagement**
transfer development
rights
transformateur
fabricator
transmettre un virus
transmit a virus
**transmission des
données**
data transmission
transmission héréditaire
descent
transmission par câble
cable transfer
transnational
transnational
transparent
off the books
transport
transportation
transport par barge
lighterage
transporter
convey
transporteur
carrier, common carrier

transporteur routier
inland carrier
transporteur sous contrat
contract carrier
travail
labor
travail à effectuer
workload
travail à la pièce
piece work
travail à la tâche
piece work
travail en cours
work in progress
travail en réseau
networking
travail
job
travail artificiel
make-work
travail au noir
moonlighting
travailleur indépendant
independent contractor
travailleur migrant
itinerant worker
travailleur occasionnel
casual laborer
travaux publics
public works

ttrésorerie
cash
trésorier
treasurer
tribunal d'archives
court of record
tribunal douanier
customs court
trimestriel
quarterly
troc
barter
troisième marché
third market
troncation
truncation
trop-perçu
overpayment
trucage
window dressing
trust
trust
trust implicitement consenti
involuntary trust
trust complexe
complex trust
trust, aux pouvoirs discrétionnaires
trust, general management
tuteur
guardian

U

unification
  pooling of interests
union internationale
  international union
unité
  unit
unité de commandement
  unity of command
unité de négociation
  unit of trading
unité périphérique d'entrée/sortie
  input-output device
unité centrale de traitement
  (UCT)
  central processing unit (CPU)
unité de négociation
  bargaining unit
unité modèle
  model unit
urbain
  urban
usage optimal
  highest and best use
usage public
  public use

usine d'assemblage
  assembly plant
usufruitier
  life tenant
usure
  burnout, usury, wear and
  tear
usure normale
  normal wear and tear
utilisateur
  user
utilisateur final
  end user
utilisation non conforme
  nonconforming use
utilisation optimale
  highest and best use
utilisation preexistante
  preexisting use
utilisation publique
  public use
utilisation des fonds
  application of funds
utilité marginale
  marginal utility

V

vache à lait
  cash cow
valable
  valid
valeur
  value, worth
valeur à forte croissance
  performance stock
valeur actualisée d'une rente
  present value of annuity
valeur actuelle
  present value
valeur actuelle de 1
  present value of 1
valeur actuelle nette
  net present value (NPV)
valeur admise à la cote
officielle
  listed security
valeur amortie
  written-down value
valeur a negociabilite
restreinte
  letter stock
valeur au pair
  par value
valeur boursière
  market value
valeur brute de succession
  gross estate
valeur comparable
  comparable worth
valeur comptable
  book value
valeur comptable nette
  net book value
valeur d'actif net
  net asset value (NAV)
valeur de deuxième rang
  junior mortgage
valeur de la continuité de
l'exploitation
  going-concern value

valeur d'échange
  value in exchange
valeur de liquidation
  liquidated value
valeur de père de famille
  blue-chip stock
valeur de premier ordre
  blue-chip stock
valeur de rachat
  cash surrender value
valeur de rareté
  scarcity, scarcity value
valeur de remplacement
  actual cash value
valeur de rendement
  capitalized value
valeur d'une propriété louée
  leasehold value
valeur du second marché
  unlisted security
valeur économique
  economic value
valeur estimée
  assessed valuation
valeur en forte hausse
  high flyer
valeur fixée
  stated value
valeur garantie
  guaranteed security
valeur hypothécable
  loan value
valeur incorporelle
  intangible value
valeur inscrite à la cote
officielle
  listed security
valeur intrinsèque
  intrinsic value
valeur marchande
  market value
valeur mixte
  blended value

valeur nette
effective net worth
valeur nette comptable
unrecovered cost
valeur nette d'une
participation
equity
valeur nette du déficit
deficit net worth
valeur nominale
face value, par value
valeur objective
objective value
valeur P
P value
valeur probable
expected value
valeur réalisable nette
net realizable value
valeur réelle de l'argent
real value of money
valeur résiduelle
residual value
valeur réversible
reversionary value
valeur sûre
widow-and-orphan
stock
valeur temporelle
time value
valeur vedette
glamor stock
valeur vénale
fair market value, actual cash
value
valeurs
securities
valeurs à revenu
variable
floating securities
valeurs matérielles
tangible asset
valeurs convertibles
convertibles
valeurs négociables
marketable securities
valeurs sûres
legal list

valide
valid
valider
probate
valorisation de fonds
fund accounting
valoriser
write-up
variable
variable
variable active
independent variables
variable explicative
independent variables
variable indépendante
independent variables
variable souscrite
subscripted variable
variance
variance
veille
standby
vendeur
salesperson, vendor,
writer
vendre à découvert
hammering the market, selling
short
vendre au distributeur
sell-in
vente
sale
vente à tempérament
installment sale
vente à un cent
one-cent sale
vente avec bénéfices
profit taking
vente bénéficiaire
profit taking
vente de biens à exécutions
successives
installment contract
vente de titres dans un but
fiscal
tax selling
vente en porte à porte
house-to-house selling

vente hors magasin
 nonstore retailing
vente libre
 over-the-counter retailing
vente publique
 public sale
vente pyramidale
 pyramiding
vente suspendue
 pyramiding
vente par un intermédiaire
 third-party sale
vente forcée
 forced sale
vente à découvert
 against the box
vente a perte
 leader pricing
vente au détail
 retail
vente au rabais
 dutch action
vente avec prime
 cross merchandising
vente conditionnelle
 conditional sale
vente de liquidation
 clearance sale
vente irrévocable
 absolute sale
vente ou echange
 sale or exchange
vente par distributeur automatique
 automatic merchandising
vente parfaite
 bargain and sale
vente spécialisée
 specialty selling
vente-débarras
 tag sale
ventes nettes
 net sales
ventes personnelles
 personal selling
ventes directes
 direct sales
ventilation des impôts de l'exercice
 intrapeiod tax allocation

**ventilation des impôts de l'exercice
sur le revenu**
 interperiod income tax allocation
verbalisations
 verbations
verdict imposé
 directed verdict
vérificateur des comptes
 auditor
vérification des antécédents
 background check
vérification des hypothèses
 hypothesis testing
vérification complète
 complete audit
vérification de la conformité
 compliance audit
vérification, audit comptable
 audit
vérifier
 check
verrouillage des majuscules
 shift lock
**versement de début de
période**
 annuity in advance
versement de fin de période
 annuity in arrears
versement périodique
 annuity
vétusté technologique
 technological obsolescence
vétusté déduite
 actual cash value
vice latent/ caché
 latent defect
vice-président
 vice-president
victimes d'accidents
 casuality loss
vide juridique
 loophole
vider
 purge
vie amortissable
 depreciable life
vie économique
 economic life

ville nouvelle
new town
violation
breach, infringement, violation
violation de brevet
patent
infringement
virement automatique
standing order
vitesse
velocity
voie hiérarchique
chain of command
voile corporatif
corporate veil
voiture de fonction
company car

volatil(e)
volatile
volume
volume
volume total
total volume
volume utile
total volume
vote cumulé
cumulative voting
vote de grève
strike vote
voter au scrutin
ballot
voyageur debout
straphanger

WXYZ

widget
widget
yellow sheets
yellow sheets
zonage
zoning
zonage par densité
density zoning
zone de commerce extérieur
foreign trade zone
zone de saisie
input field
zone d'emploi
zone of employment
zone industrielle
industrial park

zone touchée
impacted area
zone commune
common area
zone d'encouragement à l'implantation d'entreprises
enterprise zone
zone d'étude
survey area
zone métropolitaine
metropolitan area
zone minimale de lot
minimum lot area
z-score
z score

French (Canada) into English

A

à court terme
  short term
à crédit
  on account
à fond perdu
  bleed
à l'échelle
  true to scale
à l'infini
  ad infinitum
à la baisse
  bear,
à la hausse
  bull
à la lettre
  by the book
à perpétuité
  in perpetuity
à risque
  at risk
à termereport
  forward
à titre d'information
  for your information
  (FYI)
abandon
  abandonment
abattement
  rebate
abattement d'impôt
  tax abatement
abonné d'essai
  trial subscriber
abri fiscal
  tax shelter
abri fiscal abusif
  abusive tax shelter
abroger
  abrogate
abus
  violation
abus d'autorité
  undue influence

abus de biens sociaux
  mismanagement
accélérateur principe de
l'accélérateur
  accelerator accelerator principle
accélération
  acceleration
acceptation
  acceptance
acceptation bancaire
  banker's acceptance
acceptation commerciale
  trade acceptance
accepter une offre d'achat
  take
accès à distance
  remote access
accès direct
  direct access
accessoire
  attachment
accord commercial
  trade agreement
accord d'échelonnement de garanties
  spreading agreement
accord de gestion
  management agreement
accord de prêt à la construction
  building loan agreement
accord des parties
  meeting of the minds
accord et satisfaction
  accord and satisfaction
accord final
  closing agreement
accord supplémentaire
  supplemental agreement
accorder un congé
  furlough
accords de sauvegarde
  hold-harmless agreements
accroissement
  accretion

accroissement du personnel
 accession
accumuler
 accrue
accusé
 defendant
achat
 purchase
achat à prix forfaitaire
 lump-sum purchase
achat couvrant la position à découvert
 short squeeze
achat spécial
 special purchase
achat spéculatif
 going long
achat-média
 media buy
achats nets
 net purchases
achats réciproques
 reciprocal buying
acheter
 buy, shop
acheter sur marge
 buying on margin
acheteur
 buyer
acheteur à la commission
 resident buyer
acheteur au comptant
 cash buyer
acheteur d'un jour
 one-time buyer
acheteur de l'option
 option holder
acheteur multiple
 multibuyer
acheteur, client
 shopper
acheteur-média
 media buyer
acompte
 downpayment
acquéreur de bonne foi
 bona fide purchaser

acquisition
 acquisition, procurement, takeover, vesting
acquisition d'un terrain
 taking
acquisition par emprunt
 leveraged buyout (LBO)
acquisition partielle
 partial taking
acre
 acre
acréage
 acreage
acte
 deed
acte d'adjudication
 tax deed
acte d'administrateur
 administrator's deed
acte de curatelle
 guardian deed
acte de dépôt
 bailment
acte de don
 gift deed
acte de faillite
 act of bankruptcy
acte de fiducie
 trust deed
acte de garantie générale
 general warranty deed
acte de renonciation à des droits
 quitclaim deed
acte délictuel
 tort
acte faisant foi de saisie
 deed in lieu of foreclosure
acte fiduciaire
 deed of trust, writ
acte non enregistré
 unrecorded deed
acte translatif de garantie
 warranty deed
actif à long terme
 noncurrent asset
actif brut d'une succession
 gross estate

actif disponible et réalisable
quick asset
actif immobilisé corporel
capital assets
actif net
net assets
action
share
action à titre de don
donated stock
**action cambiaire, action à
négociabilité restreinte**
letter stock
action classée
classified stock
action cumulative privilégiée
cumulative preferred stock
**action de priorité à dividende
non cumulatif**
noncumulative preferred
stock
action en forclusion
tax foreclosure
**action en justice intentée par un
actionnaire**
stockholder's derivative action
action en résolution
restitution
action fermée
closed stock
action ordinaire
common stock
action pétitoire
interpleader
action positive
affirmative action
action sans droit de vote
nonvoting stock
action sans valeur nominale
no-par stock
action, titre
stock
actionnaire
shareholder, stockholder
actionnaire majoritaire
majority shareholder
actionnaire nominatif
stockholder of record

actionnaire principal
principal stock holder
actionnariat des salariés
employee stock option
actions autorisées
shares authorized
actions cotées en cents
penny stock
actions de premier ordre
blue-chip stock
actions de valeur spéculative
cats and dogs
actions diluées
watered stock
actions en circulation
outstanding capital stock
actions non émises
unissued stock
actions participatives
participating preferred stock
actions privilégiées
preferred stock
**actions privilégiées convertibles à
taux variable**
caps
**actions privilégiées de premier
rang**
prior-preferred stock
actions privilégiées de second rang
second-preferred stock
activer
enable
**activité à prédominance de
recherche**
research intensive
**activités bancaires de
concentration**
concentration banking
activités passives
passive activities
actuaire
actuary
actualisation anticipée
discounting the news
actualiser
capitalize
actuariat
actuarial science

actuel en cours
current
ad valorem, selon la
valeiur
ad valorem
addenda allonge
addendum
administrateur
administrator, director
administrateur de liaison
interlocking directorate
administrateur de réseau
network administrator
administrateur du
système
system administrator
administrateur externe
outside director
administration de la créance
hypothécaire
mortgage servicing
administrer
administer
admis en déduction d'impôt
tax deductible
adresse IP
internet protocol (IP)
address
adversaire
adversary
affacturage
factoring
affaires
business
affectation
appropriation, assignment,
dedication
affectation collatérale
colatteral assignment
affectation des fonds
application of funds
affectation spéciale
special assignment
affecter
allocate
affichage plein
écran
full screen display

afflux de fonds
flow of funds
âge atteint
attained age
âge de la retraite
retirement age
âge de la retraite normale
normal retirement age
agence d'évaluation du crédit
credit bureau
agence de recrutement de
cadres
headhunter
agencement
fixture
agencement de produits
complémentaires
cross merchandising
agenda
diary
agent contractant
listing agentlisting broker
agent de relance
trace tracer
agent de vente, courtier de vente
selling agent or selling broker
agent des transferts
transfer agent
agent financier
fiscal agent
agent négociateur
bargaining agent
âges de la retraite
multiple retirement ages
agglomération
agglomeration
agiotage
stock jobbing
agroalimentaire
agribusiness
aguiche
teaser ad
aide financière de démarrage
pump priming
aide-comptable
bookkeeper
ajout de dividendes
dividend addition

ajouts commerciaux
trade fixture
ajustement de perte
loss adjustment
ajustement rétroactif
retroactive adjustment
ajustement sur les exercices antérieurs
prior period adjustment
aléatoire
open-end
aliénation
alienation
aliénation acte d'aliénation
conveyance
alimentation
power connection
alimentation de la chaîne
chain feeding
allégation
allegation, allowance
allocation de grève
strike pay
allocation de la distribution
distribution allowance
allocation de promotion
promotional allowance
allocation linéaire
retail display allowance
allocation pour améliorations
tenant finish-out allowance
altération
debasement
amalgame des fonds
commingling of funds
amasser
amass
amateur d'or
goldbug
amélioration
betterment, upgrading
amélioration apportée par le propriétaire
leasehold improvement
amélioration des immobilisations
capital improvement
aménagement de l'espace
land-use planning

amende, amender
amend
aménités
amenities
amenuisement
debasement
amortir
depreciate
amortissement
amortization, depletion, redemption, term amortization
amortissement accéléré
accelerated depreciation
amortissement cumulé
accumulated depreciation
amortissement de la dette
debt retirement
amortissement de première année
first-year depreciation
amortissement dégressif à taux double
double declining balance
amortissement négatif
negative amortization
analyse
analysis
analyse au moyen de ratios
ratio analysis
analyse coût-rendement
cost-benefit analysis
analyse d'agrégats
cluster analysis
analyse d'après année de référence
base-year analysis
analyse d'équilibre général
general equilibrium analysis
analyse d'un poste
occupational analysis
analyse de l'équilibre partiel
partial-equilibrium analysis
analyse de marché
market analysis
analyse de point mort
break-even analysis
analyse de régression
regression analysis
analyse de variance
analysis of variance (ANOVA)

analyse des coûts de distribution
distribution cost analysis
analyse des défaillances
failure analysis
analyse des placements value line
value line investment survey
analyse des séries chronologiques
time series analysis
analyse différentielle
differential analysis, incremental analysis
analyse économique
economic analysis
analyse en grappes
cluster analysis
analyse factorielle
factor analysis
analyse fondamentale
fundamental analysis
analyse horizontale
horizontal analysis
analyse qualitative
qualitative analysis
analyse quantitative
quantitative analysis
analyse statique
static analysis
analyse technique
technical analysis
analyse verticale
vertical analysis
analyste de crédit
credit analyst
analyste des ventes
sales analyst
analyste financier
securities analyst
analystes
analysts
année civile
calendar year
année d'imposition
taxable year
année normale d'exploitation
natural business year
annexe
appurtenant, attachment

annexion
annexation
annonce de placement
tomsbtone ad
annuellement
annual basis
annuité versement périodique rente
annuity
annuler
cancel, offset
antidatation
backdating
appartement collectif
cooperative apartment
appel d'offres
request for proposal (RFP)
appel d'offres restreint
noncompetitive bid
appel de fonds
call
appel de marge
margin call
appel nominal
array
appelé
remainderman
appels de fonds
assessment
application de coûts
cost application
apport cotisation contribution
contribution
apport en capital supérieur à la valeur nominale
capital contributed in excess of par value
appréciation
appreciation, assessment
apprécier
appreciate
approvisionnement global
aggregate supply
après impôt
after-tax basis
arbitrage
arbitrage, arbitration
arbitrage à risque
risk arbitrage

arbitrage obligatoire
compulsory arbitration
arbitre
arbiter, arbitrator , referee
arbre décisionnel
decision tree
arc
peak
archivage
archive storage
archives publiques
public record
argent
money
argent de poche
pin money, spending money
argent en caisse
cash position
argent liquide
hard cash, hard money
argent rare
tight money
argent sonnant
hard dollars
**argument sur les industries
émergentes**
infant industry argument
argumentaire
sales portfolio
argumentaireboniment
line pitch
arrérages
arrearage
arrêt
turn off
arrêt de travail
work stoppage
**arrêt infirmatif de
jugement**
inverse condemnation
arrhes
earnest money
arriéré
arrears, delinquency
arriéré de salaire
back pay
articles de deuxiéme qualité
irregulars

articles de qualité moyenne
irregulars
articles interdits
hot cargo
ascendant
upwardly mobile
assemblage
assemblage
assesseur
assessor
assiette fiscale
tax base
assiette fiscale rectifiée
adjusted basis, adjusted tax
basis
assignation de témoin
summons
assimilation
assimilation
assistance
audience
assistant général de gestion
comptroller
assistant général de gestion
controller
**assistant numérique
personnel**
personal digital assistant
(PDA)
assisté par ordinateur
computer-aided
association
association, partnership
association communautaire
community association
association d'employés
employee association
association de marque
brand association
association de propriétaires
homeowner's association
**association sans personnalité
morale**
unincorporated association
associé
partner
associé en second
junior partner

associé gérant
general partner
associé passif
limited or special partner, silent
partner
**assujetti à un prët hypothécaire
existant**
subject to mortgage
assurabilité
insurability
assurance
insurance
**assurance à capital différé venue à
échéance**
matured endowment
**assurance avec reconduction
automatique annuelle**
annual renewable term insurance
assurance catastrophe
catastrophe policy
assurance caution
license bond, permit bond
assurance contre l'incendie
fire insurance
**assurance contre la falsification des
déposants**
depositors forgery insurance
assurance contre la pluie
rain insurance
assurance contre les accidents
casuality insurance
assurance contre les détournements
fidelity bond, name position
bond, name schedule bond
assurance contre les inondations
flood insurance
assurance crédit collective
group credit insurance
assurance crédit commercial
commercial credit insurance
assurance de portefeuille
portfolio insurance
**assurance de remboursement de
capital**
leasehold insurance
**assurance de responsabilité
civile**
general liability insurance

**assurance de traitement des
données**
data processing insurance
**assurance des propriétaires
occupants**
homeowner's policy
**assurance des stocks remis en
nantissement de prêt**
floor plan insurance
assurance du fret
freight insurance
assurance en cas de perte de revenu
loss of income insurance
assurance envoi de marchandises
consignment insurance
assurance invalidité
disability income insurance
assurance invalidité collective
group disability insurance
assurance maladie collective
group health insurance
assurance maladie commerciale
commercial health insurance
assurance multirisque
comprehensive insurance
assurance obligatoire
compulsory insurance
assurance parapluie
umbrella liability insurance
assurance pluralité
multiple-peril insurance
assurance pour documents précieux
valuable papers (records) insurance
assurance prêt hypothécaire
mortgage insurance
assurance prêt hypothécaire privée
private mortgage insurance
assurance profits et commissions
profit and commissions form
assurance responsabilité civile
liability insurance
**assurance responsabilité
du produit**
product liability insurance
assurance risques
hazard insurance
assurance sociale
social insurance

assurance sur facultés
  cargo insurance
**assurance sur la vie à capital
variable**
  variable life insurance
assurance temporaire
  term life insurance
assurance vie à capital indexé
  indexed life insurance
assurance vie à prime indéterminée
  indeterminate premium life
  insurance
assurance vie à prime unique
  single premium life insurance
assurance vie à primes temporaires
  limited payment life insurance
**assurance vie avec participation
aux bénéfices**
  participating insurance
assurance vie collective
  group life insurance
assurance vie entière
  whole life insurance
**assurance vie entiére d'après les
hypothèses actuelles**
  current assumption whole life
  insurance
**assurance vie et assurance maladie
collaborateurs**
  key person life and health
  insurance
assurance vie individuelle
  individual life insurance
assurance vie modifiée
  modified life insurance
assurance vie transformable
  convertible term life insurance
assurance vie universelle
  universal life insurance
assurance vie variable
  adjustable life insurance
assurance-cautionnement
  surety bond
**assurance-rachat en cas
d'invalidité**
  disability buy-out insurance
assurances risques divers
  casuality insurance

assuré
  insured
assurer
  insure
asynchrone
  asynchronous
atelier de pressurage
  sweatshop
atelier multigamme
  job shop
atelier ouvert
  open shop
atelier syndical imparfait
  modified union shop
atelier travaillant a la commande
  job shop
attaquant
  raider
attaque des baissiers
  bear raid
atteinte
  trespass
atteinte à la personne
  personal injury
atteinte au droit reconnu par la loi
  legal wrong
attenant
  adjoining
attente
  standby
attention
  attention
attestation pour préclusion
  estoppel certificate
attester
  attest
attrait générique
  generic appeal
attrait populaire
  mass appeal
attrape-nigaud
  goldbrick
attribution collatérale
  colatteral assignment
attrition
  attrition
au dernier cours
  at the close

au noir
  under the counter
au pair
  at par
au premier cours
  at the opening
au prorata
  prorate
au-dessous du pair
  below par
audience
  audience
audienceauditioninstruction
  hearing
audit comptable
  audit
audit continu
  continuous audit
audit de site
  site audit
auditoire cible
  target audience
augmentation de salaire au mérite
  merit increase
autoassurance
  self insurance
autocontrôle
  internal check
autofinancement
  internal financing
autofinancer
  plow back
autorisation d'absence
  leave of absence
autorisation d'utilisation conditionnelle
  conditional-use permit
autorisation de négocier
  trading authorization
autorisation expresse
  express authority
autorité apparente
  apparent authority
autorité déduite
  inferred authority
autorité divisée
  splintered authority

autorité fonctionnelle
  functional authority
autorité hiérarchique
  line authority
autre clause d'assurance
  other insurance clause
autres revenus
  other income
aval
  endorsement, indorsement
avance prêt
  advance
avancement temporaire
  upgrading
avances échelonnées
  progress payments
avant régularisations
  preclosing
avantage
  benefit, kicker, sweetener
avantage absolu
  absolute advantage
avantage différentiel
  differential advantage
avantage du lieu
  place utility
avantage indirect
  perquisite (perk)
avantages indirects des cadres
  executive perquisites
avantages répartis
  allocated benefits
avantages sociaux
  employee benefits
avantages sociaux à la carte
  cafeteria benefit plan
avec dividende avec droit à coupons attachés
  cum dividend cum rights or cum warrant
avenant
  rider
avenant de protection contre l'inflation
  inflation endorsement
avis
  notice

avis d'expiration
expiration notice
avis de congé
notice to quit
avis de défaut
notice of default
avis de grève
strike notice
avis de nouvelle cotisation
reassessment
avis de redressement
reassessment
avis de relance
follow-up letter
avis de tarification
rate card
avis juridique
legal opinion
avis légal
legal notice, statutory notice

avocat avoué
attorney-at-law
avocat en fait
attorney-in-fact
avocat-conseil
counsel
avoir des actionnaires
shareholder's equity
avoirdupois
avoirdupois
avulsion
avulsion
ayant cause
assignee
ayant droit
assign, beneficiary
ayant testé
testate
ayants droits
heirs and assigns

B

babillard électronique
    bulletin board system (bbs)
baby-boomers
    baby boomers
bail
    lease
bail à construction
    ground lease
bail adossé
    leveraged lease
bail avec option d'achat
    lease with option to
    purchase
bail de coopérative
    proprietary lease
bail hors frais d'entretien
    net lease, triple-net lease
bail principal
    master lease, primary lease
bail progressif
    graduated lease
bail tous frais compris
    gross lease
bailleur
    lessor
baiser de l'ours
    bear hug
baissier
    bear
balance commerciale
    balance of trade
balance commerciale négative
    unfavorable balance of trade
balance commerciale
positive
    favorable trade balance
balance compensatrice
    compensating balance
balance de vérification
    trial balance
balance de vérification après
clôture
    post closing trial balance

balance des paiements balance des
comptes
    balance of payments
bande magnétique
    magnetic strip
bande passante
    bandwidth
banque
    bank
Banque Internationale pour la
Reconstruction et le
Développement
    International Bank for
    Reconstruction and Development
banque affiliée
    member bank
banque centrale
    central business district (CBD)
banque commerciale
    commercial bank
banque d'affairesbanque
marchande
    merchant bank
banque de données
    database
banque de données en ligne
    on-line data base
banque de l'emploi
    job bank
banque foncière
    land banking
banque hors de la chambre de
compensation
    nonmember bank
Banque Import-Export
    Export-Import Bank
    (EXIMBANK)
Banque Mondiale
    World Bank
banquier d'affaires
    investment banker
baromètre
    barometer

barre
  bar
barre d'espacement
  space bar
barre d'état
  status bar
barre d'outils
  tool bar
barre de menus
  menu bar
barre de symboles
  symbol bar
barre de titre
  title bar
barre des tâches
  task bar
barrières tarifaires
  trade barrier
baslow
  bas produits
base
  basis
base indicielle
  index basis
base de l'interviewer
  interviewer basis
base de tarification
  rate base
base des coûts
  cost basis
base verticale
  stepped-up basis
bassin
  pool
bassin de travailleurs
  labor pool
batterie
  battery
baud
  baud
belle page
  odd page
bénéfice
  gain
bénéfice
  prerogative
bénéfice (perte) à long terme
  long-term gain (loss)

bénéfice (perte) non réalisé(e)
  unrealized profit (loss)
bénéfice dilué par action (ordinaire)
  fully diluted earnings per (common) share
bénéfice net
  net income
bénéfice net par action ordinaire
  net income per share of common stock
bénéfice normal
  normal profit
bénéfice par action
  earnings per share
bénéfice premier par action (ordinaire)
  primary earnings per (common) share
bénéfice réalisé
  realized gain
bénéfices
  earnings and profits
bénéfices avant impôts
  earnings before taxes, pretax earnings
bénéfices de la société
  company benefits
bénéfices nécessaires à l'émission d'un dividende
  dividend requirement
bénéfices nets après impôts
  bottom line
bénéfices non répartis
  retained earnings, undivided profit
bénéfices non répartis appropriés
  retained earnings appropriated
bénéfices non répartis non affectés
  unappropriated retained carnings
bénéfices non répartis sujets à restrictions
  restricted surplus
bénéficiaire
  beneficiary, payee
besoin de capitaux
  capital requirement

bidirectionnel à l'alternat
half duplex
bidouilleur
hacker
bien assurable
insurable title
bien consomptive
wasting asset
bien corporel
tangible asset
bien de consommation durable
hard goods
bien de production
capital goods
bien exempt de taxe
tax-exempt property
bien incorporel
incorporeal property
bien immatériel
intangible asset
bien meuble
personal property
bien meuble corporel
tangible personal property
bien transporté en garantie
pledge
bien-fonds de famille
homestead
biennal
biennial
biens
propriété
biens industriels
industrial goods
biens intermédiaires
intermediate goods
biens acquis après la date
after-acquired property
biens communs
community property
biens d'équipement
capital goods
biens d'investissement
capital goods
biens de consommation
consumer goods
biens de la communauté
community property

biens de production
producer goods
biens durables
yellow goods
biens emballés
packaged goods
biens en viager
life estate
biens et services
goods and services
biens immobiliers
property
biens immobiliers amortissables
depreciable real estate
biens inférieurs, biens meubles
chattel
biens non durables
dry goods, nondurable goods
biens non grevés
unencumbered property
biens physiques
physical commodity
biens propres
separate property
biens remplacés occasionnellement
orange goods
biens semblables
ware
biensmarchandises
goods
bilan
balance sheet, statement of condition
bilan de l'actif net des associés
statement of partners' capital
bilan de réalisation éventuelle
statement of affairs
bilan intérimaire
interim statement
billet à demande
demand note
billet à ordre
promissory note
billet à payer
note payable

billet à recevoir
note receivable
billet de trésorerie
commercial paper
billet obligation
note
bimensuel
semimonthly
bloc
block
blocage des salaires
wage freeze
bloqué
locked in
boîte à outils
tool box
boîte aux lettres
électronique
mailbox
boîte postale scellée
lock box
bon
voucher
bon à vue
demand note
bon de commande
job order, order card, order form,
purchase order
bon de participation
participation certificate
bon de travail
work order
bon garanti par les recettes
fiscales prévues
tax anticipation note
(TAN)
boni de liquidation
liquidation dividend
bonification
experience refund
bonne foi
good faith
bonne livraison
good delivery
bordereau
waybill
bordereau d'expédition
packing list

bornes et limites
metes and bounds
boucle
loop
boule de commande
trackball
boule de neige
snowballing
boulewarisme
Boulewarism
bourrage papier
paper jam
bourse
exchange, securities and
commodities exchanges,
stock exchange
Bourse Américaine
(AMEX)
American Stock Exchange
(AMEX)
bourse de New
York
big board
boutique de quartier
neighborhood
store
boutique spécialisée
specialty shop
boutique
shop
boycottage boycott
boycott
boycottage primaire
primary boycott
boycottage secondaire
secondary boycott
bref
writ
brevet
patent
brevet d'invention
patent of invention
brevet en instance
patent pending
briseur de grève
scab, strikebreaker
brut
gross

budget
budget
budget base zéro
zero-base budgeting (ZBB)
budget commercial
sales budget
budget de publicité
advertising appropriation
budget de trésorerie
cash budget
budget des frais
expense budget
budget flexible
flexible budget
budget statique
static budget

bulletin
bulletin
bureau
bureau, desk
bureau de placement
employment agency
bureau des achats à la commission
resident buying office
bureaucrate
bureaucrat
bureaucratie
red tape
but
goal

C

cachetier
    honorarium
cadastre
    cadastre
cadence infernale
    speedup
cadre
    executive
cadres de terrain
    first-line management
cadres intermédiaires
    middle management
cage dorée
    golden handcuffs
cahier de presse
    press kit
caisse centrale
    trust fund
caisse de retraite
    retirement fund
caisse enregistreuse
    cash register
caissier
    cashier
calcul anticipé des intérêts
    precompute
calcul mensuel de l'intérêt composé
    monthly compounding of interest
calculer
    assess
calendrier de déchéance
    lapsing schedule
calendrier de diffusion de la publicité
    scatter plan
calendrier
    schedule
campagne de financement
    fund-raising
campagne de rappel
    recall campaign
campagne de société
    corporate campaign

canon
    ground rent
capacité
    capacity
capacité idéale
    ideal capacity
capacité d'emprunt des valeurs
    borrowing power of securities
capacité de payer
    ability to pay
capacité de production
    capacity
capacité de production inutilisée
    idle capacity
capacité optimale
    optimum capacity
capacité pratique de production
    practical capacity
capacité théorique
    maximum capacity
capital
    capital, principal, principal amount, principal sum
capital autorisé
    authorized shares or authorized stock
capital d'apport
    paid-in capital
capital d'apport capital versé
    additional paid-in capital
capital de risque
    venture capital
capital improductif
    dead stock
capital social
    capital, capital stock
capital terme
    endowment
capitalisation, capitalisation totale
    total capitalization
capitalisme
    capitalism

capitalisme pur
pure capitalism
capitalistique
capital intensive
capitaux de lancement
front money, seed money
capitaux propres
capital, equity, stockholder's
equity
caractère
character
caractère saisonnier
seasonality
carnet de commandes
backlog
carte de circuit imprimé
circuit board
carte de crédit
credit card
carte de l'imposition
foncière
tax map
carte de mémoire graphique
graphics card
carte géographique
map
carte jeu
game card
carte magnétique
magnetic card
cartel
cartel
cartel de marchandise
commodity cartel
cartel international
international cartel
carte-réponse d'affaires
business reply card
cartouche d'encre
toner cartridge
catastrophe naturelle cas fortuit
act of god
catégorie
class
catégorie socioprofessionnelle
occupational group
cause d'action
cause of action

cause justifiant une commission
procuring cause
caution
guarantor
caution du fiduciaire
fiduciary bond
cautionnement d'appel
appeal bond
cautionnement d'arbitrage
arbitrage bond
cautionnement d'exécution
performance bond
cautionnement de l'offre
bid bond
cautionnement définitif
performance bond
cédant
assignor, grantor
censure
central bank
centrale d'achats
centralization
centralisation
central planning
centre commercial
mall
centre de profit
profit center
centrisme
certificate of deposit
(CD)
certificat avis ou rapport du
vérificateur
auditor's certificate opinion or
report
certificat d'action
stock certificate
certificat d'utilisation
certificate of use
certificat de constitution
certificate of occupancy
certificat de dépôt
certificate of incorporation
certificat de dépôt à terme
termination benefits
certificat de dépôt négociable
jumbo certificate of de
posit

certificat de garanties des titres hypothécaires
mortgage-backed certificate
certificat de localisation
lot and block
certificat de placement en fiducie avec droit de vote
voting trust certificate
certificat de propriété
opinion of title
certificat de réduction
reduction certificate
certificat de syndic
receiver's certificate
certificat du vérificateur
auditor's certificate
certificat négociable de dépôt
negotiable certificate of deposit
certificat provisoire
scrip
certification
certification
cession
assignment
cession de bail
assignment of lease
cession de paie
wage assignment
cession de revenus
assignment of income
cession partielle d'actifs
bust-up acquisition
cessionnaire
assignee
chaîne affiliée
affiliated chain
chaîne de montage
assembly line
chambre de compensation
clearinghouse
champ de tableau
table field
chancellerie
chancery
changement de méthode comptable modification comptable
accounting change

changement des conditions du marché
shakeout
changer modifier
change
chantage à l'opa
greenmail
charge
cost
charge à payer passif couru
accrued liabilities
charge de travail
workload
charge fixe
fixed charge
charge foncière
ground rent
charge indirecte
indirect cost
charge reportée
prepaid expense
charge utile
payload
chargement
cargo, lading
charges de remboursement égales
level debt service
charges différées
deferred charge
charges diverses (revenus divers)
nonoperating expense (revenue)
charges indirectes
overhead
charges sociales
benefits fringe
chargeur feuille à feuille
sheet feeder
charte
charter
chartiste
chartist
chasseur d'aubaines
bargain hunter, bottom fisher
chef
leader
chef d'équipe
straw boss

chef de l'exploitation
chief operating officer
chef de l'exploitation financière
chief financial officer
chef de la direction
chief executive officer
chef de ménage
head of household
chef de publicité d'agence
account executive
chef de service
manager
chef informel
informal leader
chefs directs
line management
chemin d'accès
path
chèque en relief
raised check
chèque vérifier
check
chèque visé
certified check
cheval de troie
Trojan horse
chevalier blanc
white knight
chiens et chats
cats and dogs
chiffre d'affaires
sales revenue, turnover
chiffre d'affaires brut
gross revenue
chiffre d'affaires net
net sales
chiffre de contrôle
check digit
chiffre repère
benchmark
chiffrement
encryption
chiffrer
cipher
chiffres effacés
digits deleted
choisir
select

choisir en action
chose in action
chômage
unemployment
chômage conjoncturel
cyclical unemployment
chômage frictionnel
frictional unemployment
chômage involontaire
involuntary unemployment
chômage technologique
technological
unemployment
circonférence
girth
circonstances atténuantes
extenuating circumstances
circuit
circuit
circuit intégré
integrated circuit
circuits de distribution
channel of distribution
circuits de vente
channel of sales
circulaire
market letter
circulaire de sollicitation de procurations
proxy statement
circulation
trackage
citation à comparaître
subpoena
classe
class
classe ouvrière
salariat
classement chronologique des comptes clients
aging of accounts receivable or
aging schedule
classement selon le mérite
rating
classeur
binder
classification
classification

classification des emplois
 job classification
clause
 clause
clause conditionnelle
 proviso
clause contestable
 contestable clause
clause d'abandon
 abandonment clause
clause d'accélération
 acceleration clause
clause d'autorisation
 enabling clause
clause d'avis de résiliation
 notice of cancellation clause
clause d'exigibilité anticipée
 acceleration clause
clause d'interdiction de grève
 no-strike clause
clause de disposition d'annulation
 cancellation provision clause
clause de dommage de fumée
 smoke clause
clause de dommages non couverts
 fallen building clause
clause de la valeur du marché
 market value clause
clause de non-contestabilité
 noncontestability clause
clause de non-perturbation
 nondisturbance clause
clause de paiement à la vente
 due-on-sale clause
**clause de protection des droits
acquis**
 grandfather clause
clause de rachat
 call feature
**clause de remboursement
anticipé**
 call, call feature, call option
**clause de remboursement de prêt
hypothécaire**
 release clause
**clause de remboursement par
anticipation**
 prepayment clause

clause de réouverture
 reopener clause
clause de résiliation
 cancellation clause
clause de sauvegarde
 hold harmless clause
clause de variation de prix
 escalator clause, stop clause
**clause désastre ou clause de
survie**
 common disaster clause or
 survivorship clause
clause d'explosion inhérente
 inherent explosion clause
clause d'incontestabilité
 incontestable clause
clause d'insolvabilité
 insolvency clause
 **clause relative aux biens acquis
après la date**
 after-acquired clause
**clause restrictive d'un contrat de
prêt**
 restrictive covenant
clause suicide
 suicide clause
clé en main
 turnkey
client
 client, customer
client éventuel
 prospect
client potentiel
 prospect
clientèle cible
 hit list
cloisonnage
 partition
cloisonnement des tâches
 segregation of duties
clôture de l'exercice
 year-end
club d'investissement
 investment club
club philanthropique
 service club
coassurance
 coinsurance

codage des comptes
coding of accounts
code
code
code à barres
bar code
code de déontologie
code of ethics
code de la construction
building code
code des emballages
package code
code du bâtiment
building code
code du logement
housing code
code universel de produit (CUP)
universal product code (UPC)
codébiteur hypothécaire
co-mortgagor
codicille
codicil
coefficient bêta
beta coefficient
coefficient d'imputation des coûts indirects
absorption rate
coefficient de corrélation
correlationcoefficient
coefficient de détermination
coefficient of determination
coentreprise
joint venture
cohérence
consistency
col bleu
blue collar
colis
parcel
collatéral
collateral
collègue
colleague
coller
paste
collusion
collusion

colonne de tableau
table column
colporteur
huckster
combinaison horizontale
horizontal combination
combinaison optimale des produits
product mix
combinaisons
combinations
combine
loan committee
comité d'approbation des prêts
loan committee
commande
command, order
commande minimum pour répondre à la demande
threshold-point ordering
commande originale
original order
commande à paiement comptant
cash order
commanditaire
sponsor
comment gérer en une minute
one-minute manager
commerce
trade
commerce de vente au détail familial
mom and pop store
commerce équitable
fair trade
commercial
business, commercial
commercialisable
merchantable
commission
commission
commission d'introduction
finder's fee
commission de confirmation
standby fee
Commission des Valeurs Mobilières
Securities and Exchange Commission (SEC)

commission indirecte
override
commission partagée
split commission
commission sur la sécurité
safety commission
commission sur prêt
origination fee
communauté économique
européenne (CEE)
european economic community
(EEC)
communication de masse
mass communication
communisme
communism
commutation téléphonique
telephone switching
compagnie
firm
compagnie d'assurance par
actions
stock insurance company
compagnie d'assurance assureur
insurance company
(insurer)
compagnie de fidéicommis
trust company
compagnon
journeyman
comparable
comparables
comparaison à l'échelle
scale relationship
compensation indemnisation
compensation
compensation intangible
intangible reward
compensation juste
just compensation
compenser
indemnify
compilateur
compiler
compilation
compilation
complément d'échange
boot

complexe immobilier non
discriminatoire
open housing
comportement affectif
affective behavior
comportement des consommateurs
consumer behavior
comportement du consommateur
buyer behavior
comportement organisationnel
organizational behaviour
composition
composition, mix
composition ligne commutée
dialup
composition aléatoire
random-digit dialing
composition du capital
capital structure
compresser
compress
compression du régime de retraite
curtailment in pension plan
comptabilisation au décaissement
pay as you go
comptabilité
accountancy
comptabilité à but non lucratif
nonprofit accounting
comptabilité analytique
d'exploitation
cost accounting
comptabilité de caisse modifiée
modified accrual
comptabilité de gestion
managerial accounting
comptabilité des coûts de
remplacement
replacement cost accounting
comptabilité des ressources
humaines
human resource accounting
comptabilité d'inflation
inflation accounting
comptabilité en partie double
double-entry accounting
comptabilité en partie simple
single-entry bookeeping

comptabilité financière
financial accounting
comptabilité par fonds
fund accounting
comptabilité publique
public accounting
comptable
accountant
comptage
reckoning
comptant
cash
compte
account
compte assuré
insured account
compte clôturé
closed account
compte collectif
control account, joint account
compte d'achats à crédit permanent
revolving charge account
compte d'actif de contre-partie
contra-asset account
compte d'apport
capital account
compte d'attente
suspense account
compte de capital
capital account
compte de capital des propriétaires
homeowner's equity account
compte de déductions à la source
tax and loan account
compte de dépôt
custodial account
compte de frais
expense account
compte de membre
house account
compte de tirage
drawing account
compte de valeurs
real account
compte d'exploitation
income statement

compte en banque à montant prédéterminé
imprest fund imprest system
compte en fidéicommis
trust account
compte en T
T-account
compte gelé
frozen account
compte général
control account
compte géré
managed account
compte hors commission
house account
compte joint
joint account
compte nominal
nominal account
compte ouvert
open account
compte reporté
deferred account
compte saisi
impound account
compte sur marge
margin account
compte-chèques rémunéré
super now account
comptes clients
accounts receivable
comptes de produits
income accounts
comptes fournisseurs
accounts payable, payables
comptes rendus textuels
verbations
concentration
bunching
concession
concession
conciliateur
conciliator
conciliation
conciliation

concurrence
  competition
concurrence déloyale
  unfair competition
concurrence entre les industries
  interindustry competition
concurrence parfaite
  perfect competition
concurrence pure
  pure competition
concurrent
  competitor
condamnation
  condemnation
condition résolutive/résolutoire
  condition subsequent
condition suspensive
  condition precedent
conditionnement
  package design
conditionnement trompeur
  deceptive packaging
conditions d'admission à la cote
  listing requirements
confidentiel
  confidential
confirmation
  confirmation
confirmation de droit immobilier
  quiet title suit
confirmation positive
  positive confirmation
confisquer saisir
  impound
conflit d'intérêts
  conflict of interest
conflit de travaildifférend
  labor dispute
conforme
  compliant
confusion
  confusion
conglomérat
  conglomerate
conjointement et solidairement
  jointly and severally
conjoncture
  business conditions

conjoncture défavorable
  depression
connaissance de faits pertinents
  scienter
connaissance imputée
  constructive notice
connaissement
  bill of landing
connaissement à ordre
  order bill of lading
connaissement avec réserves
  foul bill of landing
connaissement direct
  straight bill of lading
conseil
  tip
conseil d'administration
  board of directors
conseil de direction
  executive committee
Conseil de la Réserve Fédérale
  Federal Reserve Board (FRB)
conseil de régularisation
  board of equalization,
  equalization board
conseil en placement
  investment advisory service
conseil en recrutement de cadres
  headhunter
conseiller en administration
  management consultant
conseiller en placement
  investment counsel
conséquence d'une taxe sur la vente d'un bien
  tax wedge
conservateur
  guardian
conservatisme conservateur
  conservatism conservative
considération
  consideration
console/panneau
  console
consolidation d'équipe
  team building
consommateur
  consumer

consommateur d'échantillon
   sample buyer
consommateur industriel
   industrial consumer
consortium
   consortium
consortium de journaux
   newspaper syndicate
constant
   constant
constante hypothécaire
   mortgage constant
constante hypothécaire
annuelle
   annual mortgage constant
constituant
   component part, settlor, trustor
constituer en société
   incorporate
constitution en société
   incorporation
construction en régime accléré
   fast tracking
consultant conseiller
   consultant
consumérisme
   consumerism
contact bilatéral
   bilateral contact
continuité
   continuity
contractant
   contractor
contraction
   contraction,
contrainte
   duress
contraste
   contrast
contrat
   contract, cost-plus contract
contrat d'assurance
   insurance contract
contrat à forfait
   fixed-price contract
contrat à revenu garanti
   guaranteed income contract
   (GIC)

contrat à terme de gré à gré
   forward contract
contrat à terme normalisé
   futures contract
contrat à terme normalisé
d'instrument financier
   financial future
contrat à terme sur devises
   currency futures
contrat à terme sur indice boursier
   stock index future
contrat aléatoire
   aleatory contract
contrat avec inscription au service
inter-agences
   multiple listing
contrat conditionnel
   conditional contract
contrat d'adhésion
   adhesion contract
contrat d'assurance
   adhesion insurance contract
contrat d'assurance avec
participation
   participating policy
contrat d'assurance des titres de
propriété
   title insurance
contrat d'indemnisation
   contract of indemnity
contrat d'occupation de propriété
   land contract
contrat d'occupation limitée
   limited occupancy agreement
contrat de base
   master policy
contrat de courtage avec
rémunération différée
   net listing
contrat de courtage immobilier non
exclusif
   open listing
contrat de dépôt
   bailment
contrat de jaune
   yellow dog contract
contrat de location-acquisition
   capital lease

contrat de location-financement
direct financing lease
contrat de location-vente
sales type lease
contrat de mariage
prenuptial agreement
contrat de service résidentiel
residential service contract
contrat de transport
express contract
contrat de travail
employment contract
contrat de vente
agreement of sale, sales contract
contrat exécuté
executed contract
contrat implicite dans les faits
implied in fact contract
contrat parallèle
dual contract
contrat principal
master policy
contrat tacite
implied contract
contrat unilatéral
unilateral contract
contrats à termes de
marchandises
commodities futures
contre remboursement
cash on delivery (COD)
contrefaçon
forgery
contrefaçon de brevet
patent infringement
contrefaire contrefaçon
counterfeit
contremaître général, chef de
service
superintendent
contremander
countermand
contrepartie de valeur
valuable consideration
contrepartiste
dealer, principal
contrevenant
delinquent

contribuable
taxpayer
contrôle
control
contrôle d'exploitation
operational control
contrôle de la production
production control
contrôle de la qualité
quality control
contrôle de parité
parity check
contrôle des changes
exchange control
contrôle des loyers
rent control
contrôle des marchandises
merchandise control
contrôle des résultats
rating
contrôle des salaires
wage control
contrôle des stocks
inventory control,
inventory planning
contrôle des stocks de
réserve
reserve-stock control
contrôle direct
controlling interest
contrôle du crédit sélectif
selective credit control
contrôle interne
internal control
contrôle par sondages
testcheck
convention accord contrat
agreement
convention collective
labor agreement
convention
d'entiercement
escrow
convention de branche
blanket contract,
buy-and-sell agreeement
convention de rachat
buy-sell agreement

convergence des efforts
goal congruence
conversation multiple
conference call
conversion
conversion
conversion forcée
involuntary conversion
conversion au système métrique
metrication
coopérative
co-op, cooperative
coopérative de crédit
credit union
coopérative de producteurs
producer cooperative
copie obligatoire
mandatory copy
copropriété
co-tenancy
copropriété des conjoints avec gain de survie
tenancy by the entirety
copropriété individuelle
tenancy in severalty
copropriété indivise
tenancy in common
copyright
copyright
corbeille de recyclage
recycle bin
corporel
corporeal
corpus
corpus
correcteur d'orthographe
spell checker
correction
correction
correction des variations saisonnières
seasonal adjustment
corrélation négative
negative correlation
correspondant
correspondent
correspondant hypothécaire
mortgage correspondent

corrompu
corrupted
co-signer
cosign
cotation à la crièe
open outcry
cote
rating
cote d'appréciation
merit rating
cote d'estimeachalandagefonds commercial
goodwill
cote d'un titre
security rating
cote de crédit
credit rating
cotisation salariale
deductibility of employee contributions
cotisations des employés
employee contributions
cotisations nettes
net contribution
couplage en parallèle
parallel connection
coupon à long terme
long coupon
coupure de salaire
docking
cour d'appel
appellate court (appeals court)
courbe d'offre à rebours
backward-bending supply curve
courbe de la demande
demand curve
courbe de Phillips
Phillips' curve
courbe de rendement
yield curve
courbe de rendement inversée
inverted yield curve
courbe de rendement positif
positive yield curve
courbe de tendance
trend line

**courbe des possibilités de
production**
production-possibility curve
courbe du coût marginal
marginal cost curve
courbe en J
J-curve
courrier électronique (courriel)
electronic mail (email)
courrier-réponse d'affaires
business reply mail
cours de clôture ou cotation finale
closing price or closing quote
cours du jour
current market value
cours du marchéé
market price
cours maximum
highs
cours normal des affaires
ordinary course of business
cours vendeur
offering price
course à vide
deadhead
courtage
brokerage
courtier
broker
courtier à commission
commission broker
courtier à services complets
full-service broker
courtier commercial
commercial broker
courtier contractant
listing agentlisting broker
courtier de contrat-échange
prize broker
courtier en marchandises
merchandise broker
courtier en obligation
bond broker
**courtier en prêts
hypothécaires**
mortgage broker
courtier en valeurs mobilières
stockbroker

courtier exécutant
discount broker
courtier immobilier
realtor
courtier résidentiel
residential broker
courtoisie
curtesy
coût
cost
coût implicite
imputed cost
coût imputé
imputed cost
coût amorti
depreciated cost
coût assurance fret
cif
coût courant
current cost
coût d'achat
acquisition cost
**coût d'achat des marchandises
vendues**
cost of goods sold
coût d'achat réel
specific identification
coût de fabrication
manufacturing cost
coût de l'investissement
cost of capital
coût de la conversion
conversion cost
**coût de main-d'œuvre
indirecte**
indirect labor
coût de période
period expenseperiod cost
coût de portage
cost of carry
coût de reconstitution
reproduction cost
coût de remplacement
replacement cost
coût de renonciation
opportunity cost
coût de revient standard
standard cost

coût de rupture
stockout cost
coût des produits fabriqués
cost of goods manufactured
coût des produits vendus
cost of goods sold
coût des services passés
prior service cost
coût direct
direct cost
coût discrétionnaire
discretionary cost
coût du produit lié
joint product cost
coût et fret
c&f
coût externe
off-site cost
coût final
closing cost
coût historique
historical cost
coût marginal
marginal cost, original cos
coût moyen
average cost
coût moyen des actions achetées par sommes fixes
dollar cost averaging
coût net
net cost
coût non absorbé
unexpired cost
coût non couvert
unrecovered cost
coût privé
private cost
coût réel
actual cost
coût unitaire de main-d'œuvre
unit-labor cost
coûteux
pricey
coûts contrôlables
controllable costs
coûts indirects
overhead

coûts indirects de production
factory overhead
coûts indirects imputés
applied overhead
coûts indirects sous-imputés
underapplied overhead
coûts semi-variables
semivariable costs
couverture
hedge
couverture d'assurance
insurance coverage
couverture de dividende privilégié
preferred dividend coverage
couverture de position à découvert
short covering
couverture des personnes à charge
dependent coverage
couverture excédentaire
excess reserves
couverture suffisante
adequacy of coverage
couvrir
buy in, cover
covariance
covariance
créance douteuse
bad debt
créance à court terme, dette à court terme
short-term debt or short-term liability
créance chirographaire
unsecured debt
créance de rang inférieur
subordinate debt
créance garantie
secured debt
créance irrécouvrable
bad debt,uncollectible
créance prioritaire
senior debt
créance radiée
bad debt
créancier
creditor

créancier en vertu d'un jugement
    judgment creditor
créancier hypothécaire
    mortgagee
crédit
    credit
crédit à la consommation
    retail credit
crédit à long terme
    term loan
crédit commercial
    trade credit
crédit consortial
    participation loan
crédit d'anticipation
    gap loan
crédit d'impôt
    tax credit
crédit d'impôt pour l'énergie
    energy tax credit
crédit de relais
    bridge loan
crédit de restructuration
    new money
crédit facile
    easy money
crédit permanent
    revolving credit
crédit pour enfants et personnes dépendantes
    child and dependent care credit
crédit pour l'énergie résidentielle
    residential energy credit
crédit reporté
    deferred credit
crédit reporté de retraite
    deferred retirement credit
crédit syndical
    participation loan
crédit-bail aléatoire
    open-end lease
créneau
    window
creux
    bottom

creux saisonnier
    trough
crieur
    dealer
croiser
    cross
croissance déséquilibrée
    unbalanced growth
croissance économique
    economic growth
croissance économique zéro
    zero economic growth
croissance zéro
    no-growth
cumul
    double-dipping
cumul annuel jusqu'à ce jour
    year-to-date (YTD)
curateur
    guardian
curseur
    cursor
cyberespace
    cyberspace
cycle à grandes ondes
    long-wave cycle
cycle comptable
    accounting cycle
cycle d'exploitation
    operating cycle
cycle de facturation
    billing cycle
cycle de gestion
    management cycle
cycle de vie
    life cycle
cycle de vie de la famille
    family life cycle
cycle de vie d'investissement
    investment life cycle
cycle de vie du produit
    product life cycle
cycle économique
    business cycle

D

d'avance
  up front
d'entreprise
  business
d'exploitation
  business
datation
  dating
date d'émission
  date of issue
date d'entrée en vigueur
  effective date
date d'expiration
  deadline, open dating
date de clôture des registres
  date of record
date de compilation des revenus du kiosque à journaux
  off-sale date
date de l'offre
  offering date
date de livraison
  delivery date
date de paiement
  payment date
date de parution
  on-sale date
date de prise d'effet
  effective date
date de règlement
  settlement date
date de transaction
  trade date
date de valeur
  value date
date limite
  deadline
date limite date finale
  closing date
de bonne foi
  bona fide
de direction
  executive

de gestion
  executive
débit
  debit
débiteur
  debtor
débiteur en vertu d'un jugement
  judgment debtor
débiteur hypothécaire
  mortgagor
débloquer
  unfreeze
débord
  overflow
débourrer
  shakedown
déboursement
  disbursement
débrayage
  walkout
début de la couverture
  commencement of coverage
décaissement
  cash disbursement, disbursement
décaissement flux de l'encaisse en liquidités
  cash flow
décaler
  indent
décentralisation
  decentralization
décharge
  discharge
décharge de faillite
  discharge in bankruptcy
déchargement
  unloading
déchéance
  lapse
déclaration
  adjudication, declaration, manifest

déclaration d'inventaire
inventory certificate
déclaration a priori
a priori statement
déclaration commune
joint return
déclaration d'immatriculation
registration statement
déclaration de dépöt
declaration of trust
déclaration de renseignements
information return
déclaration de revenus
income tax return
**déclaration de revenus
approximatifs**
declaration of estimated tax
**déclaration de revenus
modifiée**
amended tax return
déclaration de taxe collective
consolidated tax return
déclaration écrite sous serment
affidavit
déclaration finale conclusion
closing statement
déclaration, énoncé, bilan
statement
déclarer
declare
déclenchement
release
décollage
takeoff
découverte
discovery
décret extraordinaire
interlocutory decree
dédommager
indemnify
déduction fiscale
tax deduction
déduction forfaitaire
standard deduction
déduction pour conjoint
marital deduction
déduction retenue
deduction

**déduction supplémentaire
d'amortissement**
additional first-year depreciation
(tax)
**déductions fiscales accordées aux
particuliers**
itemized deductions
défaillance
default
défalcation
abatement
défectueux
defective
défendeur
defendant
**défense en cas de poursuite contre
les assurés**
defense of suit against insured
déficit
deficit
déficit commercial (surplus)
trade deficit (surplus)
déficit fédéral
federal deficit
**déficit sur occupation
d'agrément**
hobby loss
défiler vers le bas
scroll down
défiler vers le haut
scroll up
définition d'image
image definition
définition de cellule
cell format
**déflateur coefficient
d'actualisation**
deflator
déflation
deflation
dégradation
attrition
dégradation unique
unique impairment
degré de solvabilité estimée
credit rating
dégression
degression

délai
  extension
délai d'exécution
  lead time
délai de gratuité
  rent-free period
délai de paiement
  grace period
délai de prescription
  statute of limitations
délai de récupération
  payback period
délai de réflexion
  cooling-off period
délai de renonciation
  cooling-off period
délégation dc dette
  assignment
délégué en bourse
  trader
déléguer
  delegate
délocaliser
  relocate
demande
  demand
demandé
  asked
demande conjoncturelle
  cyclical demand
demande d'achat
  requisition
demande de prêt
  loan application
demande dérivée
  derived demand
demande du marché
  market demand
demande générique
  primary demand
demande globale
  aggregate demand
demande reconventionnelle
  counterclaim
demandeur
  plaintiff
démarque
  markdown

demi-vie
  half-life
démographie
  demographics
démolition
  demolition
démonétisation
  demonetization
démoraliser
  demoralize
dendrogramme
  tree diagram
dénomination
  denomination
dénouer une transaction
  unwind a trade
denrée périssable
  perishable
densité
  density
densité de l'affectation du sol
  land-use intensity
déontologie
  ethical ethics
déontologie commerciale
  business etiquette
dépannage
  troubleshooting
dépassement des coûts
  cost overrun
dépense
  expense
dépense affectée
  appropriated expenditure
dépense d'exploitation
  operating expense
dépense d'exploitation ordinaire et
nécessaire
  ordinary and necessary business
  expense
dépense d'investissement
  capital expenditure
dépense en immobilisations
  capital expenditure
dépense nationale brute
  gross national expenditure
dépenses en capital
  capital expenditure

dépenses incrémentielles
incremental spending
dépositaire
bailee, custodian
dépositaire légal
escrow agent
déposition
deposition
déposséder
dispossess
dépôt
deposit
dépôt à terme fixe
time deposit
dépôt à vue
demand deposit
dépôt de bonne foi
good-faith deposit
dépôt de garantie
security deposit
dépôt en circulation
deposit in transit
dépôt garde
custody
dépôt non remboursable frais non remboursables
nonrefundable fee or
nonrefundable deposit
dépréciation amortissement
depreciation
dépréciation incurable
incurable depreciation
dépréciation curable dévalorisation curable
curable depreciation
dépréciation des matériaux composites
composite depreciation
dépréciation physique
physical depreciation
déprécier
depreciate
dépression
depression
deps avec indexation
dollar value lifo
déréférencement
delisting

déréglementation
deregulation
dérive des ventes
bait and switch advertising
dernier entrépremier sorti
last inlast out (lifo)
dernière vente
last sale
descendance
descent
description
description
description de l'emploi
job specification
description de poste
job description
déséconomies agglomérées
agglomeration diseconomies
déséconomies'
diseconomies
désendettement
defeasance
désengagement démantèlement
divestiture
désignation
description, title
désindustrialisation
deindustrialization
désinflation
disinflation
désintermédiation
disintermediation
destinataire
consignee
détaillant affilié
affiliated retailer
détaillant spécialisé
specialty retailer
détenir une position acheteur
take a position
détente monétaire
easy money
détermination
fixation
détermination de prix variable
variable pricing
détermination des objectifs
goal setting

détermination du moment propice
market timing
détermination du prix de l'or
gold fixing
détournement de biens
embezzlement, peculation
détournement de fonds
defalcation
**détournement par virements
bancaires**
kiting
dette
debt, liability
dette à long terme
funded debt, long-term debt or
long-term liability
dette amortie
liquidated debt
dette consolidée
funded debt
dette hypothécaire
mortgage debt
dette nationale brute
gross national debt
dette obligataire
bonded debt
dette par habitant
per-capita debt
dette sous-jacente
underlying debt
dette totale d'une entreprise
effective debt
dévaluation
devaluation
dévaluation économique
economic depreciation
devanture
frontage
développement
development
développement de marque
brand development
développement organisationnel
organization development
développeur
developer
devis
quotation

devis décisionnel
decision package
devis final
firm quote
devises
foreign exchange
devises en circulation
currency in circulation
diagramme de dispersion
scatter diagram
diagramme de flux
flowchart
diffamation
slander
différence
discrepancy
**difficulté à maintenir les
profits**
profit squeeze
diffuseur de médias
media player
dilution
dilution
dimension
capacity
diminution
abatement
diplomatie
diplomacy
directeur
director, manager
directeur commercial
marketing director
directeur de succursale
branch office manager
directeur du marchandisage
merchandising director
directeur général des finances
chief financial officer
directeur non associé
principal
direction
management
**direction d'un groupe avec
participation**
participative leadership
direction générale de fiducie
trust general management

directoire
  executive committee
directorat
  directorate
discrétion
  discretion
discrimination
  discrimination
discrimination fondée sur
l'âge
  age discrimination
discrimination locative
  steering
disculpatoire
  exculpatory
disposer par testament
  devise
disposition de roulement
  rollover
disposition de temporisation
  sunset provision
dissimulation
  concealment
dissociation
  breakup
dissolution
  dissolution
distributeur
  distributor
distribution
  distribution
distribution à ciel
ouvert
  open distribution
distribution de poisson
  poisson distribution
distribution restreinte
  limited distribution
distribution secondaire
  secondary distribution
distribution sélective
  selective distribution
district résidentiel
  residential district
diversification
  diversification
dividence de clôture
  year-end dividend

dividende
  dividend
dividende illégal
  illegal dividend
dividende cumulatif
  cumulative dividend
dividende cumulé
  accumulated dividend
dividende en actions
  stock dividend
dividende en espèces
  cash dividend
dividende extraordinaire
  extraordinary dividends
dividende impayé
  unpaid dividend
dividende non déclaré
  passed dividend
dividende omis
  omitted dividend
dividende privilégié
  preferred dividend
dividende responsabilité
  liability dividend
dividende supplémentaire
  extra dividend
dividendes à payer
  dividends payable
division du travail
  division of labor
divulgation
  disclosure
document cadastral d'un immeuble
  abstract of record
document commercial
  voucher
document de présentation technique
  white paper
document probant
  documentary evidence
documentation
  documentation
documents comptables
  accounting records
documents externes
  external documents
dollars constants
  constant dollars

dollars courants
current dollars
domaine public
public domain
domaine résiduel
remainder
domestique
peon
domicile
domicile
domicile de paiement
paying agent
dommage par acte de malveillance
malicious mischief
dommages accessoires
incidental damages
dommages-intérêts
damages
dommages-intérêts compensatoires
actual damages
dommages-intérêts de cession
severance damages
dommages-intérêts punitifs
punitive damages
dommages-intérêts symboliques
nominal damages
donateur
donor
doncadeau
gift
données
data
données brutes
raw data
**données des séries
chronologiques**
time series data
donner mainlevée de
vacate
dossier
record
dossier d'impact sur l'environnement
environmental impact statement
(EIS)
dotation
endowment
douaire
dower

douancs
customs
**double (triple) des dommages-
intérêts**
double (treble) damages
double commission
each way
double déduction
double-dipping
double imposition
double taxation
double précision
double precision
double tarif
double time
drainage du dollar
dollar drain
droit administratif
administrative law
droit aux achats
open-to-buy
droit civil
civil law
droit commercial
commercial law, mercantile law
droit commun
common law
droit d'accès
access right
droit d'auteur
copyright
droit d'usufruit
beneficial interest
droit d'usufruitier
usufructuary right
**droit d'utilisation de bois de mine
pour l'entretien**
estovers
droit de commutation
commutation right
droit de mandataire
proxy right
droit de monnayage
mintage
droit de monopole
franchise tax
droit de naufrage
escheat

droit de première offre
  right of first refusal
droit de propriété
  ownership
droit de rachat
  equity of redemption, right of
  redemption
droit de remboursement par
anticipation
  prepayment privilege
droit de résolution
  right of rescission
droit de rétention du transporteur
  carrier's lien
droit de retour
  right of return
droit de souscription
  subscription right
droit de vote
  voting right
droit différé
  future interest
droit international
  international law
droit pétrolier
  oil and gas lease
droit préférentiel de souscription
  preemptive rights
droit reconnu par la loi
  legal right
droit réel sur un bien
  encumbrance
droit réversif
  reversionary interest

droite de régression
  regression line
droits de succession
  inheritance tax
droits acquis
  vested interest
droits aériens
  air rights
droits afférents à des biens
immobiliers
  property rights
droits d'évaluation
  appraisal rights
droits de tirage spéciaux
  paper gold
droits de tirage spéciaux
  special drawing rights (SDR)
droits des squatteurs
  squatter's rights
droits indivis
  undivided interest
droits miniers
  mineral rights
droiture
  clean hands
dumping
  dumping
duplication des prestations
  duplication of benefits
durée amortissable
  guideline lives
durée de vie utile
  useful life

E

écart
discrepancy, spread
écart de prise ferme
underwriting spread
écart de rendement
yield spread
écart inflationniste
inflationary gap
écart permanent
permanent difference
écart sur stock
inventory shortage (shrinkage)
écart-type empirique
standard deviation
échange
trade
échange de biens de même
nature
like-kind property
échange-marchandises
barter
échantillon aléatoire
random sample
échantillon de quota
quota sample
échantillon discrétionnaire
judgment sample
échantillonnage
sampling
échantillonnage au hasard
stratifié
stratified random sampling
échantillonnage de commodité
convenience sampling
échantillonnage de la
découverte
discovery sampling
échantillonnage de porte à porte
house-to-house sampling
échantillonnage en grappes
cluster sampling
échantillonnage par blocs
block sampling

échantillonnage pour
acceptation
acceptance sampling
échantillonnage statistique
statistical sampling
échantillonnage systématique
systematic sampling
échantillons en grappes
cluster sample
échappatoire
loophole
échéance
deadline, maturity date
échéance originale
original maturity
échéance à minuit
midnight deadline
échéancematurité
maturity
échéances étalées
staggering maturities
échelle
scale
échelle de rapport
ratio scale
échelle des salaires
wage scale
échelle nominale
nominal scale
échelle ordinale
ordinal scale
échelle par intervalles
interval scale
échelle salariale fixe
flat scale
économe
thrifty
économétrie
econometrics
économie
economics, economy
économie appliquée
applied economics

économie conjoncturelle
cyclical industry
économie de marché
market economy
économie de marché pure
pure-market economy
économie des services
service economy
économie dirigée
controlled economy, managed
economy
économie dirigiste
command economy
économie fermée
closed economy
économie mature
mature economy
économie mixte
mixed economy
économie néoclassique
neoclassical economics
économie normative
normative economics
économie ouverte
open economy
économie parallèle
underground economy
économie planifiée
planned economy
économie traditionnelle
traditional economy
économies d'échelle
economies of scale
économique
economic
économiseur d'écran
screen saver
économiste
economist
écran à cristaux liquides
(ACL)
liquid crystal display (LCD)
écran d'introduction
title screen
écran de démarrage
start-up screen
écran tactile
touch screen
écraser
overwrite

écriture complexe
compound journal
entry
ecriture comptable
journal entry
écriture de contrepassation
reversal, reversing entry
écriture de correction
adjusting entry
écriture de fermeture
closing entry
écriture de rajustement
adjusting entry
écriture de régularisation
adjusting entry
écriture inverse
setoff
écriture originaire
original entry
édition
text editing
éditique
desktop publishing
effacer
clear, erase
effet
draft, instrument
effet de revenu
income effect
effet à ordre
order paper
effet de complaisance
accommodation paper
effet de halo
halo effect
effet de levier financier
leverage
effet de levier inverse
reverse leverage
effet de levier positif
positive leverage
effet de substitution
substitution effect
effet hypothécaire alternatif
alternative mortgage instrument
(AMI)
effets et objets personnels
soft goods

efficacité
efficiency
èfficacité marginale du capital
marginal efficiency of capital
efficience
efficiency
effondrement
slump
effondrement des cours
crash
éjection
eject
élaboration d'un plan d'urgence
contingency planning
élasticité de l'offre et de la emande
elasticity of supply and demand
**élasticité de la tranche
d'imposition**
bracket creep
élasticité prix de la demande
price elasticity
élasticité unitaire
unitary elasticity
élection étalée
staggered election
élément d'actif actif
asset
**élément d'actif à court termeactif
réalisable**
current asset
élément de passif
liability
élément extraordinaire
extraordinary item
élément monétaire
monetary item
élément non monétaire
nonmonetary item
éléments communs
common elements
éléments ordinaires
common elements
élire
elect
émancipation
emancipation
emballage
package

emballage principal
primary package
emballage trompeur
deceptive packaging
emballage-coque
blister packaging
embargo
embargo
embauche inutile
make-work
embellissement
improvement
émetteur
issuer
émetteur de titre de propriété
title company
émis dans le public
publicly held
émis et en circulation
issued and outstanding
émission de second rang
junior issue
**émission mise en circulation
point en litige**
issue
émission populaire
hot issue
**émission vendue par
anticipation**
presold issue
empiètement
encroachment
empiéter prélever
encroach
emplacement indéterminé
run of paper (ROP)
emplacement optimal
one-hundred-percent
location
emploi
job
emploi partagé
job sharing
**emploi sans possibilité
d'avancement**
dead-end job
emploi structural
structural employment

employé
employee
employés en grève
hit the bricks
employeur
employer
employeur offrant l'égalité
professionnelle
equal opportunity employer
emprunt indexé
indexed loan
emprunt obligataire
bonded debt
en amont
downstream
en cours de commande
on order
en dedans
in the money
en l'état
as is
en ligne
on-line
en souffrance
outstanding
encaissable
collectible
encaisse
cash
encaissement
collection
enclavé
landlocked
encodage
encoding
encouragement fiscal
tax incentive
endos
endorsement or indorsement
endos sous réserve
qualified endorsement
endossement
endorsement or indorsement
endossement conditionnel
qualified endorsement
endossement de garantie risques
annexes
extended coverage endorsement

endosseur par complaisance
accommodation endorser maker
or party
engagement
commitment,encumbrance
engagement à ne pas concurrencer
covenany not to compete
engagement conditionnel
(responsabilité du cautionnement)
contingent liability (vicarious
liability)
engagement contractuel
indenture
engagement de prêt hypothécaire
mortgage commitment
engagement formel
covenant
engagement signé par la caution
bail bond
enjeu
stake
enjoindre
enjoin
enlignement des bâtiments
building line
enquête sur les antécédents
background investigation
enregistrement
recording
enregistrement d'amorçage
maître
master boot record
enregistrement des coûts
cost records
entente
cartel
entente verbale
oral contract
entité
entity
entrée
input
èntrée de commande
order entry
entrées et sorties
ingress and egress
entreposage d'archives
archive storage

entrepôt
  stockroom, warehouse
entrepreneur
  contractor, entrepreneur
entreprise
  business, company, enterprise,
  firm, venture
entreprise à succursales
  chain store
entreprise au stade de
développement
  development stage enterprise
entreprise commune
  joint venture
entreprise en démarrage
  start-up
cntreprise Individuelle
  proprietorship, sole
  proprietorship
entreprise multinationale
  multinational corporation (MNC)
entreprise orientée vers la
production
  production-oriented organization
entreprise surveillant les
acquisitions
  shark watcher
entreprise susceptible de faire
l'objet d'une acquisition
  sleeping beauty
entretien
  interview
entretien courant
  servicing
entretien en profondeur
  depth interview
entretien non structuré
  interview unstructured
entretien préventif
  preventive maintenance
entretien structuré
  interview structured
entretienmaintenance
  maintenance
entrevue de départ
  exit interview
enveloppe-réponse d'affaires
  business reply envelope

envoi expédition
  consingment
épargne forcée
  forced saving
époque de référence
  base period
épuisement
  depletion
équilibre
  equilibrium
équilibre du marché
  market equilibrium
équipe alternante
  rotating shift
équipe responsable de l'entreprise
  venture team
équipement
  equipment
équitable
  equitable
équité
  equity
équivalent en espèces
  cash equivalence
erreur
  error, mistake
erreur bilatérale
  bilateral mistake
erreur compensatrice
  compensating error
erreur comptable
  accounting error
erreur d'écriture
  clerical error
erreur de droit
  mistake of law
erreur fatale
  fatal error
erreur sur l'âge
  misstatement of age
escompte
  discount
escompte d'émission d'obligations
  bond discount
escompte de caisse
  cash dicount
escompte officiel
  discount window

espace ouvert
 open space
espèce
 specie
espèces
 cash
espionnage
 espionage
essai
 test
essaimage
 spin-off
essais et erreurs
 trial and error
estimateur
 appraiser
estimateur sans biais
 unbiased estimator
estimation
 estimate
estimé
 estimate
estimer
 assess
estimer priser évaluer
 appraise
estoppel
 estoppel
établissement de la moyenne du
revenu
 income averaging
établissement d'épargne
 thrift institution
établissement d'un prix de
prestige
 prestige pricing
établissement de crédit
 institutional lender
établissement des prix par dérive
 bait and switch pricing
établissement du calendrier
 scheduling
étalage jumelé
 cross merchandising
état d'une société en participation
 joint account
état de revenus fixes
 fixed income statement

état des bénéfices non répartis
 retained earnings statement
état des résultats
 profit and loss statement
 (P&L)
état financier
 financial statement
état financier certifié
 certified financial statement
état financier consolidé
 consolidated financial statement
état
 status
état/bilan financier comparatif
 comparitive finacial
 statements
état-providence
 welfare state
états financiers personnels
 personal financial statement
états financiers pro forma
 projected (pro forma) financial
 statement
étendue
 range
étendue du poste
 job depth, scope of
 employment
éthique
 ethical ethics
éthique commerciale
 business ethics
éthique des affaires
 business ethics
être rattaché au bien-fonds
 run with the land
étude de faisabilité
 feasibility study
étude de marché
 market research
étude de mémorisation
 recall study
étude des micromouvements
 micromotion study
étude des mouvements
 motion study
euro
 euro

évacuer
  vacate
évaluateur
  appraiser, assessor,
  estimator
évaluation
  appraisal, assessment,
  valuation
évaluation à la valeur de marché
  mark to the market
évaluation de concept
  quality engineering
évaluation de l'insuffisance
  assessment of deficiency
évaluation de la source
  source evaluation
évaluation des secteurs
clés
  key-area evaluation
evaluation des tâches
  job evaluation
évaluer
  assess
évasion fiscale
  tax evasion
événement postérieur à la clôture
de l'exercice
  subsequent event
événements disjoints
  disjoint events
éventail de biens
  market basket
éviction
  crowding out
évolution conjoncturelle
  cyclic variation
examen analytique
  analytical review
examen médical
  medical examination
examen professionnel
  licensing examination
excédent à titre de don
  donated surplus
excédent de capital
  capital surplus
excédent de commande
  overrun

exclusion
  exclusion
exclusion approuvée de la liste
de paie
  ordinary payroll exclusion,
  endorsement
exclusion de dividendes
  dividend exclusion
exclusion des risques
commerciaux
  business risk exclusion
exclusion des risques
d'entreprise
  business risk exclusion
exclusion systématique
  redlining
exclusions
  exclusions
exécuté
  executed
exécuter
  execute
exécuter retrait simultané de
fonds
  run
exécuteur
  executor
exécution
  execution
exécution en nature
  specific performance
exécutoire
  executory
exemption
  exemption
exercer
  exercise
exercice d'observation
  observation test
exercice financier
  accounting period
exigences de crédit
  crdit requirements
exiger un paiement en
retard
  dun
exonération
  waiver

exonération d'impôt pour
bien-fonds de famille
　homestead tax exemption
exonération de frais de poste
　frank
exonération hypothécaire
　mortgage relief
exonération positive
　affirmative relief
expansion
　expansion
expansion diagonale
　diagonal expansion
expansion horizontale
　horizontal expansion
expansion interne
　internal expansion
expéditeur
　consignor
expédition de détail
　less than carload (L/C)
expédition directe　expédition
sur demande
　drop-shipping
expérance de vie
　life expectancy
expert
　troubleshooter
expert en sinistre
indépendant
　independent adjuster
expert répartiteur
　adjuster
expiration
　expiration
exploitant
　operator
exploitation
　exploitation
exploitation interrompue
　discontinued operation

export
　export
exportation
　export
exporter
　export
exposé
　exposure
exposé complet
　full disclosure
exposé-sondage
　exposure draft
exprès
　express
express
　express
expulsion
　ejectment
expulsion
　eviction
expulsion (déguisée)
　eviction constructive
expulsion (partielle)
　eviction partial
expulsion (réelle)
　eviction actual
expulsion de représailles
　retaliatory eviction
extensible
　expandable
extension de gamme
　line extension
extension de marque
　brand extension
extension de nom de fichier
　file extension
extrapolation
　extrapolation
extraterritorial
　offshore

F

fabricant
  maker
fabricant licencié
  licensee
fabrication
  manufacture
facteur (taux) de conversion pour
les cotisations des salariés
  conversion factor for employee
  contributions
facteur contraignant (limitant)
  constraining (limiting) factor
facteur d'actualisation
  annuity factor
facteur d'usure
  wearout factor
facteur d'actualisation inwood
  inwood annuity factor
facteur réversible
  reversionary factor
facteurs humains
  human factors
factoriel
  factorial
facturation différée à la fin du
mois
  EOM dating
facturation périodique
  cycle billing
facturation reportée
  deferred billing
facture
  bill, invoice
facture à payer
  due bill
facturer
  charge
facturer l'acheteur
  charge buyer
facultés
  cargo
faible résolution
  low resolution

faillite
  bankruptcy
faillite volontaire
  voluntary bankruptcy
faire des bénéfices excessifs
  profiteer
faire opposition à un chèque
  stop payment
faisant affaires sous le nom de
  doing business as (DBA)
fait important
  material fact
famille de fonds
  family of funds
fardeau de la preuve
  burden of proof
fascisme
  fascism
fatigue industrielle
  industrial fatigue
fausse déclaration intentionnelle
  fraudulent misrepresentation
faute de la victime
  contributory negligence
faux malade
  malingerer
fermer
  close
fermer une session
  sign off
fermeture
  closing
fermeture de session
  log off
feuille de présence
  time card
feuille de renseignements
personnels
  personal data sheet
feuille de travail
  worksheet
feuille de travail de la source
  source worksheet

fiabilité
  reliability
fibre optique
  optical fiber
fiche de coût de revient
  job cost sheet
fiche de stock
  stock record
fiche de travail
  job ticket
fiche technique
  worksheet
fichier
  file
fichier cible
  target file
fichier collectif
  public file
fichier image
  image file
fichier protégé
  protected file
fidéicommis
  trust
fidélité à la marque
  brand loyalty
fiduciaire
  fiduciary, trustee
fiducie
  trust
fiducie irrévocable
  irrevocable trust
fiducie judiciaire
  involuntary trust
fiducie par détermination de la loi
  involuntary trust
fiducie admissible payable annuellement au conjoint survivant
  qualified terminable interest property (Q-TIP) trust
fiducie complexe
  complex trust
fiducie de contournement
  bypass trust
fiducie de redevance
  royalty trust
fiducie dépositaire
  depository trust company (DTC)

fiducie discrétionnaire
  trust discretionary
fiducie insaisissable
  spendthrift trust
fiducie non testamentaire
  living trust
fiducie révocable
  revocable trust
fiducie sans droit de regard
  blind trust
fiducie sans pouvoirs discrétionnaires
  nondiscretionary trust
fiducie simple
  simple trust
fiducie testamentaire
  testamentary trust
filiale
  subsidiary, subsidiary company
filiale non consolidée
  unconsolidated subsidiary
filière
  pipeline
filtre d'écran
  screen filter
fin de non-recevoir
  demurrer
fin du mois
  end of month
financement
  financing
financement interne
  internal financing
financement au découvert
  deficit spending
financement des comptes clients
  accounts receivable financing
financement des stocks
  floor plan
financement novateur
  creative financing
financement par actions
  equity financing
financement par le déficit
  deficit financing
financement permanent
  permanent financing, take-out loan take-out financing

344

financement provisoire
interim financing
financement sur stocks
inventory financing
finisseur
fabricator
firme
firm
firme membre ou société membre
member firm or member
corporation
FISC
Internal Revenue Service
(IRS)
fiscal
fiscal
fiscaliste
fiscalist
fixation d'un prix non arrondi
odd-value pricing
fixation des prix
price-fixing
fixer
appreciate
fléchissement, recul
setback
flottant
floating supply
fluctuation
fluctuation
flux de l'encaisse en liquidités
before-tax cash flow
flux de revenus
income stream
flux de trésorerie
cash flow
flux de trésorerie marginal
incremental cash flow
flux de trésorerie avant impôts
before-tax cash flow
flux de trésorerie négatif
negative cash flow
flux d'informations
information flow
flux financiers
flow of funds
flux monétaire après impôt
after-tax cash flow

foire aux questions
faq (frequently asked
questions)
foire commerciale
trade show
fonction de la consommation
consumption function
fonction de syndic de faillite
receivership
fonctionnaire
public employee
fondation économique
economic base
fonds de caisse à montant fixe
imprest fund imprest
system
fonds à gestion indicielle
index fund
fonds avec frais d'acquisition
load fund
fonds commun de placement
mutual fund
fonds d'actions ordinaires
common stock fund
fonds d'investissement à fin indéterminée
blind pool
fonds damortissement
sinking fund
fonds de caisse
float, petty cash fund
fonds de dépôt
trust fund
fonds de liquidation
cleanup fund
fonds de placement équilibré
balanced mutual fund
fonds de placement fermé
closed-end mutual fund
fonds de réserve
contingencey fund, reserve
fund
fonds de roulement
net current assets, working
capital
fonds de roulement déficitaire
negative working capital

fonds d'investissement
investment trust
fonds dominant
dominant tenement
fonds dotal
dowry
fonds du marché monétaire
money market fund
fonds externes
external funds
fonds fédéraux
federal funds
fonds hautement spéculatif
performance fund
fonds indiciel
index fund
Fonds Monétaire International
International Monetary Fund
fonds non réglementés
soft money
fonds propre
capital resource
fonds recouvrés
recovery fund
fonds renouvelable
revolving fund
fonds sans frais d'acquisition
no-load fund
forage d'exploration
wildcat drilling
forclusion
foreclosure
format à l'italienne
landscape (format)
format d'image
picture format
format de cellule
censure
format de fichier
file format
format de page
page format
format rtf
rich text format (RTF)
format vertical
portrait (format)
formation complémentaire
upgrading

formation continue
continuing education
formation de capital
capital formation
formation sur la sensibilité
sensitivity training
formation sur le tas
on-the-job training (OJT)
forme marchande
commercial forms
forme sous-participante
nonmember firm
formulaire abrégé
short form
formule de placement
formula investing
forum de clavardage
chat forum
foule
crowd
fourchette d'amortissement de l'actif
asset depreciation range (ADR)
fourchette de dépréciation de l'actif
asset depreciation range (ADR)
fourchette salariale
wage bracket
fournisseur
supplier, vendor
fournisseur de services internet
internet service provider
fraction d'action
fractional share
fractionnement d'actions
split
fractionnement du revenu
income splitting
frais
charge, cost, fee
frais afférents à des titres achetés à terme
carrying charge
frais d'acquisition
load

frais d'administration
administrative expense
frais d'attente
holding fee
frais d'émission
flotation (floatation) cost
frais de camionnage
cartage
frais de constitution
organization cost
frais de couverture
carrying charge
frais de frappe
mintage
frais de gestion
maintenance fee, service fee
frais de placement
sales charge
frais de possession
carrying charge
frais de retour
back haul
frais de transaction
transaction cost
frais de transport
cartage
frais financiers
finance charge
frais fixes
fixed cost
frais fixes directs
direct overhead
frais fixes moyens
average fixed cost
frais généraux de fabrication
factory overhead
frais généraux imputés
applied overhead
frais généraux indirects
indirect overhead

frais non périodiques
nonrecurring charge
frais prélevés à l'acquisition
front-end load
frais sur marge
carrying charge
frais variables
variable cost
franc-fief
freehold (estate)
franchise
franchise
franco à bord
free on board (FOB)
franco le long du bateau
free alongside ship (FAS)
fraude
fraud
fraude par report différés
lapping
fraude postale
mail fraud
fréquence
frequency
fret aérien
airfreight
fruits et légumes
produce
fuite imputable sur le capital
capital nature flight
fusion
merger
fusion horizontale
horizontal merger
fusion légale
statutory merger
fusionner
merge

G

gabarit
  template
gadget
  widget
gage
  pledge
gage hypothécaire
  mortgage lien
gager
  collateralize
gain
  gain
gain (perte) en capital
  capital gain (loss)
gain (perte) en capital à court terme
  short-term capital gain (loss)
gain de survie
  right of survivorship
gamme
  line
gamme de produits
  product line
gamme de promotions
  promotion mix
garantie
  collateral, guarantee, warranty
garantie pour améliorations locatives
  improvements and betterments insurance
garantie d'assurabilité
  guaranteed insurability
garantie d'habitabilité
  warranty of habitability
garantie de cours
  hedge
garantie de la signature
  guarantee of signature
garantie de maintenance
  maintenance bond
garantie de paiement
  payment bond

garantie de parfait achèvement
  completion bond
garantie de qualité marchande
  warranty of merchantability
garantie de soumission
  bid bond
garantie globale
  blanket insurance
garantie implicite
  implied warranty
garantie risques annexes
  extended coverage
garantie spéciale
  special warranty deed
garantiesûreté
  guaranty
garde
  safekeeping
générateur de nombres aléatoires
  random-number generator
générique
  masthead
gens peu fortunés
  underclass
géo-démographie
  geodemography
gérant
  manager
gérant de succusale
  branch office manager
gérer
  manage
geste symbolique
  tokenism
gestion
  management
gestion budgétaire participative
  participative budgeting
gestion d'équipe
  team management
gestion d'immeubles
  property management

gestion de banque de données
database management
gestion de biens immobiliers
property management
gestion de bureau
office management
gestion de lignes
line control
gestion de temps
time management
gestion des dossiers
records management
gestion des registres
records management
gestion des ressources humaines
human resources management
(hrm)
gestion des tâches
task management
gestion du matériel
materials management
gestion du risque
risk management
gestion optimale des commandes
fulfillment
gestion par l'exception
management by exception
gestion par objectifs
management by objective (MBO)
gestion réactive
management by crisis
gestion serrée
tight ship
gestion sur le terrain
management by walking around
(MBWA)
gestionnaire
manager
gestionnaire de portefeuille
portfolio manager
gestionnaire des tâches
task manager
goulot d'étranglement
glut
grand livre
ledger
grand livre auxiliaire
subsidiary ledger

grand livre général
general ledger
grand magasin
chain store
grande dépression
great depression
grande surface
superstore
graphique
chart, graph
graphique à points
point chart
graphique circulaire
pie chart/graph
graphique d'acheminement
flowchart
graphique en toile d'araignée
spider chart
graphique en tuyaux d'orgue
column chart/graph
gratification à la force de vente
push money (PM)
gratuit
gratis
graveur de cd
cell definition
graveur de CD
CD-writer/CD-burner
greffage
graft
greffier
clerk
grève
strike
grève à l'italienne
sit-down strike
grève de solidarité
sympathetic strike
grève générale
general strike
grève sauvage
wildcat strike
grille de gestion
managerial grid
gagnée rapidement
killing

grossiste
wholesaler
groupe de travail
task force, task group
groupe d'intérêt
interest group
groupement
assemblage
groupeur
consolidator, forwarding
company
guerre de brevet
patent warfare

guerre de tarifs
tariff war
guerre des prix
price war
guide de gestion
management guide
guilde
guild
guirlande de marguerites
daisy chain

H

habendum
habendum
habileté manuelle
manual skill
habillage de bilan
window dressing
harcèlement sexuel
sexual harassment
hausse différée des
salaires
deferred wage increase
haussier
bull
haute technologie
high technology
hectare
hectare
héritage
inheritance
hériter
inherit
héritier substitué
remainderman
héritiers
heirs
hétérogène
heterogeneous
heure normale
standard time
heure-personne
man-hour
heures majorées de 100%
double time
heures supplémentaires
overtime
heuristique
heuristic
hiérarchie
hierarchy
hiérarchique
line
historique du portefeuille
portfolio history

holding
holding
homogène
homogeneous
honoraires
fee
honoraires conditionnels
contingent fee
honoraires de gestion
management fee
honoraires de recherche
finder's fee
honorer
honor
horaire
schedule
horaire à la demande
demand schedule
horaire variable
flextime
hors cote
over the counter
(OTC)
hors du cours
out of the money
hors ligne
off-line
hypercentre
central buying
hypertexte
hypertext
hypothèque close
closed-end mortgage
hypothèque de priorité
underlying mortgage
hypothèque de rang
inférieur
junior mortgage
hypothèque englobante
blanket mortgage
hypothèque garantie par le
gouvernement fédéral
fha mortgage loan

hypothèque générale
blanket mortgage
hypothèque mobilière
chattel mortgage
hypothèque non volontaire
involuntary lien
hypothèque sur tenure libre
leasehold mortgage

hypothèque traditionnelle
conventional mortgage
hypothéquer
hypothecate
hypothèse
hypothesis
hypothèse alternative
alternative hypothesis

I

icône
icon
id de connexion
login identification (login id)
identité fondamentale
accounting equation
illusion monétaire
money illusion
image
image
image de marque
brand image
image pixel
pixel image
immatriculation
registration
immeuble de rapport
income property
immeuble donné à bail
leasehold
immixtion de l'employeur
employer interference
immobilier
real estate
immobilisations
capital assets
immobilisationsactif immobilisé corporel
fixed asset
immobilisé
illiquid
impact fiscal
tax impact
imparfait
inchoate
impartition
outsourcing
impasse
impasse
impenses
upkeep
imperialisme
imperialism

implicite
implied
importance relative
materiality
importer
import
imposition
imposition, levy
imposition différée
tax deferred
impôt
tax
impôt consolidé sur les dons et les successions
unified estate and gift tax
impôt dégressif
regressive tax
impôt foncier
property tax
impôt foncier maximum
tax stop
impôt minimum de remplacement
alternative minimum tax
impôt négatif
negative income tax
impôt progressif
progressive tax
impôt sur le revenu
income tax
impôt sur le revenu fractionné
kiddie tax
impôt sur les bénéfices exceptionnels
excess profits tax
impôt sur les dons
gift tax
impôt sur les réserves
accumulated earnings tax or accumulated profits
impôt sur les salaires
payroll tax
impôt sur les successions
estate tax

impôts courus
accrued taxes
impôts estimatifs
estimated tax
impôts indirects
hidden tax
imprimante
printer
imprimante par ligne
line printer
imputation
appropriation
imputé
absorbed
inapte à l'emploi
unemployable
incapacité
incapacity
incidence
tax incidence
incompatible
incompatible
incompétent non qualifié
incompetent
incomplet
defective
incorporer
embed
incurie professionnelle
malpractice
indemnisation
indemnity
indemnisation/compensation différée'
deferred compensation
indemniser
indemnify
indemnité
indemnity
indemnité compensatrice
premium pay
indemnité de cessation d'emploi
severance pay
indemnité de courtage
brokerage allowance
indemnité de grève
strike benefits

indemnité de mise en valeur
merchandise allowance,
volume merchandise
allowance
indemnité de remboursement par anticipation
prepayment penalty
indemnité de résiliation
liquidated damages
indemnité globale
aggregate indemnity (aggregate
limit)
indépendance
independence
index des prix à la consommation (IPC)
consumer price index
(CPI)
indexation
indexation, indexing
indiçage
subscript
indicateur
timetable
indicateur, délateur
stool pigeon
indicateurs de sentiment
sentiment indicators
indicateurs de tendance
leading indicators
indicateurs économiques
economic indicators
indicateurs retardés
lagging indicator
indication de client
referral
indice
index
indice de développement de marché
market development
index
indice de groupe cible
target group index
(TGI)
indice des prix
price index

indice du développement de marque
brand development index (BDI)
indice du marché
market index
indice du potentiel de la marque
brand potential index (BPI)
indisponibilité
downtime
industrie
industry
industrie artisanale
cottage industry
industrie de transformation en produits de base
smokestack industry
industrie essentielle
essential industry
industrie extractive
extractive industry
industrie lourde
heavy industry
industrie réglementée
regulated industry
industriel
industrial, industrialist
inefficacité sur le marché
inefficiency in the market
inertie
laches
inexécution
breach
inexécution de contrat
breach of contract
inférence statistique
statistical inference
inflation
inflation
inflation à deux chiffres
double-digit inflation
inflation camouflée
hidden inflation
inflation des salaires
wage-push inflation
inflation gallopante
galloping inflation
inflation galopante
hyperinflation

inflation par la demande
demand-pull inflation
inflation par poussée sur les coûts
cost-push inflation
inflation rampante
creeping inflation
inflation structurale
structural inflation
influence des médias
media weight
influence personnelle
personal influence
information fausse ou trompeuse
misrepresentation
information privilégiée
inside information
infraction
breach, misdemeanor
infrastructure
infrastructure
ingénieur industriel
industrial engineer
inhabitation
unoccupancy
initiateur
originator
initiative
initiative
initiative personnelle
self-help
initié
insider
injonction
injuction. injuction bond
injustiféà titre gratuit
gratuitous
innovation
innovation
inobservation de la garantie
breach of warranty
inquiétude
concern
inscription
listing, registration
inscrire
list
insolvabilité
insolvency

inspection
inspection
inspection des biens
physical examination
installation
installation
installation de faculté
faculty installation
installations
facility
instigateur de syndicat d'investisseurs
syndicator
institution fédérale d'épargne et de prêts
federal savings and loan association
institution financière
financial institution
instrument
instrument
instrument d'échange
medium of exchange
instrumentalité
instrumentality
instrumentalités de transport
instrumentalities of transportation
insuffisance
deficiency
insurgé
insurgent
intégration de texte
text wrap
intégration en amont
integration backward
intégration en aval
forward integration
intégration horizontale
integration horizontal
intégration horizontale des concurrents
horizontal channel integration
intégration verticale
integration vertical
intégration verticale en amont
backward vertical

integration
intégrité
integrity
intelligence artificielle
artificial intelligence (AI)
intentions non déclarées
hidden agenda
intéractif
interactive
interdiction
restriction
interdiction d'aliéner
restraint on alienation
interdit de copie
copy-protected
interentreprises
multiemployer
intéressement des employés
employee profit sharing
intérêt
interest
intérêt implicite
imputed interest
intérêt à courir
unearned interest
intérêt assurable
insurable interest
intérêt composé
compound interest
intérêt ordinaire
ordinary interest
intérêt patrimonial
proprietary interest
intérêt payé d'avance
prepaid interest, unearned discount
intérêt payé de placement
investment interest expense
intérêt simple
simple interest
intérêt sur les dividendes imposées
taxation interest on dividends
intérêts courus
accrued interest
intérêts exacts
exact interest

intérêts remis en nantissement de
prêt
  security interest
interface
  interface
intermédiaire,
  go-between, intermediary
intermédiaire
  medium
intermédiaire financier
  financial intermediary
intermédiation
  intermediation
interne
  in-house
internet
  internet
interpolation
  interpolation
interprète
  interpreter
interruption d'exploitation
  business interruption
interruption de service
  shutdown
intervalle de confiance
  confidence interval
intestat
  intestate
invendu
  overissue
inventaire périodique
  periodic inventory method

inventaire permanent
  perpetual inventory
inventaire physique
  physical inventory
investir
  invest
investissement direct
  direct investment
investissement direct étranger
  foreign direct investment
investissement étranger
  foreign investment
investisseur à contre courant
  contrarian
investisseur accrédité
  accredited investor
investisseur institutionnel
  institutional investor
investisseur passif
  passive investor
investisseur socialement
responsable
  socially conscious investor
iota
  iota
irrécupérable
  irretrievable
irrévocable
  irrevocable
itération
  iteration

J

jeu
gaming
jeu à somme nulle
zero-sum game
jeu de chèques
check-kiting
jeu de confiance
confidence game
jeu de simulation
management game
job-zappeur
job jumper
jouissance paisible
quiet enjoyment
jour de paie
payday
jour ouvrable
business day
journal
diary
journal de caisse
cashbook
journal des achats
purchase journal
journal des paiements au comptant
cash payment journal
journal des pièces justificatives
voucher register
journal des ventes
sales journal
journal général
general journal, journal

journaliser
journalize
joyaux de la couronne
crown jewels
jugement
judgment
jugement déclaratif
adjudication
jugement du ministère du revenu
revenue ruling
jugement hypothécaire
foreclosure
jugement par défaut
default judgment
jugement par insuffisance
deficiency judgment
juridiction
jurisdiction
jurisprudence
jurisprudence
jury
jury
juste prix
justified price
juste valeur de marché
fair market value
justifiable
justifiable
justification à gauche/droite
flush (left/right)

K

krach
crash

kudos
kudos

L

l'argent d'autrui
   other people's money
l'offre et la demande
   bid and asked
la carotte et le bâton
   carrot and stick
label
   seal
label de qualité
   seal of approval
laissez-faire
   loose rein
lancement
   release
langage de modélisation
   modeling language
langage de programmation
   programming language
latitude
   latitude
le temps est une condition
essentielle
   time is the essence
leader
   leader
lèche-vitrines comparatifs
   comparison shopping
lecteur multimédia
   media player
lecteur partagé
   shared drive
lecture du téléscripteur
   reading the tape
lecture seule
   read-only
légalisation
   authentication
légataire de biens personnels
   legatee
legs
   bequest
legs de biens réels
   devise

léguer
   bequeath, devise
lettre administrative de
classement
   comfort letter
lettre certifiée
   certified mail
lettre d'insuffisance
   deficiency letter
lettre d'intention
   letter of intent
lettre de change
   bill of exchange
lettre de gage
   mortgage bond
lettre de transmission
   transmittal letter
lettre de transport aérien
   air bill
lettre de voiture à ordre
   order bill of lading
lettre garantie
   guaranteed letter
lettre minuscule
   lower case character/letter
lettre publicitaire
   sales letter
lettre supérieure
   superscript
lettre testimoniale
   testimonial
levier d'exploitation
   leverage
libelle
   libel
libération partielle
   partial release
liberté économique
   economic freedom
libre entreprise
   free enterprise
licence
   license

licencié
  licensee
licenciement congédiement
  dismissal
lien
  link
lieux
  premises
lieux loués
  demised premises
ligne d'arpentage
  lot line
ligne d'arpentage zéro
  zero lot line
ligne d'attention
  attention line
ligne de crédit
  bank line, line of credit
ligne dédiée
  dedicated line
ligne organique hiérarchique
  line function
ligne séparative
  property line
limitation de la gamme de prix
  price lining
limitation du rendement de la production
  featherbedding
limite à la hausselimite à la baisse
  limit uplimit down
limite de fluctuation
  fluctuation limit
limite de transactions quotidiennes
  daily trading limit
limite des investissements
  capital rationing
limites de base de la responsabilité
  basic limits of liability
liquidation
  blowout, liquidation
liquidation clôture
  close out

liquider
  liquidate, sell-off
liquidité
  liquidity
liquidité du marché
  liquidity preference
liquidités
  liquid asset
liquidités nettes
  net quick assets
lissage exponentiel
  exponential smoothing
liste approuvée
  approved list
liste d'actionnaires
  stock ledger
liste d'adresses
  mailing list
liste de paie
  payroll
liste de titres sous surveillance
  watch list
liste des malfaçons apparentes
  punch list
liste des résultats
  printout
liste des tâches
  task list
liste noire
  black list
litigant
  litigant
litige
  litigation
livraison
  delivery
livraison partielle
  partial delivery
livraison spéciale
  special delivery
livre
  book
livre blanc
  white paper
livre noir
  creative black book

lobbyiste
lobbyist
locataire
lessee, tenant
locataire en souffrance
holdover tenant
locataire principal
prime tenant
location
tenancy
location à discrétion
tenancy at will
location au mois
month-to-month tenancy
location d'équipement
equipment leasing
location en années
tenancy for years
locaux
premises
lock-out
lockout
locomotive
anchor tenant
logiciel comptable
accounting software
logo
logo
loi
law, statute
loi de l'offre et de la demande
law of supply and demand
loi de la substitution
substitution law
loi des coûts à la hausse
law of increasing costs
loi des grands nombres
law of large numbers
loi des rendements décroissants
law of diminishing returns
loi du moindre d'effort
least-effort principle
loi F
F statistic

loi morale
moral law
loi sur l'émission des valeurs mobilières
blue-sky law
loi sur la transparence en matière de prêts
truth in lending act
loi sur les contrats écrits
statute of frauds
loi sur les professions
license law
loi T
T statistic
lois antitrust
antitrust acts, antitrust laws
lois bleues
blue laws
lois sur l'étiquetage
labeling laws
lois sur la vie privée
privacy laws
lot de taille anormale
broken lot, odd lot
lot de taille normale
round lot
loterie
lottery
lotissement
land development, plat
loyer
rent
loyer au chiffre d'affaires
percentage lease
loyer contractuel
contract rent
loyer de base
base rent
loyer indexé
index lease
loyer selon le marché
economic rent, fair market rent, market rent

M

machination
plot
macrocommande
macro
macro-économie
macroeconomics
macroenvironncment
macroenvironment
macro-instruction
macro
magasin
store
magasin indépendant
independent store
magasin de détail
retail outlet
magasin populaire
variety store
magazine spécialisé
trade magazine
magasiner
shop
magnat
tycoon
main-d'œuvre
labor, work force
main-d'œuvre directe
direct labor, production worker
mainlevée du privilège
discharge of lien
maintien d'emplois fictifs
featherbedding
maison de courtage
électronique
wire house
maisonétablissement
house
maître d'œuvre
general contractor
maître des travaux
general contractor
maîtrise des coûts
cost containment

majoration
markup
majoration du coût de la vie
cost-of-living adjustment
(COLA)
majorité
majority
maladie professionnelle
occupational disease
mandat d'urgence
agency by necessity
mandat télégraphique
cable transfer
mandataire
proxy
mandatmandater
mandate
manifeste
manifest
manipulation
manipulation
manque à gagner
shortfall
manuel
manual
manufacture
manufacture
manutention
materials handling
manutention spéciale
special handling
marchandisage
merchandising
marchandise
commodity
marchandise livrée
spot commodity
marchandise protégée contre le vol
forward stock
marchandises en douane
bonded goods
marchandises entreposées
bonded goods

marchandises réglementées
regulated commodities
marché
market
marché à la baisse
bear market
marché à la criée
outcry market
marché à termemarché de contrats à terme
futures market
marché acheteur
buyer's market
marché actif
active market
marché au comptant
cash market
marché baissier
bear market
marché boursier
stock market
marché cible
target market
marché commun européen
european common market
marché des capitaux
capital market
marché efficient
efficient market
marché étroit
thin market, tight market
marché faible
soft market, weak market
marché favorable au vendeur
seller's market
marché financier
capital market
marché finncier
financial market
marché générique
generic market
marché haussier
bull market
marché hypothécaire secondaire
secondary mortgage market

marché immobilier
real estate market
marché imparfait
imperfect market
marché instantané
spot market
marché libre
free market
marche libre et sans restriction de territoire
free and open market
marché monétaire
money market
Marché Monétaire International
International Monetary Market
marché noir
black market
marché primaire
primary market
marché secondaire
after market, secondary market
marché sensible
sensitive market
marché suicidaire
graveyard market
marché tiers
third market
marchéage
marketing mix
marché-témoin
test market
marge
margin, slack
marge bénéficiaire brute
gross profit
marge bénéficiaire nette
net profit margin
marge d'isolement
curtilage
marge de profit
margin of profit
marge de sécurité
safety margin
marge supplémentaire sur coût d'achat
additional mark-on
marge sur coût d'achat
markup

marges
  margins
marketing direct
  direct marketing
marketing commercialisation
  marketing
marque
  brand
marque de commerce
  trademark
marque de distributeur
  store brand
marque défensive
  flanker brand
marxisme
  Marxism
masque
  mask
masque de saisie
  input mask
masse monétaire
  money supply
matériel
  material
matériel d'immobilisation
  capital goods
matériel roulant
  rolling stock
matière première
  direct material
matières premières
  raw material
matraquer le marché
  hammering the market
matrice
  matrix
mauvais payeur
  deadbeat
mauvais placement
  turkey
maximiser
  maximize
mécanisation
  mechanization
média
  media

média de masse
  mass media
médiation
  mediation
mégaoctet
  megabyte
meilleure tarification
  best's rating
mémoire
  memory
mémoire cache
  cache
mémoire flash
  flash memory
mémoire interne
  internal memory
mémoire morte
  ROM (read-only memory)
mémoire vive
  random access memory (RAM)
meneur,
  leader, pacesetter
menu déroulant
  pull-down menu
menu pricnipal
  main menu
mercantile
  mercantile
mercantilisme
  mercantilism
merchandise
  merchandise
message d'erreur
  error message
message publicitaire
  commercial
mesure anti-OPA
  shark repellent
mesure de précaution
  precautionary motive
métayer
  sharecropper
méthode de détermination du revenu
  income approach
méthode ABC
  ABC method

méthode comptable
accounting method
méthode d'estimation fondée sur
le chiffre d'affaires
percentage-of-sales method
méthode d'évaluation au plus
petit du coût ou de la valeur
du marché
lower of cost or market
méthode d'exercice du droit de
propriété
ownership form
méthode de conservation des
abonnés
maintenance method
méthode de l'amortissement
dégressif
diminishing-balance method
méthode de l'amortissement
égressif à taux constant
declining-balance method
méthode de l'amortissement
linéaire
straight-line method of
depreciation
méthode de l'inventaire au prix de
détail
retail inventory method
méthode de la comptabilité de
caisse
cash basis
méthode de la croissance
constante
steady-growth method
méthode de la marge bénéficiaire
brute
gross profit method
méthode de la partie
concurrentielle
competitive party method
méthode de la valeur comptable
written-down value
méthode de l'achèvement des
travaux
completed contract method
méthode de passation directe par
pertes et profits
direct charge-off method

méthode des cas
case-study mathod
méthode des coûts
cost method
méthode des coûts variables
direct costing
méthode des temps mesurés
methods-time measurement
(MTM)
méthode des unités de production
units-of-production method
méthode du bilan actualisé
current value accounting
méthode du chemin critique
critical path method (CPM)
méthode du coût de revient complet
absorption costing
méthode du point de commande
order-point system
méthode du pourcentage
d'achèvement
percentage-of-completion
method
méthode du report d'impôts
interperiod income tax
allocation
méthode du report d'impôts
variable
accrual method
méthode du total des frais
overall expenses method
mettre à jour
update
mettre en retrait
indent
mettre en valeur
redevelop
mi-carrière
midcareer plateau
micro-économie
microeconomics
migrerpasser d'un système à
l'autre
migrate
milieu urbain
inner city
millionnaire
millionaire

millionnaire sur papier
millionaire on paper
millionnaire théorique
millionaire on paper
mineur
minor
minimiser
minimize
ministère du revenu
internal revenue service
(IRS)
minutesprocès-verbal
minutes
mis en état
perfccted
mise à jour
update
mise à niveau
upgrading
mise à niveau de processeur
processor upgrade
mise à pied
lay off
mise de fonds
capital inestment
mise de fonds en travail
sweat equity
mise en commun d'intérêts
pooling of interests
mise en équivalence
equity method
mise en marche
turn on
mise en vente
release
mise hors tension
power down
mise sous tension
power up
mises en chantier d'habitations
housing starts
mixage
mix
mobilité de la main-d'œuvre
labor mobility
modalités
terms
mode
mode

mode d'épargne sur le salaire
payroll savings plan
mode de détention d'un domaine
foncier
tenure in land
mode de paiement
payment method
mode de règlement optionnel
optional modes of
settlement
mode refrappe
type-over mode
modèle
blueprint
modèle à degré d'implication
élevé
high-involvement model
modèle d'implication réduite
lower-involvement
model
modèle décisionnel
decision model
modélisation
modeling
modem interne
internal modem
modifier
amend
modification de la disposition sur
le bénéficiaire
change of beneficiary
provision
modifier
edit
module
module
module de mémoire à simple
rangée de connexions
SIMM (single in line memory
module)
moins-value
allowance
mois de livraison
immédiate
spot delivery month
momentum
momentum
monétaire
monetary

monétariste
monetarist
monnaie de présentation des
états financiers
reporting currency
monnaie dirigée
managed currency
monnaie étrangère
exchange, foreign exchange
monnaie faible
soft currency
monnaie fonctionnelle
functional currency
monnaie forte
hard currency
monnaie inconvertible
inconvertible money
monnaie légale
legal tender
monopole
monopoly
monopole de brevet
patent monopoly
monopole de droit
legal monopoly
monopole naturel
natural monopoly
monopole parfait
perfect (pure)
monopoly
monopolisateur
monopolist
monopsone
monopsony
montage
assemblage
montant brut
gross amount
montant forfaitaire
lump sum
montant perdu
forfeiture
monument
monument
moral
morale
moratoire
moratorium
mot de passe
password

moteur de recherche
search engine
motivation
motivation
motivation par le profit
profit motive
mots à la mode jargonnerie
buzz words
mouvement
movement
mouvement syndical
organized labor
mouvements de trésorerie
cash flow
moyen terme
intermediate term
moyenne
average
moyenne arithmétique
meanarithmetric
moyenne géométrique
meangeometric
moyenne inférieure
average down
moyenne mobile
moving average
multicollinéarité
multicollinearity
multidiffusion
multicasting
multifonctionnel
multifunction
multimédia
multimedia
multiple
multiple
multiplicateur
multiplier
multiplicateur du revenu brut
gross rent multiplier (GRM)
multiplication
extension
multiplication des opérations
churning
multiutilisateur
multiuser
mutualité
mutuality of contract

N

nantissement de biens meubles
  chattel mortgage, chattle paper
nantissement de second rang
  junior lien
nantissement du budget
  budget mortgage
nantissement en vertu d'un jugement
  judgment lien
nationalsation
  nationalization
navetteur
  commuter
navigation
  navigation
navire marchand
  tramp
navire porte-conteneurs
  container ship
négligence
  negligence
négligence comparative
  comparative negligence
négligence concourante de la victime
  contributory negligence
négociable
  negotiable
négociateur
  trader
négociation
  negotiation
négociation à un cours inférieur
  down tick
négociation à un cours supérieur
  plus tick, up tick
négociation collective
  collective bargaining
négociation individuelle
  individual bargaining
négociation interentreprises
  multiemployer bargaining
népotisme
  nepotism

net
  net
niche
  niche
niveau d'endettement
  leverage
niveau d'occupation
  occupancy level
niveau de confiance
  confidence level
niveau de soutien
  support level
niveau de vie
  standard of living
niveler
  level out
nivellement par le bas
  filtering down
nœud
  node
nom de marque
  brand name
nom du courtier
  street name
nom légal
  legal name
nombre à virgule flottante
  floating-point number
nombre en virgule fixe
  fixed-point number
nombre total d'actions vendues à découvert
  short interest
nominée
  nominee
non compris dans le bilan
  off the balance sheet
non coté
  not rated (NR)
non éblouissant
  nonglare
non escompté
  undiscounted

non inscrit dans les livres
off the books
non liquide
illiquid
non productif
nonproductive
non remboursable
nonrefundable
non remboursable par anticipation
noncallable
non structuré
nonformatted
non-capitalistique
labor intensive
non-déductibilité des cotisations salariales
nondeductibility of employer contributions
non-échange de chèques
truncation
non-exécution
nonperformance
norme
norm
norme d'argent
silver standard
normes comptables principes comptables
accounting principles accounting standards
normes de vérification
auditing standards
normes monétaires
monetary standard
notarier
notarize
notation
rating

notation des obligations
bond rating
note de débit
debit memorandum
note de frais
expense report
note de service
memorandum
note en bas de page
footnote
note Z
Z score
notes descriptives
descriptive memorandum
noteur
assessor
nouvelle appréciation du loyer
reappraisal lease
nouvelle émission
new issue
nouvelle vocation d'un secteur
land-use succession
novation
novation
nuisance
nuisance
nul
voidable
nul et non avenu
null and void
numériseur
scanner
numéro de commande
order number
numéro de compte
account number
numéro un
leader

O

objectif
  goal, objective
objectif des coûts
  cost objective
objet lié
  linked object
obligation
  bond, duty, obligation bond
obligation à intérêt conditionnel
  income bond
obligation à bas taux d'intérêt
  deep discount bond
obligation à coupons
  coupon bond
obligation à court terme
  short bond
obligation à escompte
  discount bond
obligation à fort escompte
  deep discount bond
obligation à haut risque
  junk bond
obligation à intérêt conditionnel
  revenue bond
obligation à intérêt différé
  deferred interest bond
obligation à long terme
  long bond
obligation à moyen terme
  medium-term bond
obligation à prime d'émission
  original issue discount (OID)
obligation à taux variable
  floating-rate note
obligation au pair
  par bond
obligation au porteur
  bearer bond
obligation avec amortissement
  super sinker bond
obligation cautionnée par un tiers
  guaranteed bond

obligation cotée à prime
  premium bond
obligation coupon zéro
  zero coupon bond
obligation coupons détachés
  strip
obligation d'épargne
  savings bond
obligation de faible montant
  baby bond
obligation de nantissement avec garantie
  collateralized mortgage obligation (CMO)
obligation de rendre compte
  accountability
obligation de société
  corporate bond
obligation finançant la construction d'immeubles
  housing bond
obligation garantie
  secured bond
obligation garantie par les recettes fiscales prévues
  tax anticipation bill (TAB)
obligation générale commerciale
  commercial blanket bond
obligation générique
  generic bond
obligation inconditionnelle
  absolute liability
obligation judiciaire
  judicial bond
obligation morale
  moral obligation bond
obligation municipale
  municipal bond
obligation nominative
  registered bond
obligation non garantie
  debenture

obligation sûre
high-grade bond
obligation-recettes municipale
municipal revenue bond
obligations au titre des prestations
projetées
projected benefit
obligation
obligations échéant en série
serial bond, series bond
obligé
obligee
obligeant
obligor
obsolescence
obsolescence, functional
obsolescence
obsolescence technologique
technological obsolescence
occupationoccupant
occupancyoccupant
octroi de prêt hypothécaire de
second rang
second mortgage lending
office
standing order
officine douteuse
bucket shop
offre
offer, supply, tender
offre compétitive
competitive bid
offre concurrentielle
competitive bid
offre d'essai
trial offer
offre de livraison
tender of delivery
offre de reprise
recall
offre et acceptation
offer and acceptance
offre excédentaire
overhang
offre ferme
firm offer
offre publique d'achat
self-tender offer, tender offer

offrir une gamme inférieure
downscale
oligopole
oligopoly
oligopole collusoire
collusive oligopoly
oligopole homogène
homogeneous oligopoly
opérande
operand
opération d'arbitrage
arbitrage
opération de change
foreign exchange
opération de crédit-bail
financial lease, true lease
opération horizontale
cross-footing
opérations achevées
completed operations insurance
opinion
opinion
opinion avec réserve
qualified opinion
opinion de l'expert-comptable
accountant 's opinion
opinion défavorable
adverse opinion
option
option
option d'achat d'actions
incentive stock option (ISO)
option couverte
covered option
option d'achat
call, call option
option d'achat d'action
stock option
option d'achat privilégiée
lock-up option
option de rechange
fallback option
option de renouvellement
renewal option
option de vente
put option
option de vente exercée
put to seller

option double
straddle
option double fiscale
tax straddle
option non couverte
naked option
option standardisée
listed options
options d'action compensatrice
compensatory stock options
options sur indice
index options
ordinateur
computer
ordinateur bloc-notes
notebook computer
ordinateur central
mainframe
ordinateur de bord
onboard computer
ordinateur de poche
palmtop, pocket computer
ordonnancement
scheduling
ordonner
command
ordre
order
ordre à cours limité
limit order
ordre à échelle
scale order
ordre à révocation
good-till-canceled order
(GTC)
ordre au comptant
cash order
ordre au prix du marché
market order
ordre d'achat
buy order
ordre de crédit
credit order
ordre de fabrication
manufacturing order, work
order
ordre exécuter sinon annuler
fill or kill (FOK)

ordre permanent
open order
ordre stop, interdiction
d'opérations sur valeurs
stop order
organigramme
organizational chart
organigrammeschéma de procédé
flowchart
organisation
organization
organisation fonctionnelle
functional organization
organisme agence mandat
agency
organisme d'assurance maladie
health maintenance organization
(HMO)
organisme de gestion
administrative
administrative management
society
organisme de petit commerce
mercantile agency
organisme de
réglementation
regulatory agency
orientation
orientation
orientation
professionnelle
vocational guidance
orienté
in the tank
ou mieux
or better
ouvert
open-end
ouverture
opening
ouverture de session
log in (log on)
ouvrages annexes
appurtenant structures
ouvrier
blue collar
ouvrier à la tâche
jobber

ouvrier auxiliaire
casual laborer

ouvrir une session
sign on

P

page d'informations
information page
pagination
pagination
paie
pay, wage
paiement dans les délais prévus
payment in due course
paiement de rétablissement
reinstatement
paiement de transfert
transfer payment
paiement gonflé
balloon payment
paiement total
total paid
paiements minimaux exigibles en
vertu d'un bail
minimum lease payments
paiements reportés
deferred payments
pair
par
papier
paper
papier commercial de premier plan
prime paper
papier-monnaie
paper money
par défaut
default
par inadvertance
inadvertently
par jour
per diem
par personne
per capita
par poste
ad item
parachute doré
golden parachute
parajuridique
paralegal

paramètre
parameter
parasurtenseur
surge protector
parcelle
plot
parité
parity
parité de conversion
conversion parity
parjure
perjury
part de marché
market share
part de marché de la marque
brand share
part des actionnaires
minoritaires
minority interest or minority
investment
partage
partition
partage de temps
time-sharing
partage des revenus généraux
general revenue sharing
partagiciel
shareware
partenaire
partner
partenariat
partnership
participation de contrôle
controlling interest
participation de l'assureur
privity
participation différée aux
bénéfices
deferred profit-sharing
partie compétente
competent party
partie concurrentielle
competitive party

parts du recours collectif B
  class action B shares
parution
  release
pas
  pitch
passager debout
  straphanger
passager-mille
  passenger mile
passe-partout
  boilerplate
passeport
  passport
passif à court terme
  current liabilities, floating debt
passif éventuel
  contingent liability
passif minimum découlant
du régime de retraite
  minimum pension
  liability
pastille empoisonnée
  poison pill
paternalisme
  paternalism
patrimoine
  estate
pause
  break
pauvreté
  poverty
payé
  paid status
payé à l'avance
  paid in advance
payer
  pay
payeur
  payer
pays
  land
péage
  toll
pécule
  nest egg
pécuniaire
  pecuniary

peine civile
  civil penalty
pénalité
  penalty
pénalité en cas de retrait
anticipé
  early withdrawal penalty
pénalité fiscale pour les couples
mariés
  marriage penalty
pénétration du marché
  market penetration
pension alimentaire
  alimony
pension sur titres
  buy-back agreement, repurchase
  agreement
pente de substitution
  substitution slope
performance
  performance
période
  period
période creuse
  off peak
période d'attente
  holding period
période d'attente anticipée
  anticipated holding
  period
période d'autonomie
  span of control
période de base
  base period
période de conception
  prerelease
période de paie
  pay period
période de pointe
  peak period
période de rachat
  redemption period
période de référence
  base period
périphérique
  peripheral device
périphérique d'entrée/sortie
  input-output device

permanence
tenure
permis
permit
permis à statut spécial
special-use permit
permis de construire
building permit
permis de travail
work permit
permutation
swap
permutations
permutations
perpétuel
in perpetuity
perpétuité
perpetuity
personne
person
personne à charge
dependent
personne dépendante
dependent
personne indigente
pauper
personne morale
legal entity
personne raisonnable
reasonable person
personnel
personnel
personnel itinérant
field staff
personnel roulant
field staff
personnel subalterne
rank and file
personnels de service
service worker
personne-ressource
detail person
persuaion morale
moral suasion
persuasion morale
jawboning
perte
loss, waste

perte économique
economic loss
perte en capital
capital loss
perte éventuelle
loss contingency
perte fortuite
fortuitous loss
perte nette
net loss
perte nette d'exploitation
net operating loss
(NOL)
perte ordinaire
ordinary loss
perte totale
total loss
pertinence
relevance
petit investisseur
small investor
petite entreprise
small business
petite série
job lot
pétition
petition
peu enclin vers le risque
risk averse
photocopie conforme
conformed copy
pièce justificative
journal voucher,
voucher
pied avant
front foot
pile
battery
pinceau
paintbrush
pipeline
pipeline
piquetage
picketing
pirate
cracker
pirate informatique
hacker

piraterie de main-d'œuvre
labor piracy
piste de vérification
audit trail
pixel
pixel/picture element
placement
investment, job placement
placement admissible
legal investment
placement d'une émission nouvelle
primary distribution
placement de capitaux
capital inestment
placement privé
private offering or private
placement
plafond des prêts en cours
high credit
plaidant
pleading
plan
plan
plan B
plan B
plan comptable
chart of accounts
plan d'amortissement
amortization schedule
plan d'ensemble
plot plan
plan d'achat croisé
cross purchase plan
plan de boutique
floor plan
plan de gestion des dépôts
deposit administration plan
plan de retrait
withdrawal plan
plan de situation
master plan
plan de société fermée plan de société privée
close corporation plan
plan de zonage
zoning map
plan expérimental
pilot plan

plan média
media plan
planification à long terme
long-range planning
planification centrale
central processing unit (cpu)
planification fiscale
tax planning
planification organisationnelle
organization planning
planification stratégique
strategic planning
planification stratégique de l'entreprise
corporate strategic planning
planification successorale
estate planning
plantage
crash
plaquette
blister packaging
pleine foi
full faith and credit
pleine garantie
full coverage
pleine propriétépropriété inconditionnelle
fee simple, fee simple
absolute
plus petit terrain à bâtir
minimum lot area
plus-value
appreciation, unearned
increment
plus-value latente
hidden asset
poids brut
gross weight
point
point
point critique
trigger point
point culminant de la vente
selling climax
point d'assiette
basis point
point d'enregistrement
recorder point

point d'intérêt
landmark
point de base
basis point
point de couverture brute
gross rating point (GRP)
point de référence
benchmark
point de vente
outlet store
point faible
soft spot
pointage
tally
pointage bêta du portefeuille
portfolio beta score
pointe
peak
point-épargne
trading stamp
pointer
tick
points d'escompte
discount points
police à risques désignés
named peril policy
police acquittée
fully paid policy
police couvrant divers aspects
multiple locations forms
police d'assurance prêt hypothécaire
mortgage insurance policy
police de caractères
font
police de revenu familial
family income policy
police tarifiée
rated policy
police tous risques
block policy
polices sensibles aux fluctuations des taux d'intérêt
interest sensitive policies
politique contrecyclique
countercycical policy
politique d'occupation des sols
land-use regulation

politique de contrefaçon commerciale
commercial forgery policy
politique de la porte ouverte
open-door policy
politique de la terre brûlée
scorched-earth defense
politique de propriété commerciale
commercial property policy
politique des écarts
deviation policy
politique discrétionnaire
discretionary policy
politique économique de l'offre
supply-side economics
politique fiscal
fiscal policy
pollupostage
spamming
pollution
pollution
population active
labor force, work force
port franc
free port
port série
serial port
portage négatif
negative carry
porte à porte
house to house
portefeuille
portfolio
portefeuille efficient
efficient portfolio
porte-parole
spokesperson
porteur de bonne foidétenteur régulier
holder in due course
porteur inscrit à la date de clôture des registres
holder of record

position
position
position à découvert
short position
position de trésorerie
cash position
position financière
financial position
position longue
long position
position non couverte
naked position
positionnement
positioning
positions ouvertes
open interest
possession
possession
possession adversative
adverse possession
possession individuelle
severalty
postage
posting
poste
occupation
poste de débutant
entry-level job
poste de montage final
final assembly
poste de rèleve
swing shift
poste de travail
work station
poste fractionnée
split shift
poste pour la traite
trading post
poste, quart de travail
shift
pot-de-vin
payola
potentiel
upside potential
potentiel productif
capacity
pour centpourcentage
percentpercentage

pourboire
gratuity
pourcentage annuel
annual percentage rate (APR)
poursuite
suite
poursuite à l'amiable
friendly suit
pouvoir d'achat
purchasing power
pouvoir d'expert
expert power
pouvoir d'expropriation
eminent domain
pouvoir de dépense discrétionnaire
discretionary spending power
pouvoir de police
police power
pouvoir de vente
power of sale
pouvoir pour le transfert et la vente d'actions
stockpower
pratique courante norme de fait
industry standard
pratiquer une saisie-arrêt
garnish
précompte obligatoire
automatic checkoff
prédominance de main-d'œuvre
people intensive
préfabriqué
prefabricated
préfacturation
pre-bill
préjudice irréparable
irreparable harm irreparable damage
prélèvement
levy
prélèvement automatique
automatic withdrawal
prélèvement sur quelque chose
encroachment
premier appel public à l'épargne
initial public offering (IPO)
premier droit de rétention
first lien

premier entrépremier sorti
first in first out (FIFO)
prendre sa retraite
retire
prendre un risque
take a flier
prépayé
prepaid
préretraite
early retirement
prérogative de direction
management prerogative
prescripteur
opinion leader
prescription
prescription
prescription acquisitive
adverse possession
présentation
presentation
présentation des données en fonction du sexe
gender analysis
présenter fidèlement
present fairly
président
president
président directeur général
chief executive officer
président du conseil
chairman of the board
prestataire pensionnaire
annuitant
prestation
benefit
prestation de décès
death benefit
prestation préretraite au survivant
past service benefit
prestations d'invalidité
diability benefit
prestations de préretraite
early retirement benefits
prestations déterminées
fixed benefits
prêt
loan

prêt à mensualité constante
level-payment mortgage
prêt à modalités déterminées
standby loan
prêt à paiements constants
constant-payment loan
prêt à taux fixe
fixed-rate loan
prêt à vue
demand loan
prêt acclimaté
seasoned loan
prêt avec clause de recours
recourse loan
prêt commercial
commercial loan
prêt construction
construction loan
prêt crown
crown loan
prêt de consolidation
consolidation loan
prêt de titres
securities loan
prêt hypothécaire
mortgage
prêt hypothécaire à mensualités progressives
growing-equity mortgage (GEM)
prêt hypothécaire à rente viagère inversée
reverse annuity mortgage (RAM)
prêt hypothécaire à taux référencé
adjustable-rate mortgage (ARM)
prêt hypothécaire à taux variable
variable-rate mortgage (VRM)
prêt hypothécaire à versements flexibles
flexible-payment mortgage (FPM)
prêt hypothécaire accordé par le vendeur
purchase money mortgage
prêt hypothécaire avec droit de remboursement anticipé
open-end mortgage

prêt hypothécaire avec paiement
forfaitaire
   renegotiated rate mortgage
   (RRM)
prêt hypothécaire avec paiement
forfaitaire
   self-amortizing mortgage
prêt hypothécaire avec
participation à la plus-value
   shared-appreciation mortgage
   (SAM)
prêt hypothécaire avec
participation à la plus-value
   shared-equity mortgage
prêt hypothécaire de second
rang
   second lien or second
   mortgage
prêt hypothécaire garanti
   guaranteed mortgage
prêt hypothécaire intégrant
   wraparound mortgage
prêt hypothécaire non amorti
   interest-only loan
prêt hypothécaire ouvert
   open mortgage
prêt hypothécaire rehaussé par
collatéral
   package mortgage
prêt hypothécaire supérieur aux
besoins
   mortgage out
prêt hypothécaire variable
   adjustable mortgage loan
   (AML)
prêt jumelé
   piggyback loan
prêt minimum
   floor loan
prêt partiel
   whole loan
prêt renouvelable
   rollover loan
prêt sur contrat d'assurance
   policy loan
prêt sur hypothèque de premier
rang
   first mortgage

prêt à mensualités progressives
   graduated payment mortgage
   (GPM)
prête-nom
   dummy, straw man
prêteur
   lender
prêt-problème
   nonproductive loan
preuve de sinistre
   proof of loss
preuve de titre
   evidence of title
prévision
   estimate, prediction, projection
prévisions financières
   forecasting
prévisions sur le taux de
réponse
   response projection
prime
   premium
prime de rendement
   incentive pay
prime d'incitation
   incentive fee
prime constante
   level premium
prime d'émission
d'obligations
   bond premium
prime de départ
   golden handshake
prime de poste
   shift differential
prime de recrutement
   recruitment bonus
prime de remboursement
anticipé
   call premium
prime du change
   fixed premium
prime non acquise
   unearned premium
primes échues
   premium income
primes purolator
   purolator push incentives

**principe de bonne
information**
full disclosure
**principe de la synchronisation
des échéances**
matching principle
principe des avantages
benefit principle
principe minimax
minimax principle
**principes comptables
généralement reconnus**
generally accepted accounting
principles
prise d'inventaire
taking inventory
prise de bénéfice
profit taking
**prise en charge de prêt
hypothécaire**
assumption of mortgage,
mortgage assumption
privatisation
privatization
**privilège de
réinvestissement**
reinvestment privilege
privilège de souscription
subscription privilege
privilège du transporteur
carrier's lien
privilège fiscal
tax lien
privilège général
general lien
privilège sur les immeubles
mechanic's lien
privilège volontaire
voluntary lien
**privilègedroit de
rétention**
lien
prix à terme
forward pricing
prix à vue
demand price
prix administré
administered price

prix au comptant
spot price
prix collusoire
administered price
prix contractuel
contract price (tax)
prix courant
list price
prix d'équilibre
equilibrium price
prix d'exercice
strike price
prix d'offre
supply price
prix de conversion
conversion price
prix de déclenchement
trigger price
prix de détail suggéré
suggested retail price
prix de march
market price
prix de marché négocié
negotiated market price
prix de parité
parity price
**prix de réalisation de biens
sinistrés**
proceeds
prix de remboursement
call price
prix de souscription
subscription price
prix de transfert
transfer price
**prix de transport par wagon
complet**
carload rate
prix demandé
asking price
prix du silence
hush money
prix forfaitaire
fixed fee
prix imposé
administered price
prix inférieur au marché
off-price

prix inférieur au marché
pricing below
market
prix maximum garanti
target price
prix monopolistique
monopoly price
prix négocié
negociated price
prix normal
normal price
prix plafond
topping out
**prix spécial aux
grossistes**
trade rate
procédure
adjective law
procédure comptable
accounting procedure
procédure continue
continuous process
procédure d'appel
writ of error
procédure de dépossession
dispossess proceedings
procédure parlementaire
parliament procedure
processus analytique
analytic process
**processus de traitement de
commande**
order flow pattern
procuration
power of attorney
producteur marginal
marginal producer
production
production
production indirecte
indirect production
production continue
continuous production, mass
production
production de masse
mass production
production directe
direct production

production industrielle
industrial production
production linéaire
straight-line production
production nationale brute (PNB)
gross national product (GNP)
production systématique
scheduled production
productivité
productivity
produire
produce
produit
proceeds, product
produit comptabilisé d'avance
unearned income (revenue)
produit d'attraction
loss leader
produit d'exploitation
unearned income (revenue)
produit d'une revente
proceeds from resale
produit de la revente
resale proceeds
produit national net
net national product
produit net
net proceeds
produits bas-de-gamme
inferior good
produits blancs
white goods
produits coûteux
big-ticket items
produits de spécialité
specialty goods
produits et services
goods and services
produits finis
finished goods
profession
profession
professionnel
business (adj)
profil du client
custom profile
profit
benefit

profit
gain, profit
profit (perte) non réalisé(e)
paper profit (loss)
profit en espèces
cash earnings
profit éventuel
gain contingency
profit imprévu
windfall profit
**profit réalisé suite à une
transaction**
take
programmation des efforts
goal programming
**programme de forage en zone
productive**
developmental drilling
program
**programme de garantie pour les
propriétaires**
homeowner warranty program
(HOW)
**programme de services au
détaillant**
retailer's service program
programme de vérification
audit program
programme opérationnel
operation mode
programmeur
programmer
projection
projection
projet général
general scheme
projet inutile
boondoggle
promesse de don
pledge
promesse de prêt
firm commitment
promotion collective
tie-in promotion
promotion des ventes
sales promotion
promotion excessive
overkill

promotion verticale
vertical promotion
propension à l'épargne
savings rate
**propension marginale à
consommer**
marginal propensity to consume
(MPC)
propension marginale à investir
marginal propensity to invest
propension marginale à épargner
marginal propensity to save
(MPS)
propre
clean
propriétaire
landlord
propriétaire apparent
nominee
propriétaire exploitant
owner-operator
propriétaire non gérant
absentee owner
propriétaire réel
beneficial owner
propriété
propriété
propriété commerciale
commercial property
propriété en difficulté
distressed property
propriété immobilière
real property
propriété industrielle
industrial property
propriété limitée privée
private limited ownership
propriété louée à bail
leasehold
propriété marginale
marginal property
prorogation
extension
**prorogation du délai de production
de la déclaration de revenus**
extension of time for filing
prospectus
prospectus

prospectus provisoire
preliminary prospectus
protecteur du citoyen
ombudsman
protection des chèques
check protector
protection des consommateurs
consumer protection
protection égale des lois
equal protection of the laws
protectionnisme
protectionism
protocole
protocol
protocole de transfert de fichiers
file transfer protocol (FTP)
provision
allowance
provision pour créance douteuse
bad debt reserve
provision pour le bilan
balance sheet reserve
provision pour consommation du capital
capital consumption allowance
provision pour dépréciation
allowance for depreciation
provision pour épuisement
accumulated depletion
prudence
prudence
psychologie industrielle
industrial psychology
publication
adjudication
publication d'informations sectorielles
segment reporting

publicité
advertising
publicité industrielle
industrial advertising
publicité à action directe
direct-action advertising
publicité autour de l'emballage
package band
publicité collective
cooperative advertising
publicité d'entreprise
image advertising
publicité de dissuasion
demarketing
publicité de prestige
prestige advertising
publicité directe
direct response advertising
publicité financière
financial advertising
publicité mensongère
deceptive advertising
publicité par objet
specialty advertising
publicité professionnelle
business-to-business adverting, trade advertising
publicité subliminale
subliminal advertising
publicité tapageuse
puffing
publicité trompeuse
false advertising
purge
purge
purger
redeem
pyramide financière
financial pyramid

Q

quai à domicile
pier to house
qualité
quality
qualité inférieure
low-grade
qualité marchande
marketability
quantité d'équilibre
equilibrium quantity
quartier insalubre
blighted area
quasi-contrat
impaired capital, quasi contract
quasi-monnaie
near money
quatrième marché
fourth market
questions échangées entre les
parties
interrogatories

quittance
discharge, satisfaction of a
debt
quittance du prêt
hypothécaire
satisfaction piece
quitte et libre
free and clear
quo warranto
quo warranto
quorum
quorum
quota
quota
quota d'importation
import quota
quotité de financement
loan-to-value ratio (LTV)
quotité de négociation
trading unit

R

rabais
  discount, rebate
rabais de manutention
  handling allowance
rachat
  buyout, redemption,
  surrender
rachat de taux
  buy down
rachat privé
  going private
rachetable remboursable
  callable
racheter
  redeem
racket
  loan committee
radiation de la cote
  delisting
rafraîchissement
  refresh
raisonnement inductif
  inductive reasoning
raisonnement par
déduction
  deductive reasoning
ralentissement
  downturn, slowdown
rapatriement
  repatriation
rappel
  recall
rappel de salaire
  back pay
rapport annuel
  annual report
rapport annuel financier complet
  comprehensive annual finacial
  report (CAFR)
rapport coût-efficacité
  cost-effectiveness
rapport d'introduction
  title report

rapport de conversion
  conversion ratio
rapport de visite
  call report
rapport du vérificateur
  auditor's certificate
rapport externe
  external report
rapport sinistres-primes
  loss ratio
rapport sur les bénéfices
  earnings report
rapport sur les biens immobiliers
  property report
rapports jaunes
  yellow sheets
rareté, valeur de rareté
  scarcity, scarcity value
ratification
  ratification
ratio cadres/salariés
  management ratio
ratio capitaux empruntés/capitaux
propres ratio d'endettement
  debt-to-equity ratio
ratio d'évaluation
  assessment ratio
ratio de couverture de la dette
  debt coverage ratio
ratio de couverture des charges
fixes
  fixed-charge coverage
ratio de dépenses
  expense ratio
ratio de la marge bénéficiaire
brute
  gross profit ratio
ratio de liquidité
  liquidity ratio
ratio de liquidité immédiate
  cash ratio
ratio de liquidité relative
  acid test ratio, quick ratio

ratio de marge bénéficiaire
profit margin
ratio de récupération
payout ratio
ratio de rotation des capitaux
capital turnover
ratio de rotation des comptes clients
receivables turnover
rationalisation des choix budgétaires
program budgeting
rationalisation du travail
work simplification
rationnement
rationing
rationnement du capital
capital rationing
rattaché à
appurtenant
réalisation d'un besoin
need satisfaction
réassurance
reinsurance
réassurance en excédent de pourcentage de sinistres
stop-loss reinsurance
rebate
rebate
réception
desk, taking delivery
réceptionnaire
receiving clerk
récession
recession
recette
revenue
recette réputée
constructive receipt of income
recherche
research
recherche appliquée
applied research
recherche commerciale
marketing research
recherche de titre
title search
recherche en consommation
consumer research

recherche et développement
research and development (R&D)
recherche opérationnelle
operations research (OR)
recherche qualitative
qualitative research
recherche quantitative
quantitative research
réciprocité d'achats
reciprocity
réclamation
claim
récoltes sur pied
emblement
recommandataire
referee
recommandation générale
blanket recommendation
récompense
recompense
réconciliation
reconciliation
reconnaissance
acknowledgment, recognition
reconnaissance de la voix
speech recognition
reconnaissance optique de caractères
optical character recognition (OCR)
recours
recourse
recouvrement
collection, recovery
recouvrement de créance douteuse
bad debt recovery
recouvrement en replevin
replevin
recouvrer
recover
recrutement
recruitment
rectification d'un zonage
rezoning
reçu carnet de reçus
receipt receipt book

reçu de paiement
  cash acknowledgement
récupération
  payout, recoup recoupment
récupération d'amortissement
  depreciation recapture
récupération de coût
  recovery of basis
recyclage
  recycling
reddition
  surrender
redémarrer
  restart
redevance
  royalty
redevance emphytéotique
  ground rent
redistribution des revenus
  income redistribution
redressement
  readjustment, turnaround
réduction
  discount
**réduction des dommages-
intérêts**
  mitigation of damages
réduire au minimum
  minimize
**réduire volontairement l'offre d'un
produit**
  cornering the market
réembauchage préférentiel
  preferential rehiring
réescompte
  rediscount
réévaluation
  revaluation, write-up
réexpédition
  reconsign
réfaction
  Allowance
refinancement
  refinance
refinancement d'une dette
  funding
refonte d'un prêt
  recasting a debt

refonte de capital
  recapitalization
reformation
  reformation
refus
  withholding
refus de coopérer
  stonewalling
refuser de payer
  dishonor
régime à direction polyvalente
  multiple-management plan
régime d'accumulation volontaire
  voluntary accumulation plan
**régime d'actionnariat des
salariés**
  employee stock ownership plan
  (ESOP)
**régime d'épargne par réduction
de salaire**
  salary reduction plan
**régime d'épargne-retraite
autogéré**
  self-directed ira
régime d'indemnisation différé
  deferred compensation plan
régime d'intéressement
  profit-sharing plan
**régime d'investissement
mensuel**
  monthly investment plan
**régime de capitalisation des
dividendes**
  dividend reinvestment plan
régime de cotisation différé
  deferred contribution plan
**régime de dépôt de primes
minimum**
  minimum premium deposit plan
**régime de rémunération au
rendement**
  incentive wage plan
régime de retraite
  pension fund, retirement plan
**régime de retraite à cotisation
déterminée**
  defined contributuion pension
  plan

régime de retraite à prestations
déterminées
  benefit-based pension plan,
  defined-benefit pension plan
régime de retraite contributif
  contributory pension plan
régime de retraite financé par
anticipation
  advanced funded pension plan
régime de retraite par
capitalisation
  funded pension plan
régime de retraite pour travailleurs
autonomes
  keogh plan
régime de roulement de dividendes
  dividend rollover plan
régime d'épargne retraite
personnel
  individual retirement account
  (IRA)
régime des prix
  price system
régime ou fiducie admissible
  qualified plan or qualified trust
région critique
  critical region
région du sondage
  survey area
région métropolitaine
  metropolitan area
registraire
  registrar
registre
  book, record
registre de contrôle
  check register
registre de réception
  receiving record
registre des actes
  registry of deeds
registre des lotissements
  plat book
règle de la connaissance du
client
  know-your-customer rule
règle de la vente à découvert
  short-sale rule

règle du deux pour cent
  two percent rule
règlement
  ordinance, settlement
règlement dans les délais prévus
par la bourse
  regular-way delivery (and
  settlement)
règlement d'assurance
  insurance settlement
règlement de zonage
  zoning ordinance
règlement final, réglementation
  regulation
réglementation des
commandes
  order regulation
régler
  settle
règles refuge
  safe harbor rule
régression multiple
  multiple regression
regroupement
  cluster housing
regroupement d'actions
  reverse split
regroupement d'entreprises
  business combination
regroupement de marchés
  market aggregation
regroupement de syndicats
  multiple shop
regroupement des propriétés
  real estate owned
  (REO)
régularisation d'un cours
  price stabilization
réhabilitation
  rehabilitation
réindustrialisation
  reindustrialization
réinitialisation
  reboot, reset
réinvestissement automatique
  automatic reinvestment
rejeter
  disaffirm

relation entre le secteur militaire et l'industrie
military-industrial complex

relationniste-conseil
account executive

relations humaines
human relations

relations professionnelles
industrial relations

relations publiques
public relations (PR)

relevé
rundown

relevé chronologique d'un titre de propriété
abstract of title

relevé de compte
account statement

reliquat
remainder

remaniement
shakeup

rembourrage
padding

remboursement
redemption, refund

remboursement d'impôt
tax return

remboursement d'un emprunt
debt retirement

remboursement du capital
return of capital

remboursement du capital et des intérêts
principal and interest payment (P&I)

remboursement du capitaldes intérêts et de l'assurance
principal interest taxes and insurance payment (PITI)

remboursement par anticipation
prepayment

remboursement prioritaire
senior refunding

rembourser
refunding

remise
remit

remise à neuf de biens
reconditioning property

remise pour manutention
handling allowance

remise sur freinte
scalage

remise sur prêt hypothécaire
mortgage discount

remise sur quantité
quantity discount

remise verticale
vertical discount

remonétisation
remonetization

remplacement de revenu
income replacement

remplacer
replace

remue-méninges
brainstorming

rémunération
remuneration, salary

rémunération à l'ancienneté
longevity pay

rémunération au rendement
wage incentive

rémunération nominale
nominal wage

rendement
performance, return, yield

rendement à la date d'appel
yield to call

rendement à la date de remboursement par anticipation
yield to call

rendement actualisé
current yield

rendement de l'actif du régime de retraite
return on pension plan assets

rendement de l'escompte
discount yield

rendement équivalent
yield equivalence

rendement équivalent à celui de la société
corporate equivalent yield

rendement historique
historical yield
rendement imposable
équivalent
equivalent taxable yield
rendement moyen
mean return
rendement net
net rate, net yield
rendement nominal
accounting rate of return
rendement nominal
nominal yield
rendement réel après impôt
after-tax real rate of return
rendement selon la durée de vie
moyenne
yield to average life
rendement simple
simple yield
rendements
returns
rendu opposable
perfected
renégocier
renegociate
renonciation
disclaimer, release,
waiver
renouvelable
rollover
rénovation urbaine
urban renewal
rentabilité
profitability
rentabilité commerciale
return on sales
rente avec paiement reporté
deferred-payment
annuity
rente collective différée
deferred group annuity
rente de la grande branche
ordinary annuity
rente fixe
fixed annuity
rente foncière
ground rent

rente payable d'avance
annuity due
rente sur deux têtes
réversible
joint and survivor annuity
rente variable
variable annuity
rente viagère hybride
hybrid annuity
réorganisation
reorganization
réparation
remedy
réparation/maintenance différée
deferred maintenance
réparations
repairs
répartiteur
dispatcher
répartition
distribution
répartition imputation ventilation
apportionment
répartition des ressources
allocation of resources
répartition équitable
equitable distribution
répartition forfaitaire
lumpsum distribution
repérer
trace tracer
répondant
respondent
réponse
answer, response
report
carryover, posting
report de perte en avant
loss carryforward
report de perte fiscale
tax loss carryback (carryforward)
report déficitaire sur les exercices
précédents
loss carryback
report rétrospectif
carryback
représentant
account executive

représentant
salesperson
représentant agent mandataire
agent
représentant agréé
registered representative
représentant du service à clientèle
customer service representative
représentant spécial
special agent
reprise
recapture
reprise boursière
rally
reprise boursière technique
technical rally
reprise d'assurance
twisting
reprise sur réduction de valeur
recovery
répudiation
repudiation, reputation
réseau
network
réseau de communication
communications network
réseau de transport
feeder lines
réseau local d'entreprise
LAN (local area network)
réseautage
networking
réserve
reserve
réserve pour créance douteuse
bad debt reserve
réserve de drainage
draining reserves
réserve de remplacement
replacement reserve
réserve empruntée
borrowed reserve
réserve en espèces
cash reserve
réserve extraordinaire
excess reserves

Réserve Fédérale
federal reserve bank
réserve liquide
cash reserve
réserve monétaire
monetary reserve
réserve obligatoire
reserve requirement
réserve pour le bilan
balance sheet reserve
réserve pour provision d'amortissement
depreciation reserve
résidence principal
principal residence
résidentiel
residential
résiliable
voidable
résilier
cancel
résistance
staying power
resnseignements confidentiels
nonpublic information
résolution
rescission, resolution
responsabilisation
accountability
responsabilité
accountability, liability
responsabilité absolue
absolute liability
responsabilité civile
civil liability, legal liability
responsabilité conjointe
joint liability
responsabilité conjointe et solidaire
joint and several liability
responsabilité criminelle
liabilitycriminal
responsabilité cumulative
cumulative liability
responsabilité de l'exposition financière
liabilitybusiness exposures

394

responsabilité directe
direct liability
responsabilité du fait d'autrui
vicarious liability
responsabilité du produit
product liability
responsabilité limitée
limited liability
responsabilité personnelle
personal liability
responsabilité professionnelle
liabilityprofessional
responsabilité sociale
social responsibility
responsabilité solidaire et indivise
joint and several liability
responsable
liable
responsable du développement des
marques
brand manager
responsable du matériel
material man
responsable du plan médias
media planner
resquilleur
rider
resserrement de crédit
squeeze, shrinkage
ressource
resource
ressources humaines
human resources
ressources naturelles
natural resources
ressources naturelles non
renouvelables
nonrenewable natural
resources
ressources naturelles
renouvelables
renewable natural resource
restitution
reversion
restriction
restriction
restriction de concurrence
restraint of trade

restriction de l'acte
deed restriction
restructuration de la dette
troubled debt restructuring
résultat net
bottom line, net profit
résultat sectoriel
segment margin
rétention
withholding
retenue
retaining
retenue automatique à la
source
back up withholding
retenue d'impôt
withholding tax
retenue de garantie
holdback
retenue obligatoire des
cotisations syndicales
automatic checkoff
retenues sur le salaire
payroll deduction
retombées
spillover
retours et réductions sur ventes
sales returns and allowances
retrait
withdrawal
retrait négociable tiré d'un
compte-chèques rémunéré
negotiable order of withdrawal
(NOW)
retraite
retirement
retraite obligatoire
compulsory retirement
retraite reportée
deferred retirement
rétroactif
retroactive
rétrocession
reconveyance
réunion annuelle
annual meeting
revendeur
jobber

revenu
  income
revenu imputé
  imputed income, imputed value
  or imputed income
revenu alinable
  disposable income
revenu annuel gains annuels
  annual earnings
revenu brut rectifié
  adjusted gross income
revenu de retraite
  retirement income
revenu discrétionnaire
  discretionary income
revenu fixe
  fixed income
revenu gagné
  earned income
revenu imposable
  recognized gain, taxable income
revenu marginal
  contribution profit margin,
  marginal revenue
revenu monétaire
  money income
revenu net d'exploitation
  net operating income (NOT)
revenu ordinaire
  ordinary gain or ordinary
  income
revenu personnel
  personal income
revenu réel
  real income
revenus
  proceeds, revenue
revenus relatifs au défunt
  income in respect of a decedent
revenus (pertes) hors
exploitation
  passive income (loss)
revenus actifs
  active income
revenus autres que monétaires
  psychic income
revenus bruts
  gross income, gross revenue

revenus constants
  level-payment income stream
revenus de provenance
étrangère
  foreign income
revenus généraux
  general revenue
revenus tirés du portefeuille
  portfolio income
revenus totalisés
  aggregate income
révision
  review
révocation
  revocation
révolution industrielle
  industrial revolution
révoquer
  cancel
riche
  rich
richesse nationale
  national wealth
risque
  risk
risque à la baisse
  downside risk
risque couvert indépendamment
des autres
  injury independent of all other
  means
risque d'insolvabilité de l'état
emprunteur
  sovereign risk
risque de catastrophe
  catastrophe hazard
risque lié au crédit
  credit risk
risque professionnel
  occupational hazard
risque spéculatif
  speculative risk
risque statique
  static risk
risque subjectif
  moral hazard
risque systématique
  systematic risk

**risques flottants sur biens
mobiliers**
  personal property floater
risques mixtes
  mixed perils
ristourne
  kickback, patronage dividend
  and rebate, rebate, volume
  discount
rognage
  crop
rôle d'évaluation
  assessment role
rôle d'imposition
  tax roll
rotation des postes
  job rotation, rotating shift
rotation des stocks
  inventory turnover, stock
  turnover

rotation du personnel
  turnover**rotation des stocks**
  inventory turnover, stock
  turnover
rotation du personnel
  turnover
rotonde
  roundhouse
rupture de
  breach
rupture de contrat
  breach of contract
rupture de garantie
  breach of warranty
rural
  rural
rurbain
  rurban

S

sabotage
sabotage
saboteur de réseaux
cracker
saisie judiciaire ou vente judiciaire
judicial foreclosure or judicial
sale
saisie-arrêt
garnishment
saisine
seisin
saisir un bien
take
salaire
paycheck, remuneration, salary,
wage
salaire à la démarcation
portal-to-portal pay
salaire à la pièce
piece rate
salaire annuel
annual wage
salaire annuel garanti
guaranteed annual wage
(GAW)
salaire brut
gross earnings
salaire inadéquat
underpay
salaire limite
wage ceiling
salaire majoré de 50 %
time-and-a-half
salaire minimum
minimum wage, wage floor
salaire net
take-home pay
salaire normal
straight time
salaire progressif
graduated wage
salaire pyramidal
pyramiding

salaire réel
real earnings, real wages
salaire retenu
holdback pay
salaire rétroactif
back pay
salarié à l'essai
probationary employee
salle de réunion
boardroom
salle des marchés
front office
salle du conseil d'administration
boardroom
sanctions économiques
economic sanctions
sans avis juridique
ex-legal
sans but lucratif
not for profit
sans engagement
commitment free
sans garantie
as is
sans intérêts courus
flat
sans provision
NSF
sans recours
nonrecourse, without
recourse
sans risque
investment grade
satisfaction professionnelle
job satisfaction
saut de page
page break
saut de page forcé
forced page break
saute de puissance
power surge
sauvegarde de fichier
file backup

sauvetage
workout
savoir-faire
know-how
schéma décisionnel
decision tree
schéma logique
logic diagram
science de la gestion
management science
scission
breakup
scrutin
ballot
se retirer
retire
secret de commerce
trade secret
secteur
sector
secteur d'activité en déclin
sunset industry
secteur de marché
market area
secteur de marché primaire
primary market area
secteur locatif
rentable area
section des frais
cost center
sécurité d'emploi
job security
segmentation
market segmentation
sélectionner
select
semaine de travail
work week
semestriel
biannual, semiannual
semi-conducteur
semiconductor
serveur
server
service
department, service
service à la clientèle
customer service

service annuel de la dette
annual debt service
service auxiliaire
service department
service bancaire de gestion financière
bank trust department
service bureau
service bureau
service d'achat
shopping service
service de post-marché
back office
service de la dette
debt service
service de recherche
research department
service des relations avec les investisseurs
investor relations department
service du marchandisage
merchandising service
service du personnel
personnel department
services administratifs seulement
administrative services only
(ASO)
services publics
utility
servitude
easement, right-of-way, scenic easement, utility easement
servitude implicite
implied easement
servitude légale
legal right
seuil de reclassement
cutoff point
seuil de rentabilité
break-even point
siège
seat
signalement
posting
signaux contradictoires
mixed signals
simplification du travail
work simplification

simulation
simulation
sinistre accidents
casualty loss
sinistrosesimulation
malingering
site
site
situation
footing
situation particulière
special situation
socialisme
socialism
société
company, firm, partnership
société à actif nominal
shell corporation
société à but non lucratif
nonprofit corporation
société à fort levier financier
leveraged company
société à responsabilité limitée
limited company
société affiliée
affiliated company
société anonyme
corporation
société conservatoire
defunct company
société constituante
constituent company
société d'assurance-dépôts du canada (SADC)
federal deposit insurance corporation (FDIC)
société de capitaux
joint stock company
société de fait
de facto corporation
société de gestion ouverte
open-end management company
société de placement enregistrée
registered investment company
société de placement immobilier
equity REIT, real estate investment trust (REIT)

société de placement réglementée
regulated investment company
société de portefeuille bancaire
bank holding company
société de portefeuilleholding
holding company
société de prêt hypothécaire
mortgage banker
société d'investissement
investment company
société diversifiée
diversified company
société dominée
controlled company
société en commandite simple
limited partnership, master limited partnership
société enregistrée
registered company
société étrangère
alien corporation, foreign corporation
société fermée société à peu d'actionnaires
closely held corporation
société filiale de crédit
captive finance company
société financièresociété de crédit à la consommation
finance company
société mère
parent company
société mutuelle
mutual association, mutual company
société mutuelle dassurance
mutual insurance company
société nationale
domestic corporation
société offrante
offerer
société par actions
joint stock company, limited company
société personnelle du portefeuille
personal holding company (PHC)
société qui s'effondre
collapsible corporation

société sans actions
nonstock corporation
société transnationale
transnational
société visée
offeree
solde
balance
solde créditeur
credit balance
solde d'un prêt à l'échéance
hangout
solde en souffrance
outstanding balance
solde impayé
outstanding balance
solde moyen quotidien
average (daily) balance
sollicitation au hasard
cold canvass
solvabilité
ability to pay, solvency
sommaire
rundown
somme d'argent considérable
megabucks
somme reportée
posting
sommes non reçues
uncollected funds
sommet
peak
sondage d'attribut
attribute sampling
sondage de variables
variables sampling
sondage par unités monétaires
dollar unit sampling (DUS)
sondage, étude
survey
sondeur
surveyor
sortie sur imprimante
printout
souche de chèque
check stub
soumission approuvée
sealed bid

soumission ouverte
open bid
source
source
sources de fonds
sources of funds
souris
mouse
sous-assuré
underinsured
sous-capitalisation
undercapitalization
souscripteur
policy holder, underwriter
sous-employé
underemployed
sous-évalué
undervalued
sous-locataire
subtenant
sous-location
sandwich lease,
sublease
sous-louer
sublet
sous-optimiser
suboptimize
sous-produit
by-product
sous-programme
subroutine
sous-répertoire
subdirectory
sous-total
subtotal
sous-traitant
contractor,
subcontractor
soutien de famille
breadwinner
soutien des prix
price support
spécialisation horizontale
horizontal specialization
spécialisation verticale
vertical specialization
spécialiste
generalist, specialist

spécification
specification
spéculateur habituel
trader
spéculatif
on speculation (on spec)
spéculer
take a flier
spirale inflationniste
inflationary spiral
stabilisateur intégré
built-in stabilizer
stabilisateurs fiscaux
automatic (fiscal) stabilizers
stabilisation
stabilization
stabilisation des salaires
wage stabilization
stabiliser le prix d'un titre
peg
stagnation
stagnation
stagnation de la population
zero population growth (ZPG)
standard, norme
standard
stationnement
parking
statistique
statistic, statistics
statistique inférentielle
inferential statistics
statistique non paramétrique
nonparametric statistics
statistiquement significatif
statistically significant
statistiques descriptives
despriptive statistics
statuts règlements
bylaws
statuts constitutifs
articles of incorporation
stipulation
stipulation
stochastique
stochastic
stock comptable
book inventory

stock conjoncturel
cyclical stock
stock constant
staple stock
stock de réserve
stockpile
stock disponible
open stock
stock dormant
dead stock
stock final
closing inventory
stock tampon
buffer stock
stocks de fabrication
manufacturing inventory
stocks inventaire
inventory
stratégie
strategy
stratégie commerciale
marketing concept, marketing
plan
stratégie concurrentielle
competitive strategy
stratégie de différentiation
différentiation du produit
differentiation strategy
stratégie de segmentation
segmentation strategy
stratégie d'investissement
investment strategy
stratégie visant à tirer profit au
maximum d'une situation
milking strategy
structure
structure
structure de direction
verticale
vertical management
structure
structure de l'entreprise
corporate structure
structure du capital
capital structure
structure du capital
complet
complete capital structure

structure financière
capital structure, financial structure
structure hiérarchique
line and staff organization, line organization
structure historique
historical structure
structure matricielle
matrix organization
structure organisationnelle
organization structure
style de gestion
management style
subdiviser
subdividing
subdiviseur
subdivider
subdivision
subdivision
subir une perte colossale
take a bath, take a beating
submarginal
submarginal
subordination
subordination
subordonné
subordinated
subrogation de créance
subrogation
subsistance
subsistence
substitution
substitution
subvention
grant, subsidy
subvention particulière
specific subsidy
succession
estate
succession individuelle
estate in severalty
succession restituée
estate in reversion
supermarché
supermarket

supermarché financier
financial supermarket
superproduction
blockbuster
supplément, frais supplémentaires
surcharge
suppression complète
wipeout
suppression du régime
discontinuance of plan
sur demande
on demand
suracheté
overbought
suramélioration
overimprovement
surcharge
stretchout, overheating
surenchère
bidding up, counterroffer, whipsawed
surenchérir
outbid
surestaries
demurrage
sûreté réelle
lien
surévalué
overvalued
surf
net surfing
surface locative brute
gross leaseable area
surface locative nette
net leasable area
surplus
overage, surplus
surplus (déficit)
over (short)
surplus agricole
farm surplus
surplus d'apport
capital surplus, paid-in surplus
surplus et déficit de caisse
over-and-short

surproduction
overproduction
surréservation
overbooked
surtaxe
surtax
surtransiger
overtrading
survie
survivorship
suspension
disciplinary layoff, suspension
suspension de cotation
suspended trading
sweepstake
sweepstakes
sybdicat ouvert
open union
symbole de statut social
status symbol
symbole de téléscripteur
stock symbol
syndic
receiver
syndic de faillite
trustee in bankruptcy
syndicat
labor union, trade union
syndicat indépendant
independent union
syndicat d'entreprise
company union
syndicat de métier
craft union
syndicat d'industrie
industrial union
syndicat financier
syndicate
syndicat horizontal
horizontal union
syndicat industriel
vertical union
syndicat vertical
vertical union
syndication
syndication

synergie
synergy
système
system
système interactif
interactive system
système comptable
accounting system
système d'information de gestion
management information system
(MIS)
**système d'information
marketing**
marketing information system
système d'aide à la décision
decision support system (DSS)
**système de classement industriel
normalisé**
standard industrial classification
(SIC) system
système de gestion
management system
système de marché
market system
système de noms de domaine
domain name system
**système de production
intermittente**
intermittent production
**système de récupération accélérée
des coûts**
accelerated cost recovery system
(ACRS)
Système de réserve fédérale
Federal Reserve System (FED)
système de suggestions
suggestion system
système économique
economic system
système indépendant
stand-alone system
système métrique
metric system
**système motivé par l'appât des
bénéfices**
profit system

T

table de mortalité
  mortality table
tableau à colonnes empilées
  stacked column chart
tableau des tendances
  trend chart
tableur
  spread sheet
tâche humiliante
  menial
tâcheron
  jobber
tactique
  tactic
tapis de souris
  mouse pad
tapisserie
  wallflower
tarif
  tariff
tarif aguichant
  teaser rate
tarif commun
  joint fare joint rate
tarif de base
  one-time rate
tarif majoré
  premium rate
tarif publicitaire pour les détaillants
  retail rate
tarif super économique
  supersaver fare
tarifiable
  ratable
tarification
  rate setting
tarification personnalisée
  experience rating
tarification rpospective
  prospective rating
tarification selon les résultats
techniques
  experience rating

tarifs et classifications
  rates and classifications
taux annualisé
  annualized rate
taux d'absentéisme
  absence rate absenteeism
taux d'actualisation ajusté au
risque
  risk-adjusted discount rate
taux d'avances sur titres
  broker loan rate
taux d'escompte
  discount rate
taux d'imposition
  tax rate
taux d'imposition en vigueur
  effective tax rate
taux d'imposition foncière
  millage rate
taux d'imposition marginal
  marginal tax rate
taux d'imposition moyen
  average tax rate
taux d'inoccupation
  vacancy rate
taux d'intérest réel
  real interest rate
taux d'intérêt majoré
  add-on interest
taux d'intérêt nominal
  face interest value, nominal
  interest rate
taux d'intérêt variable
  variable interest rate
taux de change
  exchange rate
taux de change de monnaie
flottante
  floating currency exchange rate
taux de change flottant
  floating exchange rate
taux de change officiel
  official exchange rate

taux de croissance
  growth rate
taux de croissance économique
  economic growth rate
taux de location
  rental rate
taux de production
  production rate
taux de réescompte
  rediscount rate
taux de réinvestissement
  reinvestment rate
taux de remise
  remit rate
taux de rendement actuariel
  yield-to-mature (YTM)
taux de rendement avant impôts
  pretax rate of return
taux de rendement comptable
  accounting rate of return
taux de rendement de gestion
financière
  financial management rate of
  return (FMRR)
taux de rendement des capitaux propres
  return on equity
taux de rendement du capital investi
  return on invested capital
taux de rendement équitable
  fair rate of return
taux de rendement exigé
  required rate of return
taux de rendement global
  overall rate of return
taux de rendement minimal
  hurdle rate
taux de rentabilité interne
  internal rate of return (IRR)
taux de reprise
  recapture rate
taux de salaire
  wage rate
taux de salaire de base
  base rate pay
taux de salaire standard
  standard wage rate
taux de trame
  frame rate

taux de versement d'un dividende
  dividend payout ratio
taux des fonds fédéraux
  federal funds rate
taux déterminés par le marché
  open-market rates
taux d'inflation
  inflation rate
taux d'intérêt
  interest rate
taux en vigueur
  effective rate
taux ex-dividende
  ex-dividend rate
taux moyen
  blended rate
taux moyen pondéré
  blended rate
taux préférentiel
  prime rate
taux réduit
  reduced rate
taux tarif
  rate
taux télégraphique
  through rate
taux uniformetaux fixe
  flat rate
tax
  tax
taxe d'accise
  excise tax
taxe de luxe
  luxury tax
taxe de transaction
  transfer tax
taxe de vente
  sales tax
taxe répressive
  repressive tax
taxe sur la valeur ajoutée
  value-added tax
taxe uniforme
  flat tax
technicien juridique
  paralegal
technique des données du marché
  market comparison approach

technologie
technology
technologies traditionnelles
low-tech
télécommunication par satellite
satellite communication
télécommunications
telecommunications
télécopie
facsimile
télémarketing
telemarketing
téléposte
night letter
téléscripteur
tape, ticker
temps alloué
allowed time
temps d'accès
access time
temps d'arrêt
off time
temps de redressement
turnaround time
temps de réponse
turnaround time
temps mort
dead time
temps partiel
part-time
tenance par tolérance
tenancy at sufferance
tendance
trend
tendance à la hausse
upswing, uptrend
tendance à long terme
long-term trend
tendance commune
joint tendency
teneur en chiffons
rag content
tenure franche
freehold (estate)
terme
term

terrain
land, tract
terrain viabilisé
improved land
terrain intérieur
inside lot
terrain nu
raw land, unimproved property
terrain sans production agricole
soil bank
terrain vague
vacant land
terre
land
test
test
test bilatéral
two-tailed test
test d'ajustement
goodness-of-fit test
test d'efficacité des ventes
sales effectiveness test
test d'hypothèse
hypothesis testing, test statistic
test de marché
market test
test de niveau scolaire
placement test
test de perméabilité
percolation test
testament
testament, will
testateur
testator
testimonium
testimonium
tête-épaules
head and shoulders
texte en clair
plain text
théorie de l'influence du milieu sur la motivation
field theory of motivation
théorie du cheminement aléatoire
random walk
théorie du Dow
Dow Theory

théorie du maillon faible
  weakest link theory
théorie du portefeuille
  modern portfolio theory (MPT)
théorie sur l'ensemble des droits
  bundle-of-rights theory
**théorie sur la possession du titre
de propriété**
  title theory
tiers
  third party
tiers-saisi
  garnishee
timbre-prime
  trading stamp
tirage en l'air
  kiting
tiré
  drawee
tirer
  draw
**tirer profit au maximum d'une
situation**
  milking
tireur
  drawer
tiroir-caisse
  till
titre
  instrument, muniments of title,
  title
titre inactif
  inactive stock or inactive bond
titre à dividende élevé
  widow-and-orphan stock
titre acclimaté
  seasoned issue
**titre adossé à des créances
hypothécaires**
  mortgage-backed security
titre avec flux identiques
  pass-through security
titre comportant droit de vote
  voting stock
titre de créance
  debt instrument, debt security
titre de haute technologie
  high-tech stock

titre de placement
  security
**titre de premier
ordreinstrument à taux
variable**
  floater
titre de propriété bénéficiaire
  land trust, trust certificate
**titre de propriété non
déterminé**
  title defect
titre de second rang
  junior security
titre défensif
  defensive securities
titre douteux
  bad title
titre exempt d'impôt
  tax-exempt security
titre frauduleux
  defective title
titre garanti
  guaranteed security
**titre garanti par nantissement
de matériel**
  equipment trust bond
titre négociable
  marketable title, negotiable
  instrument
titre nominatif
  registered security
titre non émis
  unissued stock
titre non livré
  fail to deliver
titre non négociable
  nonnegotiable
  instrument
titre non reçu
  fail to receive
titre oublié
  sleeper
titre populaire
  hot stock
titre prioritaire
  senior security
titre valable
  good title

titre volé
hot stock
titre yoyo
yo-yo stock
titres de placement
marketable securities
titres de placement
securities
titres exempts
exempt securities
titres flottants
floating securities
titres inscrits à la bourse
listed security
titres municipaux démembrés
m-cats
titres non cotés
unlisted security
titres relevés
book-entry securities
titulaire de jouissance à vie
life tenant
titulaire de lettres
grantee
tomber en déshérence
escheat
tonne de jauge
gross ton
total mêlé
hash total
touche à bascule
toggle key
touche d'échappement
escape key (esc)
touche de tabulation
tab key
touche de verrouillage de motion
shift lock
touche fonction
function key
touche majuscule
shift key
touche page précédente
page up
touche page suivante
page down
touche verrouillage numérique
num lock key

tous risques
all risk/all peril
tracé
plot
traceur à commande
numérique
plotter
traduire
translate
trafiqueur de billets
scalper
trahison
treason
traite
draft
traite à échéance
time draft
traite à vue
sight draft
traite bancaire
registered check
traite de banque
cashier's check
traitement de texte
text processing
traitement fiscal préférentiel
tax preference item
traitement par lots
batch processing
traitement parallèle
parallel processing
traitement, personne qui reçoit une
rémunération
stipend, stipendiary
tranche de revenus
income group
tranche d'imposition
tax bracket
transaction
trade, transaction
transaction exempte de taxe
tax-free exchange
transaction garantie
secured transaction
transaction intéressée
related party transaction
transaction nette
net transaction

transaction sans lien de
dépendance
arm's length transaction
transactions artificielles
fréquentes
painting the tape
transfert
switching
transfert bancaire
fed wire
transfert de droits de
développement
transfer development rights
transfert de possession
volontaire
voluntary conveyance
transfert sautant une génération
generation-skipping transfer
transmettre un virus
transmit a virus
transport
transportation
transport motorisé
motor freight
transport par allège
lighterage
transporter
convey
transporteur
carrier, common carrier
transporteur routier
inland carrier
transporteur sous contrat
contract carrier
travail
job, labor
travail à la pièce
piece work
travail au noir
moonlighting

travail désuet
skill obsolescence
travail en retard
backlog
travail hautement spécialisé
skill intensive
travailleur autonome
independent contractor, self
employed
travailleur de production
production worker
travailleur itinérant
itinerant worker
travailleur migrant
migratory worker
travailleurs sans emploi
unemployed labor force
travaux en cours
work in progress
travaux publics
public works
trésorier
treasurer
tribunal d'appel
appellate court (appeals court)
tribunal d'archives
court of record
tribunal douanier
customs court
trimestriel
quarterly
troc
trade-off
troncature
truncation
trop-perçu
overcharge, overpayment
type de caractères
typeface

U

union internationale
international union
unité
unit
unité centrale
central tendency
unité de commandement
unity of command
unité de négociation
bargaining unit
unité modèle
model unit
urbain
urban
usage préexistant
preexisting use
usage publique
public use
usine
plant

usine d'assemblage
assembly plant
usure
usury, wear and tear
usure syndrome d'épuisement professionnel
burnout
usure normale
normal wear and tear
utilisateur final
end user
utilisation des fonds
application of funds
utilisation non conforme
nonconforming use
utilisation optimale
highest and best use
utilité marginale
marginal utility

V

vacant
vacant
vache à lait
cash cow
valeur
real, worth
valeur actualisée
capitalized value, present value
valeur actualisée d'une rente
present value of annuity
valeur actualisée de 1
present value of 1
valeur actualisée des flux de trésorerie
discounted cash flow
valeur actualisée nette
net present value
(NPV)
valeur attendue
expected value
valeur attribuée
stated value
valeur capitalisée
capitalized value
valeur comparable
comparable worth
valeur comptable
book value
valeur comptable nette
net book value
valeur cotisée
assessed valuation
valeur d'avenir
growth stock, performance stock
valeur d'échange
objective value, value in exchange
valeur d'emprunt
loan value
valeur d'exploitation
going-concern value

valeur d'inventaire
book value
valeur d'une propriété louée
leasehold value
valeur de groupement
plottage value
valeur de l'actif net
net asset value (NAV)
valeur de liquidation
liquidated value
valeur de rachat au comptant
cash surrender value
valeur de réalisation des placements
market value
valeur de réalisation nette
net realizable value
valeur de récupération
salvage value
valeur de remplacement
vétusté déduite
actual cash value
valeur du marché
market value
valeur économique
economic value
valeur estimée
assessed valuation
valeur imposable
assessed valuation
valeur incorporelle
intangible value
valeur indice
bellwether
valeur intrinsèque
intrinsic value
valeur marchande
market price
valeur monétaire d'une police d'assurance vie
savings element
valeur moyenne
blended value

valeur nette
effective net worth
valeur nette du déficit
deficit net worth
valeur nominale
face amount, face value, par
value
valeur P
P value
valeur réelle de l'argent
real value of money
valeur résiduelle
residual value
valeur réversible
reversionary value
valeur support de l'option
underlying security
valeur temps
time value
valeur vedette
glamor stock
valeur vénale
actual cash value
valeur volatileemployé
prometteur
high flyer
valeurs convertibles
convertibles
valeurs mobilières
securities
valeurs sûres
legal list
validation
authentication
valide
valid
vantages sociaux
benefits fringe
variable
variable
variable indépendante
independent variables
variable indicée
subscripted variable
variante
attachment, variance
variation
trading range

vélocité
velocity
vendeur
salesperson, writer
vendre à profit
sell-in
vendu avant son émission
when issued
vente
sale
vente à découvert
going short, selling short
vente à perte
leader pricing
vente à tempérament
installment sale
vente au comptoir
over-the-counter retailing
vente au détail
retail
vente au détail hors
boutique
nonstore retailing
vente au rabais
dutch action
vente conditionnelle
conditional sale
vente de biens à exécutions
successives
installment contract
vente de débarras
one-cent sale
vente de liquidation
clearance sale
vente de porte à porte
house-to-house selling
vente de titres à perte
tax selling
vente et cession-bail
sale and leaseback
vente fictive
wash sale
vente forcée
forced sale
vente irrévocable
absolute sale
vente non couverte
writing naked

vente ou échange
sale or exchange
vente par anticipation
presale
vente par distributeur automatique
automatic merchandising
vente par inscriptions enchères
auction or auction sale
vente parfaite
bargain and sale
vente personnelle
personal selling
vente pour défaut de paiement de l'impôt foncier
tax sale
vente publicitaire
sales incentive
vente publique
public sale
vente réalisée par un tiers
third-party sale
vente sous pression à une minorité ethnique
blockbusting
vente spécialisée
specialty selling
vente suspensive
vendor's lien
vente-débarras
tag sale
ventes directes
direct sales
ventilation des impôts de l'exercice
intraperiod tax allocation
verdict imposé
directed verdict
vérificateur
auditor
vérification
audit, authentication, probate
vérification complète
complete audit
vérification d'un tiers
third-party check
vérification de gestion
management audit, operational

audit
vérification de la conformité
compliance audit
vérification des antécédents
background check
vérification du respect de dispositions contractuelles
compliance audit
vérification externe
external audit
vérification faite à intervalles réguliers, sondage au hasard
spot check
vérification intermédiaire des comptes
interim audit
vérification interne
internal audit
vérification légale
statutory audit
vérification restreinte
limited audit
versement de début de période
annuity in advance
versement de fin de période
annuity in arrears
versement échelonné
installment
versement forfaitaire et final
balloon payment
vice caché
latent defect
vice-président
vice-president
vie amortissable
depreciable life
vie économique
economic life
ville neuve
new town
violation
breach,
infringement
violation anticipée
anticipatory breach

violation de contrat
   breach of contract
violation
   violation
vision sommaire
   outline view
visite libre
   open house
vitesse de défilement d'images
   frame rate
voie hiérarchique
   chain of command
voile corporatif
   corporate veil

voiture de fonction
   company car
volatile
   volatile
volume
   volume
volume total
   total volume
vote cumulatif
   statutory voting
vote cumulé
   cumulative voting
vote de grève
   strike vote

W X Y Z

wagon-citerne
  tank car
yellow sheets
  yellow sheets
zégisme
  zero economic growth
zonage
  zoning
zonage individuel
  spot zoning
zonage par densité
  density zoning
zonage réduit
  downzoning
zone de saisie
  input field

zone touchée
  impacted area
zone commune
  common area
zone d'entreprise
  enterprise zone
zone de commerce
extérieur
  foreign trade zone
zone de travail
  zone of employment
zone franche
  foreign trade zone
zone industrielle
  industrial park

Order Form

Fax orders (Send this form): (301) 424-2518.
Telephone orders: Call 1(800) 822-3213 (in Maryland: (301)424-7737)
E-mail orders: spbooks@aol.com or: books@schreiberpublishing.com
Mail orders to:
Schreiber Publishing, 51 Monroe St., Suite 101, Rockville MD 20850 USA

Please send the following books, programs, and/or a free catalog. I understand that I may return any of them for a full refund, for any reason, no questions asked:

❑ **The Translator's Handbook** 5th Revised Edition - $25.95
❑ **Spanish Business Dictionary** - Multicultural Spanish - $24.95
❑ **German Business Dictionary** - $24.95
❑ **French (France and Canada) Business Dictionary** - $24.95
❑ **Chinese Business Dictionary** - $24.95
❑ **Japanese Business Dictionary** - $24.95
❑ **Russian Business Dictionary** - $24.95
❑ **Global Business Dictionary (English, French, German, Russian, Japanese, Chinese)** - $33.95
❑ **Spanish Chemical and Pharamceutical Glossary** - $29.95
❑ **The Translator's Self-Training Program** (circle the language/s of your choice): Spanish French German Japanese Chinese Italian Portuguese Russian Arabic Hebrew - $69.00
❑ **The Translator's Self-Training Program Spanish Medical** - $69.00
❑ **The Translator's Self-Training Program Spanish Legal** - $69.00
❑ **The Translator's Self-Training Program - German Patents** - $69.00
❑ **The Translator's Self-Training Program - Japanese Patents** - $69.00
❑ **Multicultural Spanish Dictionary** - How Spanish Differs from Country to Country - $24.95
❑ **21st Century American English Compendium** - The "Odds and Ends" of American English Usage - $24.95
❑ **Dictionary of Medicine French/English** - Over one million terms in medical terminology - $179.50

Name: _____

Address: _____

City: _____ State: _____ Zip: _____

Telephone: _____ e-mail: _____
Sales tax: Please add 5% sales tax in Maryland
Shipping (est.): $4 for the first book and $2 for each additional book
International: $9 for the first book, and $5 for each additional book
Payment: ❑ Cheque ❑ Credit card: ❑ Visa ❑ MasterCard

Card number: _____

Name on card: _____ Exp. Date: /___